Marion Krause

Der entfremdete Sohn

Die Geschichte einer Eltern-Kind-Entfremdung

Manuela Kinzel Verlag

Impressum:

Manuela Kinzel Verlag
73037 Göppingen
Tel. 07165 / 929 399

info@manuela-kinzel-verlag.de
www.manuela-kinzel-verlag.de

Umschlagbild „Anhängig", Claus Schrag, Heroldstatt

1. Auflage 2022
Manuela Kinzel Verlag

ISBN 978-3-95544-162-3

INHALT

Für Simon und für alle entfremdeten
Kinder, Eltern und Großeltern

Eltern-Kind-Entfremdung wird unter dem Namen **PAS** (Parental Alienation Syndrom) zusammengefasst. PAS wird heute mittlerweile als seelischer Missbrauch anerkannt. Es ist eine Situation, in der sich heute zunehmend mehr Eltern und Kinder befinden. Viele Betroffene werden sich wiedererkennen in diesem Buch.

Seelenschmerzen

Sieh her, ich atme, ich rede, ich lache.
Ich gehe mit dir und rede über dies und das.
Wie erkläre ich unsichtbare Amputationen?
Ein fremder Junge sieht mich an.
Ich zucke zusammen und das flammende Schwert
des Schmerzes durchdringt meinen Körper.
Sehnsucht.
Meine Arme umschlingen dich und dein Kopf liegt auf
meiner Schulter.
Tränen fluten den Asphalt. Ich halte dich.
Liebe.
Ich muss mich entscheiden, immer und immer wieder,
und das wird auch so bleiben.

Einführung
Kein Kontakt

Ich sitze an meinem Laptop. Ich versuche, ein Buch zu schreiben. Es soll ein Buch werden, das die Geschichte einer Mutter erzählt, die ihr Kind auf unmenschliche Art und Weise verloren hat. Nein, nicht durch den Tod, sondern durch Entfremdung, obgleich es einem Tod gleichkommt, zumindest in den Seelen dieser beiden Menschen, die es betrifft, der Mutter und ihrem Kind.

Die Geschichte von Marlene beschreibt den Weg einer Frau, die nach der Trennung von ihrem Mann in den Sog eines Kampfes um ihren Sohn Simon und um ihre Würde als Frau und Mutter gerät. Während sie versucht, für sich und ihren Sohn eine neue Existenz und ein selbstbestimmtes Leben aufzubauen, droht ihr ehemaliger Mann damit, ihr das Kind wegzunehmen. Sie gerät in ein Lügennetz aus Intrigen und Manipulationen, das sie und ihren 6-jährigen Sohn an die Grenze der Belastbarkeit bringt sowie die innige Verbindung zu ihrem Kind gefährdet.

Sie versucht sich mit allen Mitteln aus dem maroden Sumpf eines verständnislosen Umfeldes, einer abgestumpften Justiz sowie überforderten Ämtern und gefühllosen Gutachtern zu befreien. Diese perfide Situation zieht sich über mehrere Jahre hin. Ihr Sohn gerät dabei mehr und mehr in einen unwürdigen Loyalitätskonflikt. Ihre verzweifelten Versuche, ihn vor weiterem Schaden zu bewahren, scheitern an der Ignoranz des Vaters und dessen Mitbeteiligten, an der Unwissenheit und Gleichgültigkeit einer von Bewertung und Lieblosigkeit durchzogenen Gesellschaft.

Die zutiefst bewegende Geschichte wurde mir von einer Klientin anvertraut, die mir mit den Jahren ans Herz gewachsen ist. In mir schlummerte es schon lange, zum Thema Eltern-Kind-Entfremdung

(PAS) ein Buch zu schreiben. Ich stellte fest, dass ihre Geschichte mit meiner eigenen in so vielen Dingen erstaunliche Gemeinsamkeiten aufweist. Ich weiß zudem, dass es viele gibt, denen Ähnliches passiert ist. Sie war es letztendlich, die mich dazu ermutigt und mir erlaubt hat, sie aufzuschreiben. Ich bin ihr von Herzen sehr dankbar dafür.

Es ist nicht nur eine Geschichte geworden, es ist viel mehr. Sie werden dabei an die Hand genommen und durch den unwirtlichen Dschungel der Gefühle gelotst. Das Buch wird Sie vielleicht zu einem tieferen und besseren Verständnis führen und Ihnen die Beweggründe, die dahinterstehen können, offenbaren. Vielleicht ermöglicht es den Betroffenen, einen milderen Blick auf ihr Schicksal zu werfen und wieder Licht am Ende des Tunnels zu sehen.
Die Betroffene erzählt von der Verwandlung einer Frau und Mutter, die beginnt, ihr Leben zu hinterfragen und nach den tieferen Ursachen zu forschen, die zu Trennung und Entfremdung in unserer Gesellschaft führen können.

Eltern-Kind-Entfremdung, auch PAS genannt (englisch: Parental Alienation Syndrom), wird heute als „seelischer Missbrauch" bewertet, mit den daraus resultierenden körperlichen und seelischen Folgen, und zieht sich durch alle Gesellschaftsschichten hindurch. (Mehr zu PAS im Anhang des Buches)

Wir haben Ende März 2020. Die ganze Welt befindet sich derzeit im Ausnahmezustand. Ein tödliches Virus namens „Corona" hat die Menschheit in Angst und Schrecken versetzt. Die Menschen dürfen ihre Häuser nicht mehr verlassen. Alle Geschäfte, bis auf die Lebensmittelindustrie und andere wichtige Dienstleister, haben geschlossen. Städte und Straßen sind leergefegt. Es herrscht eine ungewöhnliche Stille ringsherum. Es erinnert mich an die alten

Western mit Clint Eastwood im Fernsehen: Der Wind weht vertrocknete Gras-Büschel durch die leere Western-City und wirbelt Staub auf. In der Ferne hört man einen Hund bellen. Erstarrt und ängstlich warten die Menschen, was passiert. Die Stimmung ist spannungsgeladen und wirkt wie die Ruhe vor dem Sturm.

Trennung der (Ur)Verbindung

Dieses Virus-Szenario erscheint mir fast unwirklich, wie aus einem Science-Fiction-Roman. Dabei wird mir augenblicklich klar, wie sehr meine Geschichte mit dem aktuellen Geschehen zu tun haben könnte. Wir werden plötzlich gezwungen, uns mit dem Thema „Kontaktverbot" auseinanderzusetzen. Was kreiert diese Maßnahme? Wenn man ein wenig tiefer schaut, hineinspürt und sich fragt, wie es einem dabei ergeht, keinen Kontakt mehr zu unseren Mitmenschen, unseren Eltern, Kindern und Freunden zu haben. – Wie fühlen Sie sich dabei?

Was passiert mit Ihnen, wenn dieser **Kontakt-Entzug** über einen längeren Zeitraum hinweg anhält? Spüren Sie vielleicht das vage Gefühl der Einsamkeit, des Schmerzes und der Leere, der Angst sowie der Trennung der Verbundenheit, ja des Lebens schlechthin?

Kontakt zu haben ist etwas Essentielles, das zu unserem Menschsein gehört und uns lebendig hält. Es lässt sich nur kurzfristig betäuben. Es wirkt in uns weiter, es ist in unseren Genen eingraviert und es ist etwas zutiefst Unabdingbares, das uns am Leben erhält und trägt. **Kontakt verbindet** uns mit unseren Wurzeln, mit der Erde, mit dem Leben und vor allem mit der Liebe.

Der buddhistische Lehrer *Thich Nhat Hanh* sagt, dass unsere Zukunft in der Kraft der Gemeinschaft zu finden ist. Die Verbundenheit, der Kontakt und die Magie des Zusammenseins befähigen uns dazu, zu heilen und uns sicher und getragen zu fühlen. Gesellschaftliche Isolation führt zu körperlichen und seelischen Erkrankungen, das wurde mittlerweile wissenschaftlich bestätigt.

9

Was passiert, wenn uns etwas weggenommen wird, womit wir uns zutiefst verbunden fühlten? Ist diese Verbundenheit für immer zerstört und verloren? Sterben wir jetzt innerlich und verschließen uns völlig? Schlagen wir jetzt wild um uns, empören wir uns und kämpfen an aussichtslosen Fronten? Pfeifen wir auf den Sinn des Lebens und geben unsere Verantwortung ab? Gibt es eine Alternative?

Es gibt eine frohe Botschaft in dieser Sache. „Jedes Ding hat zwei Seiten", wie meine Mutter immer zu sagen pflegte. Das Gute ist, dass Sie immer die Wahl haben, wie Sie reagieren oder empfinden wollen.

Die Wahl? Ja genau, Sie haben richtig gelesen. Ich meine jedoch nicht im Sinne von Betäubung und Wegdrücken, auch nicht von sinnlosem Kampf und totaler Verausgabung. Wenn ich Ihnen sage, dass Sie die Wahl haben, aus dem Drama auszusteigen, Ihre Ängste, Ihre schmerzlichen Gefühle und alles, was dazugehört, loszulassen – wie wäre das? Was wäre, wenn Sie etwas wählen, was Ihr Herz wieder leichter und freudvoller werden lässt und Ihnen dadurch völlig neue Räume und Möglichkeiten für Ihr Leben eröffnet werden können, an die Sie im Traum niemals gedacht hätten?

Ich kann Ihnen sagen, dass es möglich ist. Manche glauben, dass ihr Leben wertlos geworden ist. Die Hoffnungslosigkeit und der Schmerz, ohne ihr Kind zu sein, könnte niemals mehr überwunden werden. Sie wurden mit einer Wucht aus ihrem alten Leben herauskatapultiert, das einer Katharsis glich, es zog ihnen regelrecht den Boden unter den Füßen weg.

Warum hat man uns nicht beigebracht, dass es eine Welt jenseits von Leid und Schmerz tatsächlich (wieder) geben kann? Könnten Sie sich vorstellen, dass dies nur eine abgekaufte Sache ist, die man uns weismachen wollte?

Ich habe mich das gefragt und ich habe es erlebt, bei mir selbst als auch bei meinen Klienten*innen und Patienten*innen, dass es möglich sein kann, wenn man den Mut hat, sich seinen Dämonen zu stellen. Irgendwann, wenn man seine Hausaufgaben fleißig und ordentlich gemacht hat, taucht hinter dem Vorhang der Düsternis und Kümmernisse, der eingefleischten Ansichten und Überzeugungen eine neue Welt auf, die alles bisher Dagewesene in den Schatten stellen kann.

Ich lade Sie ein, lieber Leser und liebe Leserin, in Marlenes Welt einzutauchen und sie auf ihrer Reise zu begleiten. Es ist eine Geschichte, die Hoffnung gibt, dass nicht alles verloren ist. Sie soll Ihnen Mut machen, über Ihren Schatten zu springen und Ihren Ängsten und Ihrem Schmerz liebevoll zu begegnen. Jede Reise der Heilung ist anders, aber ich bin sicher, Sie können Ihre eigene Reise finden.

Die Geschichte ist für Menschen geschrieben, die eine ähnliche Situation erlebt haben oder gerade erleben, aber auch für alle, die ein Trauma oder mit einem schlimmen Verlust konfrontiert sind oder waren. Sie ist für diejenigen geschrieben, die ihr Leben wieder in die eigene Hand nehmen und etwas Wunderbares daraus machen wollen.
Das, was Sie entdecken werden, ist vielleicht nicht das, was Sie sich insgeheim erhoffen, aber es enthält einen wertvollen Schatz. Finden Sie ihn und nehmen Sie ihn mit nach Hause. Möge er den Funken in Ihrem Herzen, Ihre Liebe und Ihre Lebenskraft wieder neu entzünden.

Carpe diem!
Marion Krause

Kapitel 1
Wie alles begann

Mein Name ist Marlene und ich möchte Ihnen meine Geschichte erzählen. Die Geschichte beginnt wie alle Geschichten mit „Es war einmal..." Ja, meine Geschichte war einmal – und sie ist gleichzeitig. Sie hat mich zu der gemacht, die ich heute bin, nämlich die Marlene. Die echte Marlene.

Als ich noch ein Kind war, liebte ich es, im Frühjahr die Maikäfer einzufangen und in eine Schuhschachtel zu sperren. Damals gab es noch ganz viele dieser fliegenden Brummis. Ich bohrte Löcher in die Schachtel, legte sie mit Gras, Blättern und kleinen Zweigen aus, denn schließlich sollten sie es so gemütlich und bequem wie möglich haben. Jeden Morgen nach dem Aufwachen schaute ich sofort in die Schachtel, um zu sehen, ob sie noch da waren, meine geliebten Maikäfer. Sie sahen irgendwie leblos und traurig aus. Nach einiger Zeit wurden sie immer lebloser, sie bewegten sich kaum noch. Ich beschloss, sie wieder in die Freiheit zu entlassen. Welche Freude war es, als sich ihre kleinen Körper begannen zu regen und sich aufzupumpen, bereit zum Abflug. Dann erhoben sie sich in die Lüfte und flogen davon. Heute gibt es kaum noch Maikäfer. Lag es vielleicht daran, dass man sie zu lange in Schuhschachteln gesperrt hatte?

Glänzende Schachteln

Bevor Marlene Jan kennenlernte, den Vater ihres Sohnes, befand sie sich gerade in einer Lebensphase, die sie nicht wirklich erfüllte. Sie war gerade 28 Jahre jung und hatte einen gut bezahlten Job als Chef-Assistentin in einem renommierten Maklerunternehmen. Sie lebte in einer gemütlichen Wohnung, direkt in einer kleinen mittelalterlichen Stadt, mit vielen Türmchen und Gassen, eingehüllt von sanften Hügeln und einem großen Fluss, der sich majestätisch in die Landschaft einfügte. Zudem war sie auch nicht gerade unattraktiv mit ihren rotblonden welligen Haaren, die sich sanft über ihre Schultern legten und ihre blauen Augen betonten. Hinter ihr lag gerade eine langjährige Beziehung, die immer wieder unterbrochen wurde. Richtig wohlgefühlt hatte sie sich in dieser Verbindung nie. Er wollte heiraten, doch sie fühlte sich noch nicht bereit dazu, es bereitete Schuldgefühle, sein Drängen immer wieder abweisen zu müssen. Der Druck wurde noch größer, als sie an ihr Alter dachte. *Du bist bald dreißig, Marlene, es wird langsam Zeit, wenn du eine Familie haben willst.*

Im Grunde wusste sie eigentlich nie so recht, was sie eigentlich wollte. Einerseits gefiel ihr das freie ungebundene Leben, andererseits wäre eine Familie auch sehr schön, schließlich gehört das doch zu einem gelingenden Leben dazu, oder nicht?

Diese Fragen hingen über ihr wie ein Damoklesschwert und brachten sie dazu, immer wieder an sich selbst zu zweifeln. Warum konnte sie ihrem Freund nicht einfach sagen: *Hör zu, das mit uns funktioniert nicht, lass uns Freunde bleiben.*

Sie hatte manchmal Probleme, zu sich selbst zu stehen. Und wenn sie es dennoch tat, dann kamen sie in sieben Meilen-Stiefeln daher, die Schuld- und Sei-nicht-so-egoistisch-Gedanken, garniert mit So-was-tut-man-einfach-nicht-Gefühlen. Sie wollte allem und jedem gerecht werden, denn sie wollte eine Gute sein und dazugehören.

Wir sehen die reale Welt so, wie wir erzogen wurden,
sie wahrzunehmen.

Die Lehren des Don Juan

Gegen alle Widerstände

„Sei nicht so egoistisch" und „du denkst immer nur an dich" – diese messerscharfen Kommentare ihrer Mutter hatten sich tief in Marlenes Gehirn eingeprägt.

13

Die meiste Zeit versuchte ihre Mutter, Marlenes überschäumendes Temperament zu zügeln. Ihre Ambitionen und Träume quittierte sie oftmals mit kritischem Blick und manchmal sogar mit Missbilligung. „Das geht nicht, das kannst du dir aus dem Kopf schlagen, reiß dich zusammen", das waren oft Argumente, mit denen Marlene aufwuchs.

Marlene jedoch hatte viele Träume, sie wollte die Welt sehen und ihr unbändiger Freiheitsdrang war ungebrochen. Entweder war sie gedanklich gerade irgendwo in den schottischen Highlands und erlebte sagenhafte Abenteuer oder sie sah sich in eleganten Kleidern und schicker Designerwohnung im 50. Stockwerk in Manhattan, auf das nächtlich beleuchtete New York blicken. Sie träumte davon, eines Tages einen attraktiven, erfolgreichen Mann zu heiraten, mit dem sie für immer zusammenleben würde, glücklich und verliebt bis an ihr Lebensende. Natürlich musste er von edlem Gemüt sein, treu und ehrlich und er durfte auf keinen Fall geizig sein.

Manchen gefiel dieser „Leichte Sinn" gar nicht und man wollte sie zurechtstutzen. Marlene jedoch lehnte sich gegen Freiheitsbeschneidungen und autoritäres Gebaren auf. Diese Abneigung gegen jegliche Fremdbestimmung war bereits in ihre Gene eingraviert. Auch das männliche Macho-Gehabe konnte sie partout nicht ausstehen. Sie wurde wütend dabei und sie war bereit, wie eine Kriegerin ihr Schwert zu zücken. Manchmal tat sie es auch.
Sie erinnerte sich an einen Vorfall in ihrer Lehrzeit. Ihr damaliger Chef, ein kleinwüchsiger Mann, man nannte ihn heimlich „den laufenden Meter", war berüchtigt für seine cholerischen Zornesausbrüche. Einmal, als Marlene eine Arbeit nicht so ausführte, wie er das wollte, schrie er sie lautstark an, dass man sein Brüllen bis in die zweite Büroetage hörte. Er bekam dabei einen hochroten Kopf und seine Augen quollen aus den Höhlen hervor, er fletschte

die Zähne und sah aus wie ein Heißluftballon kurz vor dem Explodieren.

Marlene war zuerst erschrocken über diese unerwartete Reaktion, zum anderen so außer sich und empört über diesen Angriff, dass sie ebenfalls lautstark konterte: „Schreien Sie mich gefälligst nicht so an, das können Sie mit Ihrer Frau machen, aber nicht mit mir."
Das saß. Sie ging hoch erhobenen Hauptes hinaus zur Tür und in dem Augenblick sprang der Giftzwerg auf und rannte ihr hinterher, nicht fassend, was dieses Gör sich da erlaubte. Schreiend, tobend und wild mit den Armen fuchtelnd versuchte er, sie einzuholen. Marlene jedoch war schneller, rannte ins Damen-WC und schloss sich ein. Ihr Herz pochte dabei bis zum Hals, aber sie war stolz auf sich, diesem unfreundlichen Zeitgenossen Paroli geboten zu haben.

Zwölf Jahre später sollte es dann so weit sein: Sie traf den Mann, der ihr bisheriges Leben für immer veränderte. Als hätte das Universum einen geheimen Plan, zog es sie wie ein Magnet hin zu diesem Mann, der scheinbar aus ihren Träumen entsprungen war und jetzt leibhaftig vor ihr stand. Er schien alle Knöpfe zu kennen, die er bei ihr drücken musste, um sie in helles Entzücken zu versetzen.

Jan
Jan rauschte in Marlenes Leben wie ein Tsunami. Heftig, leidenschaftlich und überrollend, wie ein Tsunami eben. Er umwarb sie mit einer Vehemenz und einer Hartnäckigkeit, das Marlene keine Zeit hatte zum Nachzudenken. Es glich einem Rausch, dem man sich nur zu gern hingibt.
Sie kannte so ein Verhalten von Männern bisher noch nicht und fühlte sich sehr geschmeichelt. Sie kam zu der Auffassung, dass Jan etwas Besonderes sein musste. Immer wieder ließ er sich irgendwelche Überraschungen einfallen, zum Beispiel: *Ich habe zwei*

Tickets fürs Wochenende in Hamburg gebucht, dort läuft gerade das Phantom der Oper, hast du Lust?

Und ob Marlene Lust hatte! Jan war so spontan und abenteuerlustig! Sie fühlte sich dadurch selbst wieder lebendig. Es war so ganz anders als die Beziehung, die sie vorher hatte, so prickelnd, belebend und temperamentvoll. Dazu war er noch sehr gutaussehend mit seinem lockigen braunen Haar und seinen wassergrünen Augen. Er war jung, aufstrebend und ehrgeizig in seinem Beruf als angehender Unternehmer. Seine Eltern, Annette und Ludwig Völlmer, leiteten ein mittelständisches Bauunternehmen, das in geraumer Zeit an Jan übergehen sollte. Jans Vater wollte sich langsam aus der Geschäftswelt zurückziehen und in den wohlverdienten Ruhestand gehen.

Marlene fühlte sich durch Jans Interesse an ihr sehr angetan und war davon überzeugt, dass er der Mann war, den sie sich immer gewünscht hatte. Sie wusste, dass Jan bereits eine Scheidung hinter sich hatte, das störte sie jedoch in ihrer Verliebtheit nicht. Jeder macht doch schließlich mal Fehler, wahrscheinlich war sie nicht die Richtige. Das gleiche meinten auch Marlenes Eltern. Sie waren fasziniert und hingerissen von Jans Auftreten und seinem Charisma. Schnell hatte er sie mit seinem Zauber um den Finger gewickelt.

Im Spinnennetz

Es war Weihnachten und Heiliger Abend. Marlene verbrachte den Abend mit ihrer Schwester Nora bei ihren Eltern. Wie immer, hatte ihr Vater Henry an diesem besonderen Tag das abendliche Festmahl zubereitet. Auch wenn er sonst eher ein Mann war, der Frauen die Rolle des Haushaltes und des Kinderhütens zuschrieb, so ließ er sich diesen Teil des Festes nicht nehmen. Es gab Fondue. Dafür fuhr er schon Tage vorher Kilometer weit, um das beste Fleisch dafür zu besorgen. Nicht nur das, er kaufte stets Delikatessen vom Feinsten. Ihr Vater, ein Gourmet, war ein Mann, der die feine Lebensart sehr schätzte. Er liebte die Weihnachtszeit. Er dekorierte alles sehr stilvoll und detailversessen. Die handgearbeitete Krippe war sein Lieblingsstück. Die kleinen Figuren aus Holz waren handgeschnitzt und er drapierte sie liebevoll in der Krippe. Stolz führte er seine weihnachtlichen Kreationen vor, dabei strahlte er immer wie ein kleines Kind.

Jan wollte am späteren Abend noch auf einen weihnachtlichen Umtrunk vorbeikommen. Es war mittlerweile 21 Uhr und die Geschenke verteilt, als es an der Tür klingelte. Marlene sprang auf, um die Tür zu öffnen, sie war sehr aufgeregt. Da stand er endlich, ihr Prinz. Perfekt gestylt, hielt er in der einen Hand einen großen Blumenstrauß, in der anderen eine große elegante Einkaufstasche, auf der „Armani" stand. Marlene strahlte über das ganze Gesicht und nahm ihm den Blumenstrauß ab. „Der ist für die Frau Mama", sagte er und küsste sie auf den Mund.

Marlenes Eltern begrüßten Jan freudig. Henry klopfte ihm auf die Schulter und Marlenes Mutter Maria schmachtete ihn an. „Danke für die Blumen, Jan. Das ist ja so aufmerksam", säuselte sie hingerissen.
„Komm, setz dich! Was möchtest du trinken, einen Kaffee, Espresso oder ein Glas Wein?" Henry wies ihm einen Platz zu.
„Gerne einen Kaffee, bitte", antwortete Jan höflich und nahm im Wohnzimmer auf dem Sofa mit den weihnachtlich dekorierten roten Satin-Kissen Platz.
Marlenes Schwester Nora kam herein und sofort sprang Jan auf und begrüßte sie mit einem galanten Handkuss. Als alle mit Weihnachtspunsch und selbstgebackenen Plätzchen versorgt waren, begann ein anregender Plausch. Nach einer Weile stand Jan plötzlich auf, schlug mit dem Kaffeelöffel an seine Tasse und bat um kurze Aufmerksamkeit. Marlene blickte überrascht zu Jan. Er wischte sich mit der Weihnachts-Serviette über die Stirn und

wandte sich an Henry: „Lieber Henry, nachdem ich dich, Maria, Marlene und Nora jetzt schon einige Zeit kenne und euch sehr schätze, habe ich mir überlegt, ob ihr heute, hier und jetzt nicht Zeugen sein wollt. Ich bitte dich hiermit um die Hand deiner Tochter Marlene."

In diesem Augenblick sank er vor Marlene auf die Knie und zog aus seiner Hosentasche eine kleine silberne Schmuckschatulle. Seine Stimme klang etwas nervös und auf seiner Stirn kringelten sich feine Schweißperlen.

„Liebste Marlene, ich glaube, es gibt keinen besseren Zeitpunkt als jetzt und hier im Kreis deiner Familie. Ich frage dich: Willst du meine Frau werden?"

Marlene schaute völlig verdutzt zu ihren Eltern und zu Nora und dann wieder zu Jan. Sie zögerte.

„Oh Jan, das kommt für mich jetzt sehr überraschend", antwortete sie verblüfft.

„Marlene, da gibt's wohl nicht viel zu überlegen", warf ihr Vater ein.

Maria und Nora staunten nur fassungslos.

Jan überreichte Marlene die kleine silberne Schatulle. „Dies ist mein Weihnachtsgeschenk, Marlene, mach es auf." Jan blickte sie erwartungsvoll an.

Marlene ahnte, was da wohl drin sein würde. Mit zitternder Hand öffnete sie die kleine edle Schachtel, auf welcher in verschnörkelter silberner Schrift *„Promise"* stand. Der Verlobungsring war schlicht und klassisch. Die abgerundete Außenseite wurde durch einen dezent in die Ringschiene eingearbeiteten Diamanten betont. Marlene war sprachlos.

„Ich hoffe, er gefällt dir", meinte Jan stolz.

„Er ist wunderschön, Jan. Ich weiß gar nicht, was ich sagen soll", stammelte Marlene und drehte den Ring zwischen ihren Fingern.

„Sag einfach ja", antwortete Jan.

Bevor Marlene überhaupt antworten konnte, stand ihr Vater auf, ging zu Jan und klopfte ihm kameradschaftlich auf die Schulter: „Willkommen in unserer Familie, Schwiegersohn."
Es folgten ihre Mutter und Nora, sie umarmten und gratulierten Jan. „Willkommen in unserer Familie", tönten auch sie in den Chor ein.
Marlene stand jetzt auf, ging zu Jan und hauchte ihm leise ein Ja ins Ohr. Jan strahlte überglücklich.
„Dann ist es wohl besiegelt", meinte er und drückte Marlene an sich. Er streifte ihr der silbernen Ring an den Finger. Marlene blickte auf ihre Hand und streckte diese stolz ihrer Familie entgegen.
„Das müssen wir natürlich feiern, ich hole uns eine Flasche vom besten Champagner aus dem Keller", sagte Henry aufgeregt.
An diesem denkwürdigen Weihnachtsabend wurde noch viel geredet und gelacht. Sie diskutierten darüber, wie man wohl die Verlobungsfeier im neuen Jahr gestalten könnte. Der Champagner stieg Marlene schnell in den Kopf und sie spürte eine Heiterkeit und Ausgelassenheit, die sie an nichts mehr zweifeln ließ. Sie war glücklich und stolz, dass Jan sie zur Frau haben wollte.

In dieser Nacht blieb Jan bei Marlene. Als Marlene am nächsten Morgen glücklich erwachte, lag Jan neben ihr, schlummernd wie ein kleines Kind. Sie hörte seinen leisen Atem, der darauf hindeutete, dass er noch tief und fest schlief. Sie betrachtete sein hübsches Gesicht, das von seinen braunen Locken, die verspielt in sein Gesicht fielen, halb verdeckt wurde. Er sah so verführerisch aus und er roch so gut. Sie konnte es immer noch nicht fassen, dass dieser erfolgreiche und gutaussehende Kerl ihr einen Antrag gemacht hatte. Er könnte jede haben, aber er entschied sich für sie. Das alles beflügelte Marlene und sie fühlte sich wie im siebten Himmel.

Im selben Augenblick erwachte Jan und öffnete seine Augen. „Hallo, meine Schönste", murmelte er verschlafen und streckte seine Hand nach ihr aus.

Marlene lächelte ihn an und entzog sich seinem Griff. „Ich mache uns Frühstück, bleib ruhig noch liegen!", rief sie und verschwand im Badezimmer. Während sie ihr Gesicht mit kaltem Wasser benetzte, stiegen Glücksgefühle in ihr hoch. Erst jetzt begriff sie langsam, was da gerade in ihrem Leben passierte, auch wenn sie sich ein wenig darüber ärgerte, dass ihr Vater gestern für sie gesprochen und ihr die Antwort auf Jans Antrag einfach aus dem Mund genommen hatte. *Egal, dachte sie, er hat sich wahrscheinlich so gefreut, dass er gar nicht auf mich geachtet hat. Mein Traum wird wahr, ich werde glücklich sein und meine eigene Familie haben.'*

Sie blickte in den Spiegel. Zwei strahlende Augen schauten sie an. Ihr intensiver Blick war fast hypnotisch. Wie gebannt blieb sie stehen und es zog sie unwillkürlich in den Spiegel hinein. Etwas in ihr sagte: *Wer bist du, Marlene?*

Marlene wandte sich – erschrocken über diese seltsame Eingebung – vom Spiegel ab und verließ das Badezimmer. Sie schüttelte den Kopf und ging in die Küche, um Kaffee zu machen.

High-Speed

Das neue Jahr war erst ein paar Tage alt und die Normalität des Alltags kehrte langsam wieder zurück. Jeder ging seiner Arbeit nach. Marlene saß gerade in ihrem Büro, als das Telefon klingelte. Sie nahm den Hörer ab und Jans Stimme erklang durch die Muschel.

„Hallo, meine Schönste", raunte er, „was machst du gerade?"

Marlenes Herz hüpfte vor Freude. „Na du stellst Fragen, Jan, was soll ich wohl machen? Mein Schreibtisch biegt sich vor Arbeit, ich bin gerade dabei, das alte Jahr abzuschließen. Ist dir vielleicht langweilig oder was verschafft mir die Ehre deines Anrufs?"

„Marlene, ich habe eine Überraschung."

„So, welche denn?" Marlene war plötzlich hellwach.

„Hast du morgen Zeit für die Besichtigung eines Hauses?"

„Was meinst du damit, Jan?"

„Ich habe ein Haus für uns gefunden, durch einen Bekannten, der mir den Hinweis gegeben hatte. Ich habe gleich angerufen und für morgen Nachmittag um 15 Uhr mit der Vermieterin einen Termin vereinbart."

Es entstand eine Pause.

„Bist du noch dran, Marlene?"

„Ja, ich bin noch am Apparat, Jan. Wo ist denn das Haus?"

„Nicht weit, in Mühlbach. Es liegt wunderschön auf einer kleinen Anhöhe."

„Mühlbach?", antwortete Marlene erstaunt. „Aber das ist ja tiefste Provinz."

„Es wird dir gefallen, da bin ich mir sicher. Also, wie sieht's aus, Marlene? Ich hole dich morgen gegen 14 Uhr ab. Ich muss jetzt leider das Gespräch beenden, draußen wartet ein Kunde." Bevor Marlene noch etwas sagen konnte, legte er auf.

Marlene saß völlig verdattert da. Sie hatten über ein Haus und ein Zusammenleben noch gar nicht richtig gesprochen. Sie wusste, dass Jan eine Familie haben wollte. Das fand sie damals, als sie ihn kennenlernte, sehr positiv. Sie wusste auch, dass Jans Scheidung noch nicht durch war. Jan sprach kaum über seine Exfrau und Marlene wollte nicht indiskret sein. Von Jans Freunden hatte sie erfahren, dass sie eine erfolgreiche Unternehmensberaterin und sehr attraktiv war. Überhaupt schien dieses Thema in Jans Familie und Bekanntenkreis etwas zu sein, worüber man nur ungern sprach. Jans Mutter Annette hatte einmal in Marlenes Beisein eine Bemerkung über seine Exfrau fallen lassen. Sie soll ihren eigenen Kopf gehabt haben und mit ihren Ambitionen absolut nicht in die Familie gepasst haben, zudem hat sie auch keine Kinder gewollt. Marlene wunderte sich damals über diese Aussage und sie hätte gerne gewusst, was Annette mit „Ambitionen" meinte. Sie wagte es jedoch nicht, näher nachzufragen.

Bis jetzt hatte Marlene ihre Unabhängigkeit und ihre eigene Wohnung sehr genossen. Ja, Jan hatte ihr einen Antrag gemacht, aber musste das alles so schnell gehen? Der Abstand zu Jan sorgte für einen gewissen Reiz und es schlich sich nicht so schnell eine Gewöhnung ein. Sofort schaltete sich Marlenes Verstand ein: *Hab dich nicht so! Jetzt hast du doch alles, was du dir gewünscht hast. Wenn Jan heiraten und mit dir zusammenziehen möchte, dann muss er es ernst meinen. Mach endlich Nägel mit Köpfen,* dröhnte es in ihrem Kopf.

Kapitel 2
Gemischte Gefühle

Am nächsten Tag, es war ein Samstag, holte Jan Marlene wie vereinbart in seinem neuen Sportwagen, einem schwarzen BMW-Cabrio, ab. Sie stieg ein und ließ sich in den schwarzen Ledersitz fallen, es roch alles noch sehr neu. Ein warmer, sinnlicher Ledergeruch umfing sie. Beide begrüßten sich mit einem leidenschaftlich-innigen Kuss. Marlene spürte sein Verlangen, ihr Körper begann zu vibrieren und schaltete alle Bedenken, die sie gestern noch hatte, aus.

Während der Fahrt erzählte Jan ihr begeistert von dem Haus und von dem Bekannten, der in den höchsten Tönen davon geschwärmt hatte. Marlene war nun sehr gespannt, was sie dort erwarten würde.

Als sie in dem kleinen Örtchen ankamen, fuhren sie der Beschreibung nach, die die Vermieterin angegeben hatte. Das Haus stand auf einer kleinen Anhöhe, der Wald versperrte die Sicht nach unten zur Straße. Sie fuhren durch ein gusseisernes, verschnörkeltes Tor, das in den Hof führte. Das Haus selbst erinnerte an eine längst vergangene Zeit, die Jahrhundertwende.

Die Tür öffnete sich und heraus kam eine Frau in den mittleren Jahren. Sie trug kurze braune Haare, von silbernen Strähnen durchzogen. Ihre Haare wirkten etwas ungepflegt, so als wären sie seit Tagen nicht mehr gewaschen worden. Sie machte auf Marlene einen distanzierten Eindruck.

Nach einer kurzen Begrüßung führte sie Marlene und Jan durch die Räumlichkeiten. Sie erzählte dabei von der Geschichte der herrschaftlichen Villa. Es waren reiche Kaufmannsleute, welchen das Haus einstmals gehörte. Das Haus wurde später renoviert und moderner gestaltet.

Sie betraten ein großzügiges Foyer, von dort aus konnte man in die entsprechenden Räume gehen. Die Vermieterin zeigte ihnen dann die Küche, die nach Marlenes Empfinden etwas zu klein geraten war. Anschließend besichtigten sie zwei Schlafzimmer, ein Kinderzimmer und das sehr großzügige Badezimmer, das mit modernen italienischen Fliesen, die perlmuttfarben schimmerten, ausgestattet war.

Vom Esszimmer und einem Schlafzimmer aus konnte man direkt auf die Terrasse gehen. Als Jan mit Marlene auf der Terrasse stand, zeigte er sich sehr angetan. Er zwickte sie sanft in die Seite, ihm schien das Haus sehr zu gefallen. Marlene jedoch hatte schon die ganze Zeit über ein seltsam flaues Gefühl im Magen.

„Marlene, findest du es nicht auch wunderschön?", fragte Jan begeistert.

Marlene nickte, sie wollte Jans Euphorie nicht zerstören. Sie gingen wieder hinein und besichtigten das sehr großzügig aufgeteilte Wohnzimmer, es war hell und freundlich und hatte sogar einen offenen Kamin.

„Gefällt es Ihnen?", fragte die Vermieterin. „Sie werden sehen, es ist sehr ruhig hier. Sie müssten sich allerdings schnell entscheiden, denn es gibt noch andere Interessenten."

„Ja, es gefällt uns sehr gut, nicht wahr, Marlene?" Er nickte der Vermieterin wohlwollend zu.

Marlene stand währenddessen an dem großen Doppelfenster und blickte nach draußen. Außer hochgewachsenen Bäumen konnte man nichts sehen. Der Garten ließ keinen Blick nach draußen zu, er war durch eine große Hecke abgeschirmt.

Sie stellte sich vor, wie Jan und sie hier glücklich und harmonisch leben würden.

Jan unterhielt sich mit der Vermieterin noch über die Mietkosten und versprach, am nächsten Tag Bescheid zu geben. Sie verabschiedeten sich und gingen nach draußen.

„Hast du noch Lust, dass wir einen kleinen Spaziergang durch den Ort machen und einen Kaffee trinken?", fragte Jan. „So kannst du deine neue Heimat gleich kennenlernen."

Marlene willigte ein. Sie spazierten durch den kleinen Ort und kamen schließlich zu einem großen Platz. Es gab ein paar Geschäfte und auch ein kleines Café. Sie kehrten ein und gönnten sich Kaffee und Kuchen. Sie unterhielten sich über das Haus.

„In einem Monat könnten wir einziehen, Marlene", meinte Jan voller Eifer.

Marlene nahm einen Schluck Kaffee und blickte sich um. Sie, die ihre lebhafte Stadt gewohnt war, in der die vielen Studenten, kulturellen Veranstaltungen und Kneipen stets für Abwechslung und Lebendigkeit sorgten, konnte sich nur schwer damit abfinden, in so ein kleines Nest zu ziehen. Sie hatte das Gefühl, als wäre sie hier am Rande der Welt gelandet. Sie blickte Jan an. Der intensive Blick aus seinen wassergrünen Augen entzündete sofort wieder das Feuer in ihr. Sie spürte ihre Verliebtheit, ihre Leidenschaft zu diesem Mann. Alles in ihr verlangte danach, mit ihm zusammen zu sein. Durch ihn fühlte sie sich lebendig, begehrt, sie hatte noch nie für jemanden so empfunden.

„Meine Schönste", sagte er und legte dabei den Arm um ihre Taille. Dann zog er sie heran und küsste sie. „Ich will dich, ich will mit dir leben, wir werden glücklich sein", raunte er ihr zu, dabei streichelte er sanft ihren Nacken.

„Ja", hauchte Marlene hingebungsvoll, hypnotisiert von seinen Händen und seinem Versprechen. „Ja, das werden wir, Jan."

Das Überraschungsei

Marlene hatte das Gefühl, als befände sie sich in einem Wirbelsturm, der ihr altes Leben einfach hinwegfegte.

Nachdem sie mit Jan beschlossen hatte, in das Haus zu ziehen, galt es jetzt, alles für den Umzug vorzubereiten. Marlene begann, ihr altes Leben in Kisten zu verpacken und auszusortieren, was sie nicht mehr brauchte. Ihr Vater Henry versprach, beim Umzug zu helfen und gab Marlene und Jan Tipps, um das Ganze organisatorisch gut vorzubereiten.

Sie erlebten eine stressige, aber auch sehr aufregende Zeit. Das alles war eigentlich schon genug, doch das Leben hatte noch eine weitere Überraschung parat.

Eines Abends, Marlene saß gerade müde auf der Couch und blätterte etwas lustlos eine Frauen-Zeitschrift durch, als ihr Blick auf einen Artikel fiel, in welchem es um „Frauenbeschwerden" ging. Sie las ein wenig darin, als ihr schlagartig einfiel, dass ihre Periode schon einige Zeit ausgeblieben war. Erst jetzt bemerkte sie diesen Umstand, sie hatte einfach nicht mehr daran gedacht. Als sie genau nachrechnete, wurde es ihr plötzlich heiß und kalt. *Oh nein, ganz bestimmt nicht!* Sie hatte schließlich schon öfters Unregelmäßigkeiten gehabt, besonders wenn sie unter Stress stand. Um ganz sicher zu gehen, beschloss sie, sich morgen einen Schwangerschaftstest in der Apotheke zu besorgen.
Am nächsten Tag holte sie sich nach Büroschluss den Test in der Apotheke. Sie konnte es kaum erwarten, zuhause zu sein. Sie schmiss ihre Sachen auf den Tisch in der Küche und verzog sich ins Bad. Nervös öffnete sie die Schachtel, las die Gebrauchsanweisung durch und vollzog den Test. Es hieß, man müsse ein paar Minuten warten. Wie gebannt starrte sie auf dieses Plastikding mit dem Fenster in der Mitte, das aussah wie eines dieser modernen Digital-Thermometer. Sie hielt den Atem an, während sie beobachtete, wie sich die Färbung langsam veränderte. Ein roter Strich bedeutete „Nicht schwanger", zwei rote Striche bedeuteten „Schwanger".
Marlenes Augen wurden immer größer, denn es leuchteten zuerst nur sehr schwach, dann immer intensiver zwei rote Balken auf. „Oh mein Gott", sagte sie entsetzt, „das glaub ich jetzt einfach nicht." Sie schüttelte das Plastikding hin und her, sie hatte die Hoffnung, dass es vielleicht nicht richtig funktionierte. Sie hielt es noch näher an ihre Augen, um sicher zu sein, dass es wirklich zwei

Striche waren. Doch es ließ sich nicht mehr von der Hand weisen, sie war laut diesem Schnelltest schwanger.

In Marlenes Kopf begann es zu rotieren, vielleicht stimmte der Test doch nicht? Marlene griff umgehend zum Telefonhörer, sie wusste, dass ihr Frauenarzt heute noch Abendsprechstunde hatte und so vereinbarte sie für den nächsten Tag einen Termin.

In dieser Nacht konnte Marlene kein Auge zu tun, so viele Fragen schwirrten durch ihren Kopf: ‚*Wenn das stimmt und ich schwanger bin, was wird Jan dazu sagen, ob es ihm recht ist – jetzt? Vielleicht ist es ja doch ein Irrtum und das Testergebnis ist falsch, schließlich ist so etwas auch schon vorgekommen. Was ist, wenn...?*'

Sie wälzte sich hin und her, dann drehte sie sich auf den Rücken und legte die Hände auf ihren Bauch. Sie wurde plötzlich ganz ruhig. „Was wäre, wenn doch", sagte sie leise und strich dabei sanft über ihren Bauch, „dann soll es wohl so sein."

Am nächsten Tag konnte Marlene den Termin bei Dr. Brandhauser kaum erwarten. Nachdem sie die üblichen Laboruntersuchungen hinter sich hatte und im Sprechzimmer saß, kam Dr. Brandhauser hinein. Er strahlte über das ganze Gesicht.

„Liebe Frau König, schön, Sie mal wieder zu sehen. „Gut sehen Sie aus", sagte er mit einem verschmitzten Lächeln im Gesicht. „Schauen wir doch mal nach, ob sich da bei Ihnen etwas versteckt hat."

Dr. Brandhauser war ein Herzensmensch, den die Frauen liebten. Er hatte eine Art, die sofort Vertrauen weckte und sein Charme ließ manche Frau dahinschmelzen. Er galt als „heißer Tipp" in der Stadt und alle Frauen wollten von ihm behandelt werden, deshalb war es mittlerweile sehr schwer, bei ihm einen Termin zu bekommen. Marlene war schon seit Jahren Stammpatientin und sehr froh, überhaupt einen Frauenarzt gefunden zu haben, bei dem sie sich wohl fühlte.

Dr. Brandhauser untersuchte sie. Während sie auf dem Stuhl lag, schaute sie abwechselnd auf den Monitor und zu Dr. Brandhauser.
„Sehen Sie etwas?"
Dr. Brandhauser deutete auf den Monitor. „Ja, meine Liebe, schauen Sie, da hat sich tatsächlich etwas Winziges eingenistet, Sie sind schwanger."
Marlene stieß einen leisen Schrei aus. Jetzt war es zur unumgänglichen Tatsache geworden.
„Herzlichen Glückwunsch, Frau König, zu Ihrer Schwangerschaft, Sie können sich wieder anziehen, wir besprechen anschließend alles."
„Ist auch alles in Ordnung, Dr. Brandhauser?"
„Alles in bester Ordnung, Frau König, Sie brauchen sich keine Sorgen zu machen."
Nach dem Gespräch verließ Marlene aufgewühlt die Praxis und fuhr nach Hause.

Mutterfreuden

Ich werde Mutter!', dachte Marlene aufgeregt.
Sie hatte das dringende Bedürfnis, es sofort jemandem zu erzählen. Sie wählte die Telefonnummer ihrer Eltern und ihre Mutter war am anderen Ende der Leitung.
„Mutti, halte dich fest, ich muss dir unbedingt etwas Wundervolles erzählen."
„So, was denn?", hörte sie ihre Mutter fragen.
„Du wirst Großmama", gluckste Marlene aufgeregt ins Telefon.
Marlenes Mutter Maria war der kühle Typ, sehr kritisch, sehr beherrscht und sehr überlegt. Bei ihr gab es keine Gefühlsausbrüche. Die Antwort auf Marlenes Überraschung fiel auch dementsprechend aus.
„Na, dann kommen aber jetzt andere Zeiten auf dich zu", meinte ihre Mutter trocken.

28

„Mehr hast du dazu nicht zu sagen?", sagte Marlene sichtlich enttäuscht. „Freust du dich denn nicht?"

„Kinder großzuziehen ist keine leichte Aufgabe, Marlene. Weiß Jan denn schon davon?"

Marlene hatte das Gefühl, als hätte man ihr gerade einen Kübel Wasser ins Gesicht geschüttet. „Nein, ich wollte, dass du es zuerst erfährst."

„Du solltest es ihm bald sagen, Marlene."

„Ja, das werde ich selbstverständlich, Mama."

Das Gespräch mit ihrer Mutter brachte Marlene prompt auf die Erde zurück. Ihre Mutter hatte manchmal die Gabe, jegliche Freude im Keim zu ersticken.

Sie musste unweigerlich an ihren Vater denken, wenn er manchmal überschäumend und in ausgelassener Laune über sein Ziel hinausschoss. Ein Blick und ein Satz von Marlenes Mutter genügten und die ganze Stimmung war dahin. Marlene erinnerte sich mit Unbehagen an die Spannung zwischen ihren Eltern, die dann im Raum zurückblieb. Sie reagierte schon als Kind ängstlich und unsicher auf Streitereien oder unausgesprochene Dinge, die in der Luft lagen. Sie fühlte die Stimmungen ihrer Eltern, sie empfand es oft als verwirrend, wie sie miteinander umgingen. Ihre Mutter hüllte sich dann in stundenlanges Schweigen und ihr Vater war gereizt und schlecht gelaunt.

Marlenes gedanklicher Ausflug in die Vergangenheit wurde durch das Klingeln des Telefons unterbrochen. ‚Das wird bestimmt Jan sein, was sage ich jetzt bloß?‘ Sie nahm einen tiefen Atemzug und griff zum Hörer.

„Hallo Marlene, wie geht es dir?", erklang Jans Stimme.

Marlenes Stimmung hellte sich schlagartig auf. „Mir geht es gut. Wie geht es dir, Jan?"

„Wenn ich dich höre, meine Schönste, dann geht es mir immer bestens. Wie war dein Tag?"

29

In Marlenes Kopf ratterte es. Sie überlegte in Sekundenschnelle und hatte plötzlich eine Idee. „Jan, hast du morgen Abend Zeit für mich? Ich mache uns etwas Feines zum Essen."

Jan wurde hellhörig. „Warum, gibt es etwas Besonderes?"

„Ja, komm einfach vorbei und du wirst sehen. Passt es dir so gegen 19.30 Uhr?"

„Jetzt machst du mich aber neugierig, Marlene, klar komme ich."

„Prima, dann bis morgen, Jan."

Marlene war erleichtert und froh, diese Lösung gefunden zu haben. Abends, als sie im Bett lag, hielt sie noch Zwiesprache mit dem kleinen Wesen, das jetzt in ihrem Bauch heranwuchs. Leise flüsterte sie: „Ich freue mich so sehr auf dich, mein kleiner Schatz. Ich werde alles tun, damit du gut versorgt bist und gesund auf die Welt kommst, das verspreche ich dir. Morgen wirst du deinen Vater kennenlernen, er weiß noch nichts von dir. Ich hoffe sehr, dass er sich auch so freut wie ich und dass wir drei ein wunderbares Leben führen werden."

Kapitel 3
Im siebten Himmel

Unsere Ängste sind zahlreicher als unsere Gefahren und wir leiden mehr an unserer Vorstellungskraft als an der Wirklichkeit.

Seneca

Am nächsten Tag nach Büroschluss besorgte Marlene noch ein paar Köstlichkeiten für den Abend. Sie war sehr aufgeregt und nervös, als hätte sie zu viel Kaffee getrunken. Alles war so neu, so intensiv, so voller bunter Farben! Durch die Schwangerschaft bekam ihr Leben eine ganz neue Dimension und die Hormone sorgten für diese einzigartige Gefühlsintensität. Ihr ganzer Körper war wie aufgeladen, sie fühlte sich so lebendig wie noch nie. Es war, als wäre sie im siebten Himmel gelandet und Gott gab ihr zusätzlich für diese Reise noch ein Erste-Klasse-Ticket.

Zuhause angekommen, es war inzwischen 18.00 Uhr, bereitete sie schnell das Essen zu. Sie war keine Superköchin. Kochen gehörte zu den Dingen, die sie nie besonders interessierten, aber essen musste man ja schließlich.

Für den heutigen Anlass gab es ein italienisches Gericht, einfach, aber sehr beliebt. Spaghetti Bolognese, dazu ein feiner Salat als Vorspeise, garniert mit einem leichten, trockenen Chianti, natürlich nur für Jan.

Marlene blickte nervös auf die Uhr. Noch eine halbe Stunde, dann wird Jan da sein. Sie sprang schnell unter die Dusche und zog ihr blaues Strickkleid an, welches ihre schlanke Figur betonte. Sie steckte ihre Haare nach oben und ließ links und rechts ein paar Strähnchen raushängen, das gab dem Ganzen eine gewisse Lockerheit. Dann lief sie in die Küche, um nach dem Essen zu sehen. Den Tisch hatte sie gestern Abend noch schnell gedeckt, eine weiße Tischdecke, darauf zwei weiße Teller, Silberbesteck, ein silber-

31

ner Kerzenleuchter sowie pinkfarbene Servietten mit gelben Tulpen. Es sollte festlich aussehen, aber nicht zu gediegen, schließlich war es ein besonderer Anlass für Marlene, Jan und... Es klingelte an der Tür. Nach einem kurzen prüfenden Blick in den Garderobenspiegel öffnete sie schwungvoll die Tür.

Jan umarmte Marlene zur Begrüßung und überreichte ihr einen Blumenstrauß.

„Danke, Jan", sagte sie entzückt und gab ihm einen Kuss.

„Mmh, hier riecht es aber köstlich, was ist denn der Anlass für das tolle Essen?"

„Setz dich doch erst einmal", sagte Marlene. Sie schenkte ihm einen Schluck Chianti in das edle Weinglas ein. „Ich glaube, du brauchst jetzt einen kräftigen Schluck", dabei lächelte sie geheimnisvoll.

„So, warum das denn? Und was ist mit dir, trinkst du nichts?"

„Mir ist heute nicht nach Wein", sagte sie und goss sich einen Schluck Wasser ein, ihre Hand zitterte dabei.

„Marlene, was ist los, du zitterst ja", bemerkte Jan erstaunt.

Marlene setzte sich auf den Stuhl und lächelte jetzt mühsam. Sie schob ihre Lippen nach vorne. Das machte sie manchmal, wenn sie nicht genau wusste, wie sie etwas sagen oder formulieren sollte. „Essen wir vielleicht zuerst?"

„So lange kann ich nicht warten, ich will es jetzt gleich wissen", meinte Jan bestimmt. Er nahm einen Schluck Wein. „Hast du es dir anders überlegt mit dem Umzug?" Er blickte sie fragend an.

„Nein, Jan, es ist nur so, ich bin etwas nervös und es ist für mich nicht so einfach, dir das jetzt zu sagen."

„Komm, raus damit, so schlimm wird es wohl nicht sein", antwortete er.

„Vielleicht doch", sagte Marlene und ihr Herz begann so heftig zu pochen, als würde es gleich aus der Brust springen. „Was wäre, wenn ich dir sage, dass ich schwanger bin?" Marlene merkte, wie ihr vor Aufregung die Röte ins Gesicht stieg und ihre Hände feucht wurden.

Jan starrte sie völlig verdattert an und meinte: „Das ist jetzt nicht dein Ernst, oder?"

Marlene wurde noch röter und ihre Gedanken fuhren Achterbahn.

‚Er will es nicht‘, das hätte ich mir gleich denken können. *‚Jetzt sagt er bestimmt gleich, dass er das Kind nicht will.‘* Marlene hielt den Atem an.

„Das ist ja fabelhaft", sagte Jan plötzlich voller Freude. Er sprang auf, riss Marlene vom Stuhl, drehte sie zu sich und gab ihr einen Kuss. „Ich werde Vater, das ist fantastisch!"

Marlene war völlig perplex von seiner Reaktion. Sie fing sich jedoch schnell wieder und sagte sehr ernst: „Ja, du wirst Vater."

Jan wollte jetzt alles wissen, ob sie schon wusste, ob es ein Junge oder ein Mädchen wird, was der Arzt meinte und wann der errechnete Geburtstermin sei.

„Mitte Oktober, wenn alles gut geht", antwortete Marlene jetzt sichtbar erleichtert.

Sie war froh, es endlich hinter sich gebracht zu haben und sie konnte sich jetzt wirklich mit Jan freuen. Der Abend wurde noch ein langer Abend. Beide hatten viel zu bereden und sie träumten den Traum einer wundervollen und glücklichen Zukunft.

Nesttrieb und Hormonschwankungen

Inzwischen war fast ein halbes Jahr vergangen, es war Mitte Juni. Marlene und Jan hatten es sich in ihrem neuen Zuhause mittlerweile schön eingerichtet und sie waren inzwischen auch verheiratet. Beide hatten beschlossen, dass die Hochzeit noch vor der Geburt stattfinden sollte. Die Feier mit über hundert geladenen Gästen, die nach der standesamtlichen Trauung in einem sehr romantischen Schloss-Hotel stattfand, war berauschend und unvergesslich.

Marlene befand sich in einem höchst produktiven Zustand, der sich Nesttrieb nannte. Sie putzte, räumte und gestaltete, damit der neue Erdenbürger es auch gemütlich und bequem haben sollte. Jan und sie wussten bereits, dass es ein Junge werden würde. Marlene hatte es innerlich schon lange gespürt, so dass Dr. Brandhauser ihre Ahnung nur noch bestätigte.

Jan ging täglich seiner Arbeit nach und fuhr jeden Morgen in die Firma. Während des Tages rief er immer wieder an, um zu hören, was Marlene so trieb. Schon während des Kennenlernens rief er sie mehrmals täglich im Büro an. Marlene wunderte sich damals ein wenig darüber, sie fühlte sich jedoch geschmeichelt durch so viel Aufmerksamkeit, für sie war es der Beweis seiner Liebe.

Marlene war so mit ihrem neuen Leben, ihrer Schwangerschaft und der Beziehung mit Jan beschäftigt, dass sie nicht viel Zeit zum Nachzudenken hatte. Sie genoss die Zeit mit Jan und die Vorfreude auf das Kind.

Bevor die Schwangerschaft zu mühsam wurde, hatten Marlene und Jan die Idee, für ein paar Tage nach Österreich zu fahren, um Leni und Thomas zu besuchen. Jan hatte Marlenes Freunde bisher noch nicht kennengelernt. Sie hatten es Anfang des Jahres nicht mehr geschafft, sie zu besuchen, da der Umzug und die Schwangerschaft dazwischenkamen. Sie buchten ein wunderschönes Wellness-Hotel. Marlene freute sich sehr, ihre Freundin Leni wiederzusehen. In drei Tagen sollte es losgehen.

Zwiespältige Gefühle

Die Freude war groß, als sie in Tirol ankamen. Bevor sie in das Hotel eincheckten, besuchten sie noch Leni und Thomas. Leni war sehr angetan von Jans Charme und auch ihr Mann Thomas verstand sich auf Anhieb mit ihm. Sie verabredeten sich für den nächsten Tag, um gemeinsam den Wildpark zu erkunden.

Am nächsten Morgen saßen Jan und Marlene beim Frühstück in der traumhaften Hotelanlage und ein sonniger und vielversprechender Tag lag vor ihnen. Marlene fühlte sich wie zuhause. Die bezaubernde Landschaft, die Gerüche und die intensiven Farben versetzten sie stets in eine besondere Stimmung. Von draußen wehte der Duft frisch gemähten Heus in ihre Nase, als die hübsche Bedienung den Kaffee an den Tisch brachte. Ihr hellblaues Dirndl mit der tief ausgeschnittenen weißen Bluse gewährte tiefe Einblicke in ihr braungebranntes Dekolleté.

„Guten Morgen", zwitscherte sie vergnügt und warf Jan ihr schönstes Lächeln zu. Marlene traute ihren Augen nicht, als sie bemerkte, wie sie offensichtlich mit ihm flirtete. Jan schien das auch noch zu genießen.

Mit ihrer honigsüßen Stimme: „Darf's denn noch was sein?", beugte sie sich vornüber, während sie Marlene und Jan den Kaffee einschenkte. Die tiefen Einblicke, die sie vor allem Jan dabei gestattete, machten Marlene sprachlos. *Ich fasse es nicht, so eine unverschämte Person'*, dachte Marlene empört. Jan schien wie hypnotisiert, er grinste wie ein Honigkuchenpferd.

Wie kann er nur in meinem Beisein so unverhohlen mit dieser Tussi flirten, die es scheinbar in keiner Weise störte, dass daneben seine schwangere Frau saß.' Als die Bedienung den Tisch verließ, hätte sie Jan ihre Wut am liebsten um die Ohren gehauen. Sie riss sich zusammen, sie wollte keine Szene machen oder vielleicht sogar als eifersüchtige Zicke dastehen. Wortkarg nahm sie ihr Frühstück zu sich. Jan schlürfte genussvoll und selbstzufrieden seinen Kaffee und schien von all dem nichts bemerkt zu haben.

Später trafen sie sich, wie vereinbart, mit Leni und Thomas. Freudestrahlend begrüßte Leni die beiden und fiel Marlene um den Hals.

„Lasst uns gleich losfahren! So ein wunderschöner Tag!", rief Leni und packte Marlene am Arm. Thomas holte seinen Geländewagen aus der Garage und dann ging's los. Marlene und Leni nahmen hinten Platz. Während der ganzen Fahrt saß Marlene schweigend neben Leni. „Hey", sagte Leni plötzlich, „was ist los mit dir, du bist so still heute? Hast du vielleicht schlecht geschlafen oder schütteln dich die Hormone gerade durcheinander?"

Marlene blickte Leni etwas verständnislos an und meinte: „Ach, heute ist irgendwie nicht mein Tag. Kann sein, dass die Hormone mich gerade beuteln."

Leni nickte verständnisvoll und streichelte Marlenes dicken Bauch. „Verstehe, ich kenne das", sagte Leni mitfühlend. „Die letzten Monate sind oft sehr mühsam. Ich kann dir versprechen, dass es vorübergeht und die Welt hinterher wieder ganz anders aussieht." Sie zwinkerte Marlene aufmunternd zu.

„Sehr tröstlich", meinte Marlene und lächelte dabei gequält.

Jan und Thomas unterhielten sich während der ganzen Fahrt angeregt. Thomas, der eine Schreinerei hatte, erzählte Jan von seinen Sorgen und Nöten der Selbstständigkeit.

Die Straße zum Wildpark führte über eine steile Straße aufwärts, vorbei an Wäldern, Almwiesen und herabstürzenden kleinen Wasserfällen.

Der Wildpark mit seinen vielen heimischen Tieren lud zum Staunen ein. Hirsche und Rehe standen auf der Wiese und ließen sich von den neugierigen Blicken der Besucher nicht stören. Etwas weiter vorne erblickten sie einen Esel, der von einer Herde Ziegen gejagt wurde. Leni lachte lauthals, als sie sah, wie der Esel wiehernd die Flucht ergriff. Sie stupste Marlene an. „Schau mal, der Arme, der hat nichts zu lachen." Marlene nickte und verzog keine Miene.

Während sie einen steilen Hang hinaufliefen, um die fantastische Aussicht auf die umliegende Bergwelt zu genießen, nahm Leni Marlene für einen Augenblick zur Seite. Sie spürte, dass Marlene etwas bedrückte.

„Marlenchen, dir liegt doch was auf der Seele, stimmt's?"

36

„Nein, mir geht es ausgezeichnet, Leni", antwortete sie etwas zögerlich, während ihre Gedanken rotierten. ,Ich kann doch Leni jetzt nicht erzählen, dass Jan heute mit der Bedienung geflirtet hat, vor meinen Augen. Sie wird mich sicher für sehr empfindlich halten und das alles auf die Schwangerschaft zurückführen.'

„Du kannst mir nichts vormachen, dafür kenne ich dich schon viel zu lange", sagte Leni bestimmt.

Marlene überlegte kurz und dann platzte es aus ihr heraus. Sie erzählte Leni von dem Zwischenfall mit der Bedienung. „Du findest bestimmt, dass ich zu empfindlich bin und das nicht so ernst nehmen sollte. – Außerdem bin ich seitdem total verspannt."

„Ja, in gewisser Weise schon", antwortete Leni. „Weißt du, Marlene, ich weiß, wie es sich anfühlt, als schwangere Frau mit dickem Bauch durch die Gegend zu laufen – und das noch im Hochsommer. Wenn dann plötzlich eine hübsche Frau deinem Mann schöne Augen macht, die nicht schwanger ist und eine tolle Figur hat, kratzt das manchmal am weiblichen Selbstbewusstsein. Man fühlt sich plötzlich hässlich und unförmig und glaubt vielleicht, der eigene Mann hätte kein Interesse mehr an der eigenen Frau. Das ist jedoch nur eine Projektion deiner Gefühle, Marlene. Dein Körper bereitet dich auf ein unglaubliches Wunder vor, ist dir das bewusst? Schäme dich nicht wegen deines dicken Bauches, schließlich wächst da dein Kind heran, das ist ein Wunder. Entspanne dich und genieße diese besondere Zeit, außerdem hast du noch nie so strahlend und glücklich ausgesehen."

Marlene atmete dankbar auf. „Danke, Leni, genauso ist es und genauso habe ich mich gefühlt. Danke, dass du es so auf den Punkt gebracht hast. Jetzt geht es mir viel besser. Ja, ich bin stolz auf meinen Bauch und ich werde ihn weiterhin mit viel Freude durch die Gegend tragen."

Erleichtert und froh über diese Erkenntnis legte sie ihren Arm um Leni. Es war diese Feinfühligkeit und Warmherzigkeit, die sie so an Leni liebte. Sie schien immer genau zu wissen, wenn es Marlene schlecht ging, und sie hatte stets die richtigen Antworten parat. Marlene bemerkte nach einiger Zeit erfreut, dass auch die Verspannung in ihren Schultern nachgelassen hatte.

Marlene und Jan verbrachten mit Leni und Thomas noch herrliche Tage. Marlene freute sich jetzt schon darauf, eines Tages mit ihrem Sohn hier an diesem wunderschönen Ort den Urlaub zu verbringen, ihm die Natur und die Berge zu zeigen und mit ihm im Winter mit Skiern über die Pisten zu sausen.

Gefühle und Körperbewusstsein – Eine kleine Übung

Sind Sie sich Ihres Körpers eigentlich bewusst? Wenn wir in der Schule gelernt hätten – und mindestens eine Stunde damit verbracht hätten, uns unseres Körpers bewusst zu sein und ihn als Wunder zu feiern, das er ist –, würden wir ihn nicht durch Substanzen, falsche Ernährung, Drogen, Alkohol und zu viel Stress missbrauchen.

Körperbewusstsein bedeutet, dass Sie einfach darauf achten, wohin Ihre Energie fließt und wohin nicht. Achten Sie auf die feinen Unterschiede zwischen Ihren Emotionen. Was macht Wut in Ihrem Körper? Wo spüren Sie den Druck, die Spannung? Zwischen Ihren Schultern, die sich plötzlich hochziehen, im Kiefer, in den zusammengeballten Fäusten? Achten Sie doch mal darauf und atmen Sie in die entsprechende Stelle hinein. Was verändert sich?

Kapitel 4
Simons Geburt

Ein Kind ist sichtbar gewordene Liebe.

Novalis

Es war Sonntag, die Sonne schien auch heute wieder. Ein herbstlicher Wind fuhr durch die Bäume und Büsche im Garten, die sich sanft hin und her wiegten und leise raschelten. Es war wie ein Raunen und Flüstern, so als wollten sie die frohe Botschaft verkünden, dass heute ein ganz besonderer Tag ist, der Tag, an welchem sich ein neues Erdenkind auf den Weg macht.

Marlene hatte eine sehr unruhige Nacht hinter sich, immer wieder spürte sie das Ziehen, sie war angespannt. Ihre Nervosität übertrug sich auf Jan, der ebenfalls sehr nervös war. Nach dem Frühstück ging er in den Garten, um eine Zigarette zu rauchen.

Während sie das Geschirr in die Spülmaschine räumte, spürte sie wieder ein starkes schmerzhaftes Ziehen in ihrem Bauch. Es war deutlicher und intensiver als gestern und heute Nacht.

Sie legte sich im Wohnzimmer auf die Couch, um ein wenig zu ruhen. Der Schmerz beruhigte sich langsam wieder. Sie schloss ihre Augen und konzentrierte sich auf ihren Atem. Allmählich entspannte sie sich. Sie begann, Zwiesprache mit ihrem ungeborenen Kind zu halten. *„Mein Kleiner, bald ist es so weit und wir beide werden uns begegnen. Ich freue mich so sehr, dich bald in den Armen halten zu können. Dein Vater freut sich auch auf dich. Ich wünsche dir von Herzen viel Glück bei deiner bevorstehenden Reise in die Welt."*

Als Marlene erwachte, war es schon fast Mittag, sie hatte über eine Stunde geschlafen. Sie spürte ein leichtes Hungergefühl und ging in die Küche, um eine Kleinigkeit zu essen. Sie rief nach Jan, doch er antwortete nicht. Sie lief auf die Terrasse, doch auch hier konnte sie ihn nicht sehen. *‚Vielleicht ist er spazieren?'*, dachte sie und ging ins Badezimmer, um sich die Hände zu waschen. Sie bemerkte plötzlich, dass an ihren Beinen ein Schwall warmen Wassers hinunterlief. Auf dem Fliesenboden bildete sich eine kleine Pfütze. Schlagartig wurde ihr klar, dass ihre Fruchtblase geplatzt ist. Aufgeregt rief sie nach Jan: „Verdammt, wenn man jemanden braucht, ist keiner da!"

In diesem Augenblick sperrte die Tür. „Jan, da bist du ja, schnell, wir sollten ins Krankenhaus fahren, meine Fruchtblase ist geplatzt!" Jan blickte sie verdattert an. „Echt jetzt?", meinte er.

Kosmischer Augenblick

Alles ging sehr schnell. Marlenes Wehen setzten stakkatoartig ein. Sie lag auf dem Geburtsstuhl. Die Hebamme und der Arzt waren bereits anwesend. Marlene nahm sie kaum noch wahr. Sie atmete immer wieder im Rhythmus, wenn eine heftige Wehe ansetzte. Zwischen den Wehen kam immer wieder eine kleine Pause, die sie kurz aufatmen ließ. Ihr Körper übernahm jetzt das Kommando, sie selbst hatte das Gefühl, außerhalb ihres Körpers zu sein. Alles, was sie noch konnte, war atmen, nein, sie wurde geatmet.

Dann entstand plötzlich eine Stille, die sich wie die Ruhe vor dem Sturm anfühlte. Diese Stille war voll immenser Präsenz und Kraft.

Mein Sohn und ich konzentrieren uns auf diesen einen Punkt. Nichts anderes zählte mehr. Ich spüre es mit allen Sinnen und atme tief in mich hinein. Es ist wie vor dem Abflug des Pfeils, der noch kraftvoll gespannt im Bogen liegt, kurz davor loszulassen und das Ziel anzupeilen. Nichts kann ihn mehr aufhalten. Mein Körper fokussiert sich und ich spüre das Adrenalin, dass er durch meine Muskeln und Gewebe pumpt.
Ich atme, ich lausche, ich fühle. Da war dieser ganz besondere Moment, kurz bevor mein Sohn das Zeichen gab. Wieder durchfährt ein gewaltiger Ruck meinen Körper, dann noch einer und noch einer. Wir beide sind nur noch für einen kurzen Moment

eins, bevor er das Licht der Welt erblickt und die Schnur durchtrennt wird.

Marlenes Körper bebte, bäumte sich auf, sie war kurz davor aufzugeben. Dann der alles durchdringende Schrei, ihr Kind war geboren! Sie schloss die Augen und sank in sich zusammen. Sie hatte keine Kraft mehr, auf ihrem Bauch lag dieses kleine Bündel Mensch, blutverschmiert und mit Käseschmiere bedeckt. Sie sah ihn ungläubig an, ohne recht zu begreifen, dass sie es geschafft hatten.

„Herzlichen Glückwunsch, es ist alles in Ordnung", hörte sie von irgendwoher. Jan stand die ganze Zeit hinter Marlene. Er setzte sich jetzt zu ihr und hielt ihre Hand. Noch etwas blass um die Nase, lächelte er sie glücklich an. Die Hebamme kam und legte ihren Sohn, der jetzt gewaschen und warm eingewickelt war, zwischen Marlene und Jan.

Glücklich hielten beide ihr Kind in den Armen. Marlene, immer noch benommen und entkräftet, blickte ihr Kind an. Dieses kleine Wesen, das mit geschlossenen Augen friedlich in ihren Armen lag, erschöpft vom Übertritt in diese Welt, erfüllte ihr Herz mit so viel Stolz und Liebe. Sie wurde geflutet von diesem unbeschreiblichen, reinen Gefühl für ihren kleinen Sohn.

Die Hebamme kam und erklärte den stolzen Eltern, dass mit dem Kind noch einige Untersuchungen gemacht werden müssten. Sie würde ihn anschließend wieder in ihr Zimmer bringen.

Als Jan Marlene zum Zimmer zurückbrachte und die Tür öffnete, trauten sie ihren Augen nicht. Marlenes Eltern und ihre Schwester standen im Zimmer und strahlten über das ganze Gesicht.

„Hallo Ihr beiden, ist alles gut verlaufen?", wollte Henry wissen.

„Wo ist das Kind?", rief ihre Mutter aufgeregt.

Nora ging zu Marlene und gratulierte ihr. In der Hand hielt sie einen Plüschhasen. „Der ist für ihn", sagte sie und legte ihn aufs Bett. Marlene freute sich über den Besuch, doch eigentlich wollte sie sich ausruhen von der anstrengenden Geburt.

„Wir möchten ihn so gerne sehen", meinte Nora.

„Er wird gerade noch untersucht", sagte Jan. „Eigentlich müsste die Schwester ihn gleich bringen."

In diesem Moment ging die Tür auf und die Schwester kam mit dem Wagen herein, in dem ihr Sohn lag, friedlich schlafend. Sie stellte ihn neben das Bett von Marlene.

„Oh! und Ah!", hörte man plötzlich von allen Seiten.

„Sieht der aber süß aus", meinte Nora entzückt.

„Ganz der Vater", bemerkte ihre Mutter.

Die Schwester schaute mit besorgtem Blick in die Runde und meinte: „Ich denke, die Mutter und das Kind brauchen jetzt etwas Ruhe." Marlene blickte erleichtert und dankbar zu der verständnisvollen Schwester.

„Selbstverständlich, wir gehen jetzt", antwortete Henry. Die Schwester verließ das Zimmer und ihre Eltern und Nora verabschiedeten sich ebenso.

„Jan, du kannst auch nach Hause gehen, du siehst erschöpft aus. Komm morgen wieder, wir beide müssen uns jetzt ein wenig erholen." Marlene gab Jan einen Kuss zum Abschied.

Endlich war sie allein. Jetzt, nachdem sie ein wenig zur Ruhe fand, konnte sie ihr Kind endlich genau betrachten. *Wie hübsch er ist*, dachte sie. Seine Hände lagen, zu zwei kleinen Fäustchen geballt, neben seinem Kopf. Sie schob ihren kleinen Finger sachte zwischen seine kleine Faust. Ein zartes Räuspern, dann öffnete er seine Augen, er blinzelte. Marlenes Herz war ganz weit offen. Sie blickten sich an, ihre Seelen erkannten sich. Diese Begegnung, dieser Augenblick war von solcher Klarheit und Reinheit, frei von jeglicher Begrenzung. Alles war durchdrungen von dieser urweiblichen Kraft, die alle Strukturen auf dieser Welt zusammenhält und ordnet. Sanft und zärtlich strich sie über seinen kleinen Kopf und flüsterte: „Herzlich willkommen auf dieser Welt, mein kleiner Sohn. Schön, dass du da bist."

Kapitel 5
Gefühle auf dem Prüfstand

Man kommt nicht als Frau auf die Welt, man wird dazu gemacht.
Simone de Beauvoir

Zweieinhalb Jahre zogen ins Land und der kleine Simon entwickelte sich prächtig. Er war ein richtiger Sonnenschein und für seine Eltern eine Freude. Dazwischen lag eine Zeit des Hineinwachsens von Marlene in die Rolle der Mutter und Ehefrau. Der Alltag verlief mittlerweile routiniert und in der typischen Mann-Frau-Konstellation: „Vati geht zur Arbeit und Mutti kocht, wäscht und putzt." Es eröffnete sich eine völlig neue Welt für Marlene, doch sie war bestrebt, ihre Rolle gut zu erfüllen.

In Marlenes Hausfrauen-Leben machte sich mit der Zeit eine leise Unzufriedenheit bemerkbar. Schnell schob sie diese unangenehmen Gefühle wieder beiseite. *‚Sei nicht so undankbar, schließlich hast du doch alles, was du dir gewünscht hast.'* Mit diesen Gedanken beruhigte sie sich schnell wieder.
Sie war die meiste Zeit alleine mit Simon. Außer dem Haushalt und regelmäßigen Besuchen bei ihren Eltern oder den Schwiegereltern gab es wenig Abwechslung. Bei Jans Mutter hatte sie manchmal das Gefühl, als würde sie beobachtet werden. Sie war freundlich zu ihr, doch ihr inneres Gefühl sagte ihr etwas anderes. Jans Vater hielt sich draußen auf, er war fast nie zu sehen und stets mit irgendetwas beschäftigt.
Jan kam oft erst spät nach Hause, Simon schlief meist schon und Marlene saß abends vor dem Fernseher oder las in einem Buch.
Einzig bei ihrer Freundin Sophie fühlte sie sich in ihrer Frauenwelt verstanden. Vor vielen Jahren lernte sie Sophie bei einer Vernissage kennen. Sie standen beide nebeneinander an der Bar und Marlene schüttete Sophie versehentlich den edlen Champagner

über ihr wunderschönes Chiffonkleid. Dieses Missgeschick „bescherte" Marlene und Sophie eine wunderbare Freundschaft, die bis heute anhält.

Sophie arbeitete als technische Zeichnerin in einem Ingenieurbüro. Für sie war es nur ein Brot-Job, der sie nicht wirklich erfüllte. Ihr großer Traum war die Malerei und die Fotografie. Sie träumte davon, eines Tages von ihren Bildern und ihrer Kunst leben zu können. Sophie war anders als die Frauen, die sie bisher in ihrem Leben kennengelernt hatte. Sie war so erfrischend und lebendig und hatte stets irgendwelche verrückten Ideen im Kopf. Oft saßen beide stundenlang irgendwo in einem Café und machten Zukunftspläne. Sophie hatte stets ihre Schreibmappe dabei, um ihre spontanen Ideen und Einfälle sofort zu skizzieren und zu notieren. Marlene musste an die Fotosession während ihrer Schwangerschaft denken. Sophie hatte die verrückte Idee, Marlene aus allen Blickwinkeln zu fotografieren, stets mit dem gewissen Blick für das Außergewöhnliche. Dafür verwendete sie bestimmte Accessoires, die das sehr stilvoll ausdrückten.

Tatsächlich hatte Sophie es sogar zu einer eigenen kleinen Foto-Ausstellung geschafft. Einige ihrer Bilder fanden sogar Käufer.

Marlene wurde jäh aus ihren nostalgischen Gedanken gerissen, denn sie hörte ihren Sohn Simon rufen, der gerade aus dem Mittagsschlaf erwachte. Sie öffnete die Tür zu seinem Zimmer. Er stand noch etwas wackelig in seinem Kinderbettchen und rieb sich verschlafen die Augen.

„Hallo, mein Kleiner", begrüßte Marlene ihn. Sie hob ihn aus dem Bett und gab ihm einen Kuss. „Was machen wir beide heute noch?"

„Omi fahren", zwitscherte er vergnügt.

„Dafür ist es heute schon zu spät, mein Liebling." Sie schlug ihm vor, den Spielplatz zu besuchen, der nicht weit vom Wohnhaus entfernt war.

So verbrachte Marlene ihre Zeit. Ihr Rhythmus war ein ganz anderer geworden, dafür sorgten schon die Hormone vor und nach der Schwangerschaft. Ihr Körper war jedoch robust genug, um mit den inneren und äußeren Veränderungen umzugehen. Manchmal fühlte sie eine gewisse Traurigkeit und eine innere Leere. Ihr fehlten die Begegnungen und die Gespräche mit interessanten Menschen. Natürlich lernte sie auch andere Mütter kennen. Mit der Zeit empfand sie die Kaffeekränzchen, bei welchen sich alles nur um Kind, Haushalt und Mann drehte, immer langweiliger. Sie war auch noch nie jemand gewesen, der sich für Klatsch und Tratsch erwärmen konnte.

Das Stepford-Syndrom

Jan war bestrebt, sein Geschäft weiter auszubauen. Er war deswegen oft auf Geschäftsreise. Am Wochenende nahm er sich dann Zeit für die Familie. Marlene und Jan hatten wenig Zeit, unter der Woche über wichtige Dinge zu sprechen, so dass sich vieles auf das Wochenende konzentrierte. Ihre Paarbeziehung veränderte sich mit der Zeit zur Elternbeziehung. Marlene hatte immer mehr das Bedürfnis nach Nähe und echtem Austausch, etwas Derartiges stand jedoch nicht im Ehevertrag. Jan wollte Zeit mit Simon verbringen, oder es kamen wichtige Geschäftskunden am Wochenende zum Essen. Die Pflege der Geschäftskontakte war für Jan ein sehr wichtiges Element. Es gab sehr oft Besuche von und zu Geschäftsfreunden oder irgendwelche feierlichen Anlässe. Es war eine Zeit der inneren und äußeren Ruhelosigkeit.

Sie erinnerte sich dabei mit Unbehagen an ein Geschäftsessen mit einem Ehepaar, das mittlerweile zu Jans näheren Kontakten gehörte. Marlene fand die beiden nicht besonders sympathisch. Er wirkte etwas plump in seinem fahlgrauen Anzug, seinem weißen Hemd und einer schmalen blauen Lederkrawatte, die etwas lustlos an ihm herumbaumelte. Er hatte etwas Schmieriges an sich. Seine

Frau, ein graues Mäuschen, wirkte neben ihm fast unsichtbar. Marlene fiel auf, dass sie wenig sagte und ständig lächelte. Die Frau erinnerte sie an den Roman „Die Frauen von Stepford", in dem Männer ihren ständig lächelnden Ehefrauen Microchips ins Gehirn eingepflanzt und damit zu steuerbaren Robotern, sogenannten „Cyborgs", gemacht hatten. Marlene verstand, wer hier die Hosen anhatte. Sie saßen mit diesem Paar in einem Restaurant zum Abendessen, als der Mann, Herbert, sich vornüber zu Marlene beugte und ihr zuflüsterte: „Sie müssen doch unglaublich stolz sein, mit so einem aufstrebenden Mann verheiratet zu sein und dass er Sie gewählt hat."

Marlene war so verdattert von dieser plumpen Aussage, dass sie im ersten Augenblick nicht wusste, was sie diesem Herbert antworten sollte. Sie blickte zu Jan, der neben ihr saß und in ein Gespräch mit dessen Frau verwickelt war. Er schien es nicht gehört zu haben. Als Marlene sich einigermaßen gefasst hatte, blickte sie ihm fest in die Augen und meinte lapidar: „Wissen Sie, Herbert, nicht er hat mich gewählt, ich habe ihn gewählt." Dabei zeigte sie ihm ihr schönstes Zahnpasta-Lächeln.

Auf der Heimfahrt raste Herbert in seinem monströsen Mercedes mit 250 km/h über die Autobahn. Marlene krallte sich an der Türklinke des Wagens fest. Sie mochte diese Raserei nicht.

„Könnten Sie bitte langsamer fahren, mir wird sonst schlecht!", rief ihm Marlene vom Rücksitz aus zu. Aber er tat so, als hörte er sie nicht. ‚So ein Idiot', dachte Marlene. Sie stupste Jan an, aber er zuckte nur mit den Achseln.

Als sie zuhause waren, erzählte Marlene aufgebracht von den Äußerungen und dem unmöglichen Verhalten dieses Mannes. Jan meinte nur, dass sie zu empfindlich sei und er es sicherlich nicht so meinte, wie sie es aufgefasst hatte. Marlene war zu müde, um darüber zu diskutieren, sie ging zu Bett.

Am schönsten war es, wenn sie Zeit miteinander verbrachten, sie, Jan und Simon, wenn sie für sich waren, ohne die Anwesenheit anderer. Manchmal fuhren sie irgendwohin in die Natur und machten Spaziergänge. Es erfreute sie, wie Simon sich entwickelte, wie schön er allein laufen konnte und wie er alles neugierig betrachtete. Selbst ein heruntergefallenes Blatt von einem Baum wurde zu etwas Großartigem, Einmaligem, das intensiv betrachtet und erforscht werden wollte. Nach so einem Tag war sie meist angefüllt mit Freude und Zufriedenheit, zwischen ihr und Jan schien sich wieder so etwas wie Nähe und Glück einzustellen.

Dann gab es die anderen Tage, an denen alles dunkel und grau erschien. Es waren die Tage, die sie alleine mit Simon verbrachte und die nie enden wollten. Eigentlich hatte sie sich das so nicht vorgestellt, ihr fehlte etwas Entscheidendes, aber was? Es kann nicht sein, dass man den ganzen Tag nur die Baby-Sprache spricht und abends vor dem Fernseher dahinsiecht und wartet, bis der Mann heimkommt.

Marlene war frustriert, sie war manchmal regelrecht eifersüchtig auf Jan, der beides haben konnte: eine Arbeit, die ihn erfüllte, und eine eigene Familie. Basteln, Kochen oder Stricken lagen ihr nicht, das mochte sie schon in der Schule nicht. Sie wünschte sich vielmehr anregende Gesellschaft, jemanden, mit dem sie sich austauschen konnte. Sie beschloss, ihre Freundin Sophie anzurufen, sie wusste meistens einen guten Rat. Marlene berichtete ihr von ihren Sorgen und Gedanken.

„Wie wäre es, Marlene, wenn du dir eine Arbeit suchst, die dir Spaß macht?", meinte Sophie.

„Ich weiß nicht, ob das Jan recht ist", antwortete Marlene.

„Was würde dir richtig Freude machen, Marlene?"

Marlene überlegte und sagte: „Keine Ahnung, außerdem ist ja auch Simon da, ich kann also nicht einfach arbeiten gehen, zudem haben wir es finanziell auch gar nicht nötig."

„Das spielt doch keine Rolle, jeder Mensch braucht eine Aufgabe, die ihn erfüllt. Jeder Mensch hat Talente und Fähigkeiten mitbekommen. Was sind deine? Ich kenne dich schon so lange, Marlene, du bist keine Frau, die nur in der Mutterrolle aufgeht. Es mag Frauen geben, denen dies genügt, was auch in Ordnung ist, aber du gehörst sicher nicht dazu."

„Vielleicht hast du recht, Sophie. Es tut mir gut, dass du mich verstehst. Ich werde mir mal darüber Gedanken machen." Sie plauderten noch eine Weile und verabschiedeten sich, in dem Versprechen, sich bald wieder zu treffen.

Marlene fühlte sich euphorisch nach dem Telefonat mit Sophie. Sie überlegte: ‚Könnte ich es mir tatsächlich erlauben, neben meinen häuslichen Pflichten und Aufgaben noch etwas anderes zu tun, etwas, das nur mir gehört? Vielleicht hatte Sophie recht, dass ich mir eine Arbeit suchen sollte? Aber nur arbeiten, um des Arbeitens willens? Es musste etwas sein, das ihr Spaß und Freude bereitete, wobei sie mit Menschen in Kontakt kam. Was würde Jan dazu sagen? Was würden die anderen sagen, wenn sie plötzlich mit ihren Ambitionen daherkam?‘

Marlene wurde es unwohl bei diesen Gedanken, aber andererseits wäre es sehr schön, ihre eintönige Routine zu durchbrechen, ja es beflügelte sie geradezu. Sie beschloss diesen Tag mit der Absicht, etwas Entscheidendes in ihrem Leben zu verändern.

Kapitel 6
Wer bittet, dem wird gegeben

Als Marlene Simon am nächsten Morgen aus seinem Bettchen holte, traute sie ihren Augen nicht. Simons Arme und Beine waren in den Beugen stark gerötet und juckten stark. Er kratzte sich ständig, blickte seine Mutter wehleidig an und jammerte „Aua, Mami."

„Oh je, mein Schätzchen, tut das weh?"

Simon nickte und verzog dabei sein Gesicht. Marlene erinnerte sich, dass er als Baby Milchschorf hatte, dieser trat einige Zeit nach der üblichen Impfung auf. Als sie mit ihm beim Arzt war, erhielt sie die Information, dass dies oft bei Babys der Fall sei. Insgesamt war Simons Haut sehr trocken und Marlene versuchte, sie durch sanfte Waschgels und Cremes in den Griff zu kriegen. „Wir gehen heute zum Onkel Doktor und lassen das mal von ihm anschauen", sagte Marlene zu Simon.

Als Marlene dem Hausarzt Simons Haut zeigte, meinte er nur, dass dies typische Anzeichen von Psoriasis, einer Art Schuppenflechte, seien.

„Schuppenflechte?", wiederholte Marlene. Sie hatte noch nie etwas davon gehört. Der Arzt erklärte ihr, dass dies eine entzündliche Hauterkrankung sei. Er verschrieb ihr eine Salbe und sagte, sie solle in ein paar Wochen mit Simon wiederkommen.

Marlene versorgte Simon in den nächsten Tagen mit der Creme, doch es schien sich nicht viel zu verändern. Ständig kratzte er sich, was die Heilung nicht sehr förderte und eher zu Unausgeglichenheit und Weinerlichkeit bei ihm führte. Marlene war mittlerweile etwas ratlos.

Wenn sie Simon abends zu Bett brachte, las sie ihm oft aus seinem Lieblings-Bilderbuch vor. Dieses Abendritual, das zu einem festen Bestandteil geworden war, führte Simon stets entspannt in den

Schlaf. Doch heute Abend hatte selbst das Buch seine Zauberkraft verloren. Simon war unruhig und weinerlich. Er wollte einfach nicht schlafen, zudem juckte seine Haut, an der er sich ständig kratzte. Marlene bereitete ihm seinen Tee zu und ließ ihn noch ein wenig in seinem Bettchen spielen.

Sie wusste sich keinen Rat mehr und wollte deswegen mit jemandem reden. Sie rief ihre Schwester Nora an. Marlene berichtete ihr von Simons Hautproblemen. Nora bedauerte dies und sagte dann plötzlich: „Da fällt mir ein, übermorgen gibt es einen Vortrag von einer Heilpraktikerin, sie spricht über ganzheitliches Heilen. Vielleicht möchtest du hingehen?"
Marlene hatte sich schon immer für alternative Medizin interessiert, mit Heilpraktikern jedoch bisher noch keine Erfahrung. „Vielleicht gehe ich hin", antwortete Marlene spontan. „Kommst du mit?"
Nora verneinte, da sie an diesem Tag etwas anderes vorhatte.
„Ich gebe dir die Telefonnummer, dann kannst du dich anmelden", meinte Nora.
Marlene notierte sich die Telefonnummer. „Komm doch mal wieder vorbei, dann machen wir uns einen schönen Tag", sagte sie zu Nora.
„Oh ja, gerne", erwiderte Nora.
Sie beendeten das Gespräch, weil Simon nach seiner Mutter rief.
Die Nacht verlief wieder sehr unruhig. Simon wachte immer wieder auf und jammerte leise. Sie beruhigte ihn, cremte seine Arme und Beine ein, streichelte sanft seinen Kopf, bis er wieder einschlief. Jan war außer Haus, auf Geschäftsreise, so dass auch von ihm keine Hilfe zu erwarten war. Am nächsten Tag rief sie bei der Heilpraktikerin an und meldete sich für den Vortrag an.
Natürlich brauchte sie für diesen Abend Elena, die Babysitterin. Marlene vertraute ihr und Simon hatte sich zwischenzeitlich an sie gewöhnt. Sie konnte gut mit Simon umgehen und beaufsichtigte

ihn, wenn Jan und sie auf ein geschäftliches oder privates Event mussten. Gesagt, getan, Elena hatte Zeit.

Der Vortrag der Heilpraktikerin fand in einem kleinen Nebensaal einer Gastwirtschaft statt. Der kleine Raum war mittlerweile gut gefüllt und Marlene setzte sich auf einen der hinteren Plätze. Sie blickte ein wenig in die Runde, es waren fast ausschließlich Frauen anwesend. Pünktlich um 19 Uhr begann der Vortrag. Die Heilpraktikerin, eine sympathisch wirkende Frau mit blonden Haaren, stellte sich vor.
Sie sprach über ihre Arbeit und darüber, dass Körper, Geist und Seele eine Einheit seien und dass man diese auch nicht gesondert betrachten und heilen könne, so wie es in der Schulmedizin üblich sei. „Alles hat eine Wirkung auf alles", meinte sie. Marlene hörte aufmerksam zu. *,Sie sieht aus wie ein Engel'*, dachte Marlene. Sie hatte so etwas Zartes und Durchscheinendes an sich. Sie berichtete noch darüber, wie wichtig es sei, bei körperlichen Erkrankungen auch den seelischen Aspekt zu berücksichtigen. Anschließend berichtete sie von ihren Erfahrungen in der Praxis.
Als der Vortrag zu Ende war, ging Marlene zu der Heilpraktikerin, um sich eine Visitenkarte zu holen. Sie stellte ihr eine Frage, die sie brennend interessierte. „Können Sie mir vielleicht erklären, was eine Hauterkrankung mit der Seele zu tun hat? Mein Sohn hat Schuppenflechte."
Die Heilpraktikerin blickte sie freundlich an und erklärte ihr, dass auf der körperlichen Ebene unter anderem der Darm und die Ernährung eine Rolle spiele. Mehr könne sie jedoch nicht dazu sagen, sie müsste ihn sehen, um sich dann ein genaues Bild machen zu können. Marlene nickte, bedankte sich und verabschiedete sich mit den Worten, dass sie sich die nächsten Tage zwecks eines Termins bei ihr melden werde.

Während der Heimfahrt dachte Marlene über die Worte der Heilpraktikerin nach. Irgendetwas in ihr ging damit in Resonanz, als hätte jemand mit einer Stimmgabel etwas in ihr angestoßen.

Dunkle Wolken am Ehe-Himmel

Jan war zwischenzeitlich von seiner Geschäftsreise zurück. Er freute sich, Marlene und Simon zu sehen und auf ein gemütliches Wochenende zuhause.

Marlene spürte seit seiner Rückkehr einen gewissen Unmut. Während des Frühstücks berichtete sie ihm von Simons Hautproblemen und dass sie die Tage bei einem Vortrag über alternative Medizin gewesen sei. Sie erzählte ihm auch, dass sie nachgedacht und festgestellt habe, dass sie in ihrem Leben gerne etwas verändern wolle.

Jan blickte sie fragend an: „Was willst du denn verändern?" Er räusperte sich.

„Ich würde gerne wieder mehr nach draußen gehen, ein paar Stunden arbeiten, damit ich nicht versauere, ich fühle mich sehr einsam hier in dem Haus", antwortete sie.

„Aber wieso denn?", warf Jan ein. „Das haben wir doch gar nicht nötig! – Und außerdem: Was ist mit Simon?"

„Ich brauche nur ein wenig Abwechslung. Ich langweile mich – den ganzen Tag alleine mit Kind", erwiderte Marlene. Sie merkte, wie sich ihr Kiefer anspannte.

„Gut, wenn du Abwechslung brauchst, dann komme doch einfach ins Büro, du könntest meiner Mutter im Büro etwas aushelfen und Belege für die Buchhaltung sortieren.

„Das ist aber nicht unbedingt das, was mich erfüllt, Jan."

„Was willst du eigentlich, Marlene? Ich verstehe dich nicht", antwortete Jan jetzt sichtlich genervt.

Während des Gespräches saß Simon im Wohnzimmer und spielte mit seinen Bauklötzen. Er schien die aufkommende Spannung seiner Eltern mitzubekommen, denn er lief jetzt zu Marlene und

Jan. Er wollte auf Jans Schoß und blieb sitzen. „Simon will spielen", sagte er und blickte erwartungsvoll beide an.

Marlene spürte ihre Gereiztheit. Jan schien sie nicht zu verstehen. „Nein", sagte Marlene, „Mami will jetzt nicht spielen, das kann Papi machen, der hat jetzt Zeit." Sie stand auf und ging aus dem Zimmer.

Sie dachte: ‚Ich soll Belege sortieren und er macht sich ein schönes Leben. Er kommt und geht und das alles im Namen der Firma. Außerdem nervt es mich, ständig seinen Dreck wegzuräumen. Wie oft habe ich ihm schon gesagt, er soll seine Klamotten in den Wäschekorb werfen und nicht auf den Boden.‘

Damals, bevor sie mit ihm zusammenzog, schrieb sie ihm einen Brief. Es lag ihr sehr am Herzen, von Anfang an klare Abmachungen zu treffen.

Sie schrieb ihm, dass jetzt für beide ein neuer Lebensabschnitt beginne, der gravierende Änderungen mit sich bringen würde. Sie hoffe, dass er sich auch an gewissen Arbeiten beteilige und sie nicht mit allem allein hängen lasse, nur weil sie dann den ganzen Tag zuhause sei. Sie wünsche sich eine gleichwertige Partnerschaft auf Augenhöhe.

Marlene wurde plötzlich bewusst, dass auf diesen Brief nie eine Reaktion von ihm kam. Erst, als sie Jan einmal darauf hinwies und wissen wollte, wie er ihre Zeilen aufgefasst hatte, erhielt sie eine nichtssagende Antwort. Schlagartig wurden ihr viele Dinge klar, die sie vorher einfach weggeschoben hatte, nämlich die Diskussionen, bei welchen es darum ging, dass Jan sich mehr in die Beziehung und Familie einbringen sollte und die Streitereien darüber, dass er sie und ihre Gefühle nicht wahrnahm und dass er einfach und selbstverständlich voraussetzte, dass sie als Mutter und Ehefrau funktionierte.

Sein Standard-Kommentar dazu: „Was regst du dich eigentlich auf, du hast es schön, sei doch nicht ständig so empfindlich und widerspenstig. Meine Mutter ist schließlich auch zuhause geblieben und wäre nie auf so eine Idee gekommen. Andere wären außerdem froh, an deiner Stelle zu sein."

Marlene erstarrte. *Was meinte er eigentlich mit „Andere" und warum bringt er immer seine Mutter ins Spiel?* Marlenes Verhältnis zu Annette war seit dem Vorfall, als sie bei Jans Freunden Susi und Mark eingeladen waren, etwas abgekühlt.

Sie war damals gerade im vierten Monat schwanger und sie saßen alle gemütlich auf der Terrasse, als Mark (Jan war gerade am stillen Örtchen) aus heiterem Himmel zu Marlene sagte: „Weißt du eigentlich, Marlene, was Jans Mutter über dich gesagt hat?"
Marlene blickte Mark überrascht an. „Was denn?", fragte sie und zog dabei ihre Augenbrauen hoch.
„Du seist eine Bitch und du wolltest dir Jan angeln, indem du dir ein Kind hast machen lassen von ihm."
Marlene stockte augenblicklich der Atem. „Nein, das glaub ich jetzt nicht."
„Doch", meinte Mark.
Marlene hatte das Gefühl, als hätte man ihr gerade einen gewaltigen Schlag in die Magengrube versetzt. Sie fühlte sich in diesem Augenblick gedemütigt und hintergangen. Sie war nicht entsetzt über diese Aussage, nein, sie war enttäuscht und verletzt darüber, dass Annette so etwas überhaupt über sie denken konnte. Sie dachte tatsächlich, dass Annette sie mochte, zumindest tat sie manchmal so.
Marlene hatte ihr vertraut. Ja, sie wusste auch, dass Jan eine jüngere Schwester hatte, die vor vielen Jahren an einem Gehirntumor gestorben war. Es wurde wie ein Familiengeheimnis gehütet und kaum darüber gesprochen. Jan hatte lange gebraucht, bis er ihr das anvertraute. Sie hatte deshalb für Annette ein gewisses Mitgefühl, auch wenn sie manchmal zu viel redete und sie hin und wieder an ihrer Ehrlichkeit zweifelte. Wenn Marlene ihr etwas erzähl-

te, bemerkte sie oft, dass Annette ihr gar nicht zuhörte und geistig abwesend war.

Jans Vater Ludwig war eher der zurückhaltende Typ. Er war die meiste Zeit in der Firma. Die Ehe zwischen den beiden schien nur noch auf dem Papier zu bestehen. Seit dem Tod der gemeinsamen Tochter hatte sich zwischen Annette und Ludwig eine gewisse Entfremdung eingeschlichen. Beide gingen ihre eigenen Wege. So etwas wie liebevolle Nähe und Zärtlichkeit füreinander, das hatte sie dort nie gesehen und gespürt. *Warum erzählte ihr Mark damals überhaupt diese Geschichte, was wollte er damit bezwecken?*

Marlene bemerkte plötzlich ihren schmerzenden Nacken. In den letzten Tagen schon spürte sie diese Verspannung, die sich über den gesamten Schultergürtel ausbreitete. *,Ich sollte mir Massagen aufschreiben lassen', dachte sie.* Während sie noch in Gedanken war, kam Jan mit Simon auf dem Arm. Simon weinte und zeigte auf seine geröteten Ärmchen, die Kratzspuren aufzeigten.

„Oh je", sagte Marlene. „Hast du wieder gekratzt? Komm, ich puste alles weg." Sie wunderte sich, denn gestern Abend schien alles besser zu sein und jetzt kam wieder so ein Anfall. Sie versorgte Simons Haut mit Creme, blies sanft darüber und sang dabei das altbekannte „Heile, heile Segen-Lied", das manchmal Wunder bewirkte. So auch bei Simon, er beruhigte sich wieder.

„Mami, nochmal singen."

„Morgen werde ich einen Termin bei der Heilpraktikerin vereinbaren", sagte Marlene etwas forsch zu Jan.

„Mach, was du meinst", antwortete Jan und verzog sich.

Als Simon am Abend im Bett war, versuchte Marlene erneut, mit Jan ins Gespräch zu kommen. Jan saß vor dem Fernseher. Marlene wusste, dass er eigentlich seine Ruhe haben wollte, aber ihr war es wichtig, die heutige Diskussion, die durch Simon abrupt unterbrochen wurde, zu Ende zu führen. Jan schien jedoch daran überhaupt kein Interesse zu haben. Er stand auf, holte sich ein Bier aus dem Kühlschrank und meinte: „Bitte verschone mich jetzt mit deinen Diskussionen. Ich habe dir schon gesagt, was ich davon halte. Ich habe dir auch Vorschläge unterbreitet, mehr will ich dazu jetzt nicht sagen."

Marlene fühlte sich abgewiesen und nicht ernst genommen. Sie ließ nicht locker. Doch je mehr sie in Jan hineinstocherte, desto mehr entzog er sich ihr. Sie diskutierten laut und heftig miteinander und es endete darin, dass Marlene aufgebracht und türknallend das Zimmer verließ.

Am nächsten Morgen war für Jan die Welt wieder in Ordnung. Er tat so, als hätte es diese Auseinandersetzung nie gegeben. Er trank im Stehen seinen Espresso, gab Marlene einen Kuss und rief im Hinausgehen: „Heute Abend wird es später, ich ruf dich an!"

Marlene verstand gar nichts mehr. Sie setzte sich auf den Esszimmer-Stuhl und nahm einen Schluck von ihrem Morgenkaffee. Simon schlief noch. Eine neue Woche lag vor ihr und sie spürte eine innere Verzweiflung, gemischt mit Schuldgefühlen, in sich hochsteigen. ‚War ich gestern vielleicht ein wenig zu forsch?‘, dachte sie. ‚Bin ich tatsächlich egoistisch und undankbar? Vielleicht hat Jan recht, wenn er genervt ist, ich habe ihm gestern wahrscheinlich ziemlich zugesetzt.‘

Ihr Nacken machte sich wieder bemerkbar, sie konnte kaum noch den Kopf drehen. Sie beschloss, bei der Heilpraktikerin einen Termin zu vereinbaren. Es war 9 Uhr und sie rief in der Praxis an.

„Naturheilpraxis Sellmayer, Guten Tag, was kann ich für Sie tun?", erklang ihre wohlklingende Stimme.

„Hallo, Frau Sellmayer, hier ist Frau Völlmer, vielleicht erinnern Sie sich noch an mich? Wir hatten kürzlich bei Ihrem Vortrag miteinander gesprochen. Ich bin diejenige, deren Sohn Schuppenflechte hat. Ich würde gerne einen Termin mit Ihnen ausmachen."

„Natürlich erinnere ich mich an Sie", antwortete sie freundlich. Sie stellte Marlene ein paar Fragen und gab ihr die nötigen Informationen für das Erstgespräch. Wir sehen uns in zwei Tagen, ich freue mich auf Sie."

„Vielen Dank und bis bald", sagte Marlene und legte den Hörer auf. Sie war erleichtert, diesen Schritt getan zu haben. Sie freute sich auf den Termin.

Anmerkung

Mittlerweile wurde herausgefunden, dass wir in 80 % der Beziehungen wieder zu Kindern werden. In der ersten Verliebtheit sind wir eigentlich so, wie wir wirklich sind, mit all unserer Fähigkeit Freude, Leichtigkeit, Glück und Entzücken zu empfinden. Unsere lichtvolle Seite kommt zum Vorschein.

Danach, wenn diese Phase des Verliebtseins, des Verzauberns abebbt und wir den Partner näher kennenlernen, das heißt auch seine dunkle Seite bemerken, dann wollen wir unbedingt das Vergangene wieder zurückhaben.

Es ist, als hätte man uns unser Lieblingsspielzeug weggenommen. Wir wünschen uns das Paradies zurück, in dem wir einst lebten. Wir sehnen uns nach dieser Verschmelzung mit dem anderen Menschen, nach der Nähe, dem liebevollen Angenommensein und der Verzauberung. Doch Glück ist nur ein Gefühl, kein Zustand.

Der Partner/die Partnerin wird jetzt zur Projektionsfläche all unserer unbewussten Verletzungen, Prägungen und Verhaltensweisen, die wir als Kinder übernommen haben. Plötzlich spüren wir wieder den Schmerz, die Angst, die Bestrafung, die unterdrückte Wut und die Gefühlskälte. Plötzlich sind sie wieder da, diese unangenehmen Gefühle, die wir eigentlich nicht wollen und am liebsten für immer im tiefsten Keller verstecken würden.

Heilung kann geschehen, wenn wir bemerken, dass Gefühle nur Gefühle sind und keine Realität. (mehr dazu im Anhang)

Kapitel 7
Besuch bei Oma

Die Heilpraktikerin untersuchte Simon, machte eine Anamnese und gab ihm ein paar Kügelchen, dazu schrieb sie ihm eine spezielle Salbenrezeptur auf, die in der Apotheke zusammengestellt wurde. Innerhalb weniger Wochen heilte seine Haut vollkommen ab. Marlene war sehr überrascht über die Wirkung von ein paar Kügelchen und dieser Zaubersalbe.

Einige Zeit später erklärte ihr die Heilpraktikerin in einem Gespräch die Zusammenhänge von Körper und Seele. Sie wollte von Marlene wissen, ob es denn irgendetwas gäbe, was ihren Sohn aufrege oder vielleicht ängstige. Marlene überlegte. Im ersten Augenblick wusste sie nicht, ob sie ihr von ihrer privaten Situation erzählen und ob Simons Erkrankung überhaupt etwas damit zu tun haben sollte?

Frau Sellmayer bemerkte ihr Zögern und machte ihr den Vorschlag, vielleicht in Ruhe zuhause zu überlegen. Sie empfahl ihr ein Buch, in welchem sie über diese Zusammenhänge nachlesen konnte. Marlene war einverstanden, sie versprach ihr, sich bald wieder zu melden.

Bevor sie zu ihrer Mutter fuhr, um Simon abzuholen, wollte sie noch schnell in der Buchhandlung das Buch besorgen. Sie hatten es erfreulicherweise sogar vorrätig. Marlene kaufte es und verließ eilig das Einkaufszentrum. Es war schon kurz vor halb sechs, sie hatte ihrer Mutter versprochen, Simon um 17 Uhr abzuholen. Ihr Vater kam gegen 17.30 Uhr nach Hause, ihre Mutter mochte es nicht, wenn sie sich verspätete. Marlene wusste, dass es jetzt wieder eine Standpauke geben würde. Als sie klingelte, öffnete ihre Mutter mit einer vorwurfsvollen Miene die Tür.

„Dass du nie pünktlich sein kannst, du weißt doch, dein Vater kommt gleich."

Marlene kannte diese unangenehmen Gefühle nur zu gut, die sogleich in ihr hochstiegen. Sie fühlte sich dann immer wie ein kleines Mädchen, das etwas Schlimmes verbrochen hatte.

„Sorry, aber der Feierabendverkehr…", antwortete sie schuldbewusst.

Simon lief ihr sogleich entgegen. „Hallo, mein Schatz", freute sich Marlene und gab ihm einen Kuss. „Na, war es schön bei Omi?" Simon nickte.

„Es ist schon dunkel", meinte ihre Mutter vorwurfsvoll. „Schau, dass du endlich nach Hause kommst. Jan wird sicher nicht erfreut sein, wenn du so oft unterwegs bist. Wo warst du denn so lange und was hast du eigentlich die ganze Zeit gemacht?"

Marlene hatte jetzt keine Lust, ihrer Mutter Bericht zu erstatten. „Ist schon gut, Mama, wir fahren jetzt."

„Tschüss, mein Kleiner", sagte ihre Mutter und gab Simon noch einen Kuss.

Marlene war froh, wieder im Auto zu sitzen und diese ungute Stimmung hinter sich lassen zu können. Während der Autofahrt wurde ihr wieder einmal schmerzlich bewusst, dass es wenige Momente in ihrem Leben gab, in denen sie das Gefühl hatte, von mütterlicher Liebe und Fürsorge getränkt zu sein.

Zuhause angekommen, bereitete sie für sich und Simon noch ein kleines Abendessen zu und brachte ihn zu Bett.

Sie setzte sich anschließend in ihren Lesesessel und blätterte in dem Buch, welches sie sich heute besorgt hatte. Sie war äußerst fasziniert von dem, was darin zu lesen war. Seit langem interessierte sie sich für Psychologie, sie wollte schon immer wissen, wie der Mensch tickt, wie Körper und Seele überhaupt funktionieren. Sehr spannend fand sie außerdem, dass der Körper eine Auswirkung auf die Seele hat und umgekehrt. Sie dachte dabei an Simon.

‚Könnte es vielleicht sein, dass Simons Hautprobleme eine Reaktion auf die Auseinandersetzungen zwischen ihr und Jan waren? Ihr

*Herz entflammte bei der Vorstellung, noch mehr darüber zu er-
fahren. Was wäre, wenn ich ein Psychologie-Studium beginnen
würde?'*

Marlene war plötzlich wie elektrisiert von diesem Gedanken. *‚Das
ist die Idee überhaupt! Warum bin ich nicht schon eher darauf
gekommen? Ich werde mich erkundigen und Informationen ein-
holen. Was für ein Tag!'*, dachte sie glücklich und rieb sich dabei
müde ihre Augen. Sie legte das Buch auf die Seite und schlief auf
der Couch ein.

Kapitel 8
Die unerträgliche Schwere des Seins

„Du bist mein Ritter auf dem weißen Pferd", sagte Tanja zu Jan.
Tanja war die Sekretärin in Jans Unternehmen.
Jan lag entspannt neben Tanja im Bett, er wandte sich ihr zu und
küsste ihre Nase, welche mit vielen Sommersprossen bedeckt war.
„Du bist so sexy, meine Süße", raunte er ihr zu. Er blickte auf seine
silberne Rolex-Uhr, es war mittlerweile 22 Uhr. Schnell sprang er
aus dem liebeswarmen Nest und zog seine Hose an.
„Ich muss leider...", sagte er und blickte sie dabei mit seinen
Bernhardiner-Augen treuherzig an.
Tanja himmelte ihn verständnisvoll an und nickte. „Natürlich,
Jan."
Sie ist so angenehm und pflegeleicht', dachte Jan, während er
sein Hemd und seine Schuhe anzog. *Sie stellt keine großen An-
sprüche und will nicht ständig wissen, was ich denke.'*
Jan stieg selbstzufrieden in seinen schwarzen BMW. Tanja stand
oben am Fenster und schaute hinunter. Jan winkte ihr zu, bevor
er seinen Motor aufheulen ließ und davonfuhr.

Jan wollte Marlene nicht wecken und schlich sich leise ins Bad.
Marlene hatte seit der Geburt von Simon nur einen leichten
Schlaf, so dass sie jedes kleinste Geräusch aus dem Schlaf riss. Sie
schreckte hoch und rieb sich benommen die Augen. Auf der Uhr
des Videorecorders war es 22.45 Uhr. Sie stand auf und ging in
Richtung Badezimmer. Als sie die Tür öffnete, erblickte sie Jan.
„Du bist heute aber wieder spät gekommen, Jan", sagte sie in
einem leicht vorwurfsvollen Ton. „Was machst du denn so lange
im Büro?"
Jan, der sich gerade sein Gesicht abtrocknete, war sichtlich erschrocken über Marlenes Erscheinen. „Oh, weißt du, ich hatte
noch einige Pläne durchzuarbeiten für das neue Bauprojekt, sie

müssen bis Anfang nächster Woche dem Architekten übergeben werden. Habe ich dich geweckt, Schatz?"

„Ich habe ein Buch gelesen und bin dann eingenickt", meinte Marlene mit prüfendem Blick. „Ich war heute Nachmittag übrigens mit Simon bei meiner Mutter und dann bei der Heilpraktikerin, zu einem Gespräch über Simons Hautprobleme."

„So, was sagt sie denn?", wollte Jan jetzt wissen.

„Sie hat mir nochmals eine Creme für Simon rezeptiert. Und dann hat sie mir den Zusammenhang von Körper und Seele erklärt. Sie meinte, dass man das nicht trennen kann. Sie sagt, dass körperliche Erkrankungen auch immer einen seelisch-geistigen Aspekt haben. Sie hat mich gefragt, ob Simon sich über irgendetwas aufregt oder ängstigt."

Jan war jetzt sichtlich pikiert. „Über was soll Simon sich denn aufregen oder ängstigen. – Du solltest vielleicht nicht so oft zu dieser Frau fahren."

„Glaubst du nicht, dass unsere Auseinandersetzungen und Diskussionen ein Grund sein könnten? Kinder sind schließlich sehr empfindsam und nehmen gleich alles auf sich."

Jan wollte dieses Gespräch nicht mehr weiterführen. Er war genervt von Marlenes Diskussionen und ihrem ständigen Hinterfragen.

„Übrigens: Ich fliege Anfang Februar mit unseren spanischen Geschäftsfreunden für eine Woche nach Madrid. Ich muss da leider mit, es ist alles schon organisiert. Es geht um den Zuschlag für das große Bau-Projekt im Frühjahr. Es wird dort alles nochmals genau besprochen und erörtert. Der Investor hat uns dorthin eingeladen."

„Warum fliegt ihr denn da bis nach Madrid, das kann doch auch hier besprochen werden", antwortete Marlene aufgebracht. „Außerdem, wie wäre es, wenn du mit mir und Simon mal wieder wegfliegen würdest? Wir hatten schon lange keinen gemeinsamen Urlaub mehr."

„Marlene, lass uns ins Bett gehen, ich bin müde und wir können das auch morgen besprechen." Dann gab er Marlene im Vorbeigehen einen Kuss und ging in Richtung Küche. Er öffnete den Kühlschrank und nahm noch einen kräftigen Schluck vom Marillen-Likör, bevor er sich in Richtung Schlafzimmer begab. Marlene ging frustriert zu Bett. Sie wollte ihm eigentlich noch von ihren neuen Ideen erzählen.

Das mache ich gleich morgen früh', dachte sie, bevor der Schlaf sie ereilte.

Am nächsten Morgen sprang Marlene noch vor Jan aus dem Bett. Meistens schlief sie noch ein wenig länger als Jan, der sehr früh aufstand, um ins Büro zu fahren. Sie wollte unbedingt noch mit ihm reden. Sie bereitete in der Zwischenzeit das Frühstück. Jan kam in die Küche und war überrascht, das Marlene schon auf war.

„Guten Morgen, Schatz, du bist schon auf?", fragte er verwundert.

„Ja. Jan, lass uns gemeinsam frühstücken und noch ein wenig reden."

Jan verzog sein Gesicht. „Ich habe keine Lust auf Grundsatzdiskussionen."

„Wann sollen wir denn sonst miteinander sprechen, du bist ja kaum noch zu Hause", antwortete Marlene.

Jan setzte sich an den Tisch und goss sich schweigend Kaffee ein. Marlene setzte sich dazu und blickte ihn an.

„Ich möchte vielleicht ein Psychologie-Studium beginnen."

Jan kaute etwas lustlos an seinem Brot herum und verdrehte dabei die Augen. „Wie hast du dir denn das vorgestellt? Und überhaupt! – Wie kommst du denn jetzt auf so eine Schnapsidee? Hat dir deine Freundin Sophie diese Flausen in den Kopf gesetzt?"

Marlene versuchte ruhig zu bleiben. „Simon kommt im Frühjahr in den Kindergarten, wie du weißt. Ich möchte mich noch genauer erkundigen wegen des Ablaufes und der Zeiten." Es entstand eine kurze Pause.

„Wer bezahlt das?", antwortete Jan, während er sich mit der Serviette über den Mund wischte.

„Ich", sagte Marlene, „ich habe auch etwas Geld auf der Seite."

„Wenn du meinst, dass du das unbedingt brauchst. Ich habe keine Zeit, mich dann um deine Pflichten zu kümmern", antwortete er und schüttete hastig seinen Kaffee hinunter.

„Keine Sorge, nötigenfalls werde ich mir das Geld dazuverdienen", sagte sie im Brustton der Überzeugung.

„Weißt du, Marlene, ich bin jetzt schon sehr enttäuscht von dir. Was ist mit uns, mit uns als Familie? Du vernachlässigst deine Pflichten. Und ich denke, das wird sich auf Simon nicht gerade positiv auswirken, wenn du ihn gestresst vom Kindergarten abholst."

„Jetzt mach mal einen Punkt, Jan! Das werde ich schon hinkriegen. Du bist schließlich auch Vater. Was ist mit deinen Pflichten als Vater und Ehemann? Du bist ja kaum noch da, unsere Gemeinsamkeiten beschränken sich auf zwei Tage am Wochenende. Was ist mit uns als Paar, gibt es das überhaupt noch? Ich bin auch enttäuscht, Jan." Marlene vibrierte innerlich.

„Marlene, was glaubst du eigentlich, wer das hier alles bezahlt? Du lebst doch nicht schlecht, du kannst dir alles kaufen, du hast ein eigenes Auto und kannst den ganzen Tag tun und lassen, was du willst. Du brauchst nicht arbeiten zu gehen wie andere Mütter, denen das Geld hinten und vorne nicht reicht. – Was willst du eigentlich, Marlene?"

„Geld, Geld, Geld – dir geht es immer nur ums Geld!" Marlene schlug zornig mit der Hand auf den Tisch. „Kannst du dir nicht vorstellen, dass es im Leben vielleicht noch etwas anderes gibt?"

„Das geht mir jetzt auf den Keks, Marlene. Ich habe keine Lust mehr, mit dir darüber zu diskutieren. Ich habe mir das alles anders vorgestellt." Er stand auf, zog seine Jacke an und ließ die Eingangstür krachend hinter sich zufallen.

Marlene war wütend und enttäuscht. Sie hatte das Gefühl, gegen Windmühlen anzukämpfen. „Verdammt!", rief sie laut aus. Sie war hin- und hergerissen. Sie fühlte sich schuldig und trotzdem wollte ein anderer Teil in ihr lebendig und in Liebe sein, doch alles fühlte sich so schwer und zäh an.

Simon schlief heute sehr lange. Marlene war froh, noch etwas Zeit für sich zu haben, um nachzudenken. Gegen 10 Uhr klingelte das Telefon. Am anderen Ende der Leitung war Annette.

„Hallo Marlene, hier ist Annette, hast du kurz Zeit?", fragte sie.

„Ja natürlich, was gibt's denn?"

Sie hörte, wie Annette an einer Zigarette zog und den Rauch schwallartig herausblies. „Jan hat mir erzählt, was du vorhast. Er ist eigentlich nicht damit einverstanden, dass du jetzt, wo Simon noch so klein ist, auf solche Ideen kommst."

„Was meinst du damit, Annette?" Marlene spürte, wie sich etwas in ihr zusammenzog.

„Marlene", kam es eindringlich durch die Muschel des Telefonhörers, „Jan braucht dich jetzt – und Simon auch. Ich weiß selbst, wie es ist, Kinder zu haben, da kann man nicht so, wie man möchte, noch dazu in einem Unternehmer-Haushalt. Außerdem, was werden die Leute sagen, wenn die Frau von Jan plötzlich so einen Psychokram macht! Er braucht eine Frau, die ihn unterstützt und ihm den Rücken freihält. Du solltest dich einfach mehr zurücknehmen." Sie erzählte Marlene noch einige Details, die Jan und sie miteinander besprochen hatten, dann entstand eine kurze Pause.

„Das kann doch nicht wahr sein!", rief Marlene aufgebracht ins Telefon. „Warum bespricht er das nicht mit mir, ich glaube das einfach nicht. Was mischt du dich da überhaupt ein, Annette? Das geht nur mich und Jan was an."

„Ja, da hast du sicher recht, Marlene, aber Jan traut sich gar nicht mehr, mit dir zu sprechen, da du ihn ja immer mit deinen Forderungen überfällst, wenn er nach Hause kommt. Er braucht ein ruhiges und entspanntes Familienleben. Außerdem ist geplant, die Firma zu erweitern und den Firmensitz im Ausland zu etablieren, er wird also des Öfteren längere Zeit nicht da sein. Du hast einen Unternehmer geheiratet, Marlene, und keinen Angestellten, der pünktlich um 17 Uhr zuhause ist."

„Das weiß ich selbst zur Genüge, Annette, und das alles ist einfach zu viel für mich, ich lege jetzt auf." Marlene knallte den Hörer auf die Gabel.

Sie war jetzt völlig außer sich. Sie vermutete schon immer, dass Jan intime Dinge, die ihre Ehe betrafen, mit seiner Mutter besprach, jetzt hatte sie den endgültigen Beweis. Sie fühlte sich hintergangen und vor vollendete Tatsachen gestellt.

Marlene hatte das Gefühl, als würde der Boden unter ihr gleich nachgeben, zu tief saß der Stachel, den ihr Annette und Jan gerade verabreicht hatten. Zudem hatte ihr Jan überhaupt noch nichts von seinen Plänen mit der Firma erzählt. Etwas in ihr brach jetzt zusammen. Sie fing hemmungslos an zu weinen, die Tränen liefen in Sturzbächen über ihr Gesicht, als wäre ein Staudamm gebrochen. Sie bemerkte nicht, wie Simon in die Küche kam.

„Mami, warum weinst du?" Simon blieb in der Tür stehen und blickte sie fragend an.

Marlene erschrak. „Simon, Schätzchen, Mami ist nur sehr traurig."

Sie erinnerte sich sofort an die Auswirkungen emotionalen Stresses auf Simon. Schnell wischte sie sich mit dem Taschentuch über die Augen. „Weißt du, mein Liebling, ich habe gerade mit Oma Annette telefoniert und sie hat mir was ganz Trauriges erzählt, deshalb weine ich, aber es ist schon wieder gut. Komm, ich mache uns jetzt was Feines zu essen."

„Oh ja, Simon möchte Kakao haben."

„Gut, dann machen wir jetzt eine große Portion Kakao", sagte Marlene, nahm ihn an der Hand und ging mit ihm in die Küche.

Kapitel 9
König Blaubart

Marlene überstand diesen Tag nur unter großer Anstrengung. Immer wieder musste sie an das Gespräch mit Annette und Jan denken. Simon spürte ihre Anspannung, er war tagsüber anstrengend und launisch. Sie war froh, als der Abend kam und sie Simon ins Bett bringen konnte.

Sie griff zum Telefonhörer, um mit Sophie zu sprechen. Als sie ihr erzählte, was ihr heute mit Annette und Jan passiert war, war auch Sophie sprachlos.

„Das ist wirklich unglaublich", sagte sie. „Er übergeht dich und bespricht wichtige Details mit seiner Mutter. Marlene, er respektiert dich nicht."

„Nicht nur das, der Clou kommt noch", erwiderte Marlene aufgeregt.

„Ich habe heute durch sie erfahren, dass geplant ist, die Firma auch ins Ausland zu verlegen. Ich wusste bis jetzt überhaupt nichts davon. Was bin ich für ihn überhaupt? Ich will nicht wie seine Mutter werden."

Marlene fing an zu schluchzen, die Tränen tropften auf ihre Hand und den Telefonhörer. „Ich weiß nicht mehr, was ich von all dem halten soll, so habe ich mir meine Familie nicht vorgestellt, Sophie."

„Marlene, beruhige dich, das Einzige, was du jetzt brauchst, ist ein klarer Kopf."

„Das sagst du so einfach", erwiderte Marlene. „Jan macht einfach das, was er will, ohne mich über wichtige Details zu informieren, die unser Familienleben betreffen. Von mir verlangt er aber, keine eigenen Ambitionen zu haben und schön dort zu bleiben, wo er mich haben will."

„Er ist ein Blaubart", sagte Sophie plötzlich.

„Ein was?"

„Kennst du die Geschichte von König Blaubart, der seine Frauen erst verführt und dann kaltblütig ermordet und ihre Leichen im Keller versteckt?"

„Nein, das hört sich ja sehr blutrünstig an", antwortete Marlene.

„König Blaubart verführte die Frauen, machte ihnen den Hof, indem er sie einlud und beschenkte, mit Schmuck und allerlei edlen Dingen. Er war so hinreißend und charmant, dass niemand auf die Idee kam, dass sich dahinter etwas Dunkles und Übles verbergen könnte. Niemand vermutete, dass so ein charmanter Mann seine Frauen kaltblütig ermordete. Eine hatte es jedoch geschafft, ihm zu entkommen. Sie rief ihre Schwestern und Brüder zur Hilfe. Sie eilten herbei und die Brüder haben Blaubart dann den Garaus gemacht."

„Das ist ja schrecklich und gruselig", sagte Marlene angewidert.

„Ja, stimmt, aber die Geschichte hat vor allem einen psychologischen Hintergrund. Die Brüder und Schwestern der Frau waren ihre inneren rettenden Anteile, verstehst du?"

„Ein bisschen", erwiderte Marlene.

„Wenn du mehr dazu erfahren willst meine Liebe", sagte Sophie, „dann kann ich dir das Buch ,Die Wolfsfrau' von Clarissa Pinkola Estés empfehlen, dort kannst du die Geschichte nachlesen und was es damit auf sich hat."

Es gibt Tage, da werden die Dinge so unverkennbar deutlich und zeigen im Außen,
was uns im Inneren bewegt und einer Kursänderung bedarf.

Täuschungsmanöver

Es war mittlerweile sehr spät und Jan noch nicht da. Marlene ging zu Bett, sie war zu müde, um sich mit der Situation und Jan noch auseinanderzusetzen. In dieser Nacht kam Jan nicht nach Hause. Am nächsten Morgen, als Marlene das leere Bett neben sich erblickte, dachte sie sofort, dass mit Jan etwas passiert sein muss. In diesem Augenblick klingelte das Telefon, es war gerade 7.30 Uhr. Sie sprang aus dem Bett und nahm den Hörer ab, es war Jan.

„Marlene", flüsterte Jan, „es tut mir leid, ich habe gestern Abend mit unseren Geschäftsfreunden im Büro noch etwas getrunken, wir haben ein bisschen gefeiert, so dass ich nicht mehr fahren wollte. Ich habe auf der Couch im Empfangsraum geschlafen, außerdem war es schon zu spät, um dich anzurufen, ich wollte dich nicht mehr stören."

„Warum flüsterst du, Jan?" Marlene wurde argwöhnisch.

„Ist mir gar nicht aufgefallen", sagte Jan jetzt etwas lauter.

„Jan, ich weiß nicht mehr, was ich von alledem halten soll. Gestern rief mich deine Mutter an. Ich glaube, du weißt, worum es in dem Gespräch ging."

„Nein, das weiß ich nicht, worum ging es denn?"

„Jan, du hast doch gestern deiner Mutter brühwarm alles erzählt, was wir besprochen hatten und was eigentlich nur uns beide etwas angeht. Außerdem hat sie mir eröffnet, dass ihr plant, die Firma ins Ausland zu verlegen. Warum weiß ich nichts davon und warum besprichst du das nicht mit mir?"

„Du gibst mir ja nie die Möglichkeit dazu", antwortete Jan brüskiert. „Außerdem ist dein Interesse an der Firma ja nicht gerade sehr groß, du lebst nur davon."

Sie spürte wieder diese Gleichgültigkeit in Jans Stimme.

„Jan, du gibst mir ja gar keine Chance, ich fühle mich ständig außen vor. Solche wichtigen Angelegenheiten bespricht man zuerst mit seiner Frau, dass ich das überhaupt betonen muss, ist schon so absurd. Ich kann so nicht mehr weiterleben. Ich möchte, dass du künftig anders mit mir und Simon umgehst."

„Wie meinst du das, anders mit euch umgehen?"

„Dass wir eine Familie sind, Jan, eine richtige Familie." Ich möchte, dass du mit mir die wichtigen Sachen besprichst und nicht mit deiner Mutter. Ich fühle mich nicht ernst genommen und hintergangen. Ich wünsche mir, dass du wirklich da bist für uns, nicht nur materiell, sondern auch körperlich und emotional."

„Wir sind doch eine Familie, Marlene."

Marlene griff sich verzweifelt an den Kopf. „Nein, das sind wir nicht!" Marlene wurde laut. „Ich bin die meiste Zeit allein mit unserem Kind und ich fühle mich einsam. Ich bin ständig in einer Warteposition, ich will aber mein Leben nicht nur mit Warten verbringen, verstehst du?"

„Tut mir leid, Marlene, ich habe keine Zeit, dir das Händchen zu halten, nur damit du dich nicht einsam fühlst. Ich muss jetzt außerdem Schluss machen, die Angestellten kommen gleich, lass uns das auf später vertagen", dann legte er auf.

Jan war total genervt von Marlenes Ansprüchen. Seine Gedanken und seine Einstellung gegenüber Frauen wurden durch das geprägt, was man ihm vorgelebt hatte:

Für ihn war klar, dass er das Geld heimbringt und dass er beruflich vorwärtskommen wollte. Er hatte gelernt, dass Frauen dazu da sind, um aufstrebenden Männern den Rücken freizuhalten und sich um die Familie zu kümmern. Schließlich hatte es seine Mutter auch so getan, sie hatte der Familie zuliebe auf ein eigenes Leben verzichtet. Warum also war es für Marlene so schwer, sich an das Leben als Mutter und Ehefrau zu gewöhnen? Das ist doch die Aufgabe einer Frau, wenn sie eine Familie hat. Das war es doch, was Frauen wollen: heiraten und erfolgreiche Männer, die eine Familie ernähren und ihr auch etwas bieten können. Warum sollte er etwas ändern? Wenn, dann müsste Marlene eine andere Einstellung zu allem bekommen.

Er wurde aus seinen Gedanken gerissen, als Tanja ihn von hinten umarmte und sich zärtlich an seinen Körper schmiegte. „Jan, was ist los?", fragte sie noch ziemlich verschlafen. „Ich habe dich reden hören."

„Ich muss ins Büro, Tanja", erwiderte Jan und schlüpfte hastig in seine von Hand gefertigten Kalbslederschuhe.

„Ich doch auch, Jan", gurrte sie und küsste ihn schmeichelnd auf den Mund.

„Baby, ich habe jetzt dafür keine Zeit, wir sehen uns dann." Er verließ eilig Tanjas Wohnung.

Während der Fahrt ins Büro dachte Jan darüber nach, wie enttäuschend sich seine Beziehung mit Marlene anfühlte. Er musste dabei auch an seine erste Frau Jenny denken. *‚Gibt es denn keine Frau, mit der man normal leben und glücklich sein kann? Warum gerate ich ständig an Frauen, die so anstrengend sind und sich selbst verwirklichen wollen?'*

Das Manifest

Marlene bereitete sich nach dem Telefonat mit Jan einen Kaffee zu. Simon schlief noch und sie setzte sich mit angezogenen Beinen auf den Stuhl im Esszimmer. Sie spürte eine beklemmende Angst in sich aufsteigen. Die Angst war gemischt mit einem Strauß verwirrender Gedanken und Gefühle. *‚Warum befinde ich mich in einer so unerträglichen Situation? Warum hat sich Jan und unsere Beziehung so verändert, wir waren doch anfangs so verliebt ineinander? Andere Ehen sind bestimmt glücklicher als unsere. Ich habe mich in eine nörgelnde und jammernde Furie entwickelt. Bin ich wirklich so egoistisch und fordernd, wie Jan behauptet?'*

Die Fragen bohrten sich in Marlenes Herz wie tausend kleine Nadelstiche. Sie haderte in diesem Moment mit Gott und schleuderte ihm wütend ihre Unerträglichkeit entgegen: „Ich will doch nur meinen Frieden haben und glücklich sein! Gott, wenn es dich wirklich gibt, dann hilf mir bitte jetzt", sagte sie eindringlich und fordernd.

In diesem Augenblick begann sich etwas in ihr aufzurichten, eine unsichtbare Kraft, die sie von innen her stärkte. Ihr Herz wurde plötzlich leicht und weit, die dunkle Wolke, die über ihr hing,

71

verzog sich und die Sonne kam hervor. Es fühlte sich an, als hätte jemand eine schwere Last von ihren Schultern genommen und einen Vorhang zur Seite gezogen. Alles war plötzlich hell und klar. Diese Kraft in ihr wurde so stark und eindringlich, dass sie einen Pakt mit sich schloss.

Laut und einvernehmlich sprach sie zu sich selbst: „Ich werde mein Leben ändern. Ich weiß, dass ich es schaffen kann, ich werde wieder glücklich sein und ich werde mich für das Psychologie-Studium anmelden."

Anmerkung
Der Ruf der inneren Kriegerin

Als der Ruf Marlene ereilte, begann der Auftakt eines langen und mühsamen Weges. Das, was man ihr beigebracht hatte, ihre Rolle als Ehefrau und Mutter, wie man zu sein hat und was scheinbaren Erfolg im Leben ausmacht, das alles schien plötzlich gefährlich ins Wanken zu geraten.

Etwas in ihr war jedoch stärker als all die Ängste, die Bequemlichkeit und der erhobene Zeigefinger, den sie schon als Kind nicht mochte. Die Kriegerin in ihr erwachte. Lange Zeit hatte sie schweigend und schützend ihr Schild vor Marlene gehalten. Marlene war noch ungeübt in der Kampfkunst, ihr Verhalten war manchmal unbeherrscht und voreilig.

Sie selbst ahnte noch nichts davon, wie ihre unbewussten Programme ihr Leben beeinflussten, wie sie Gefühle und Emotionen auslebte, die manchmal gar nicht ihre eigenen waren. Das alles wurde ihr oftmals zum Verhängnis. Ihr Wesen war von feuriger und leidenschaftlicher Natur, gleichzeitig jedoch von einer hohen Sensibilität und Feinfühligkeit geprägt. Ihre innere Kriegerin hatte es deshalb manchmal schwer, sie vor sich selbst und anderen zu schützen. In ihrem Schmerz schlug Marlene oftmals wild um sich, um sich danach wie ein verletztes Tier ihre Wunden zu lecken.

Sie wusste damals nicht, wie es gelingen könnte, ein freies und harmonisches Leben zu führen, eine Beziehung zu leben, die geprägt ist von gegenseitiger Wertschätzung und Liebe. Sie kannte sich selbst nicht. Das Echte und Wahrhaftige, dass sie auch fühlen konnte, war die Liebe zu ihrem kleinen Sohn. Es gab also noch einen schmalen Pfad, der direkt in ihr Herz führte. Und damit dieser schmale Pfad zu einer breiten Straße werden konnte, dafür musste sie sich auf eine abenteuerliche Reise begeben.

Kapitel 10
Dauerkrise oder fundamentale Veränderung

Es waren mittlerweile ein paar Monate ins Land gezogen. Die Sonne lachte an diesem heißen Junitag vom Himmel und Marlene wollte nachmittags, nach dem Kindergarten, mit Simon ins Schwimmbad gehen. Heute hatte sie keinen Unterricht. Schon seit drei Monaten besuchte sie regelmäßig die Vormittagsstunden zu ihrer Psychologie-Ausbildung. Es machte ihr viel Spaß und ihr Leben bekam dadurch wieder eine ganz neue Dimension. Jan betrachtete die Ambitionen von Marlene eher verhalten, er vergrub sich in seine Arbeit.

Heute plagten sie wieder ihre Hormone. Sie war leicht verstimmt und ihre Brüste schmerzten. Die trübselige Stimmung und die Gereiztheit überfielen sie regelmäßig in den Tagen vor den Tagen. Sie hatte deshalb heute Vormittag bei ihrer Heilpraktikerin einen Termin.

Frau Sellmayer verschrieb ihr einige pflanzliche und homöopathische Präparate, doch bis jetzt schien noch nichts richtig anzuschlagen. Sie erwähnte, dass eine ganzheitliche Therapie seine Zeit brauche. Zudem empfahl sie Marlene, ihre Ernährung umzustellen, auf Zucker und Milchprodukte zu verzichten, damit sich der Darm erholen konnte. Marlene war erstaunt und wollte wissen, was denn der Darm mit ihren Hormonen zu tun haben könnte.

„Wie ich schon sagte, kann man Symptome nicht einzeln betrachten. Ganzheitlich bedeutet eben, den ganzen Menschen zu betrachten. Wenn der Darm nicht optimal arbeitet und zum Beispiel die sensiblen Schleimhäute, die die Darmwand schützen, defekt sind, dann kommt es zu Irritationen und Entzündungsreaktionen. Im Darm und auch in der Leber werden unter anderem die Hormone produziert", erklärte sie Marlene.

„Aha", meinte Marlene und guckte ganz erstaunt.

„Und das wird noch getoppt, wenn der Mensch unter emotionalem oder körperlichem Stress steht", erklärte die Heilpraktikerin weiter, „dann leiden mitunter auch noch andere Organe wie die Nebennieren und die Schilddrüse darunter, die ja enorm wichtig sind für die Hormonproduktion und die adäquate Reaktion auf Stress."

„Oh je, das hört sich aber nicht gut an, momentan stehe ich schon ein wenig unter emotionalem Stress", sagte Marlene leise.

„Möchten Sie ein wenig darüber erzählen?"

„Nun ja, es ist so, dass es schon seit längerer Zeit Probleme in meiner Ehe gibt", meinte Marlene.

„Was ist denn passiert?"

Marlene stiegen sofort die Tränen in die Augen. „Wissen Sie, mein Mann und ich scheinen jeweils auf anderen Planeten zu wohnen. Es gibt unüberwindbare Differenzen und ich weiß momentan nicht, wie ich sie lösen soll. Er arbeitet viel und lange und er ist sehr viel beruflich unterwegs. Wenn er dann mal zuhause ist, kracht es meistens zwischen uns. Ich fühle mich von ihm nicht unterstützt und er zieht sich dann meistens zurück oder stellt mich als hysterische und unzufriedene Person hin, die ständig Probleme sucht. Unsere Ehe besteht nur noch aus Kampf, innerer Leere und Vertrauensbrüchen. Alles fühlt sich für mich so eng an wie in einem Korsett. Ich fühle keine Leichtigkeit und keine Freude mehr." Marlene schluchzte und schnäuzte sich die Nase.

Frau Sellmayer reichte Marlene ein Taschentuch. Marlene war dieser Gefühlsausbruch unangenehm. ‚Wahrscheinlich denkt sie jetzt, dass ich eine gelangweilte und verwöhnte Ehefrau mit selbstgemachten Luxus-Problemen bin.‘

„Ich kann Sie sehr gut verstehen, Frau Völlmer. Sie sind scheinbar in einer Zwickmühle, also hin- und hergerissen zwischen ihren Pflichten als Ehefrau und Mutter und dem Drang nach einem selbstbestimmten Leben. Daran ist überhaupt nichts Verwerfliches.

Sie sind damit übrigens nicht die einzige Person. Seit Jahrhunderten wurde uns Frauen ein bestimmtes Programm installiert, das immer noch wirkt, bis tief in die Genetik der Frauen hinein. Es ist das ‚Pflichterfüllungs- und Dienstleistungsprogramm inklusive automatischer Ja-Antworten auf alle Anfragen'. Es ist schon lange veraltet und überholt. Eine Frau sollte, wenn möglich, keine Ambitionen haben, wenn sie verheiratet und Mutter geworden ist."

Marlene musste plötzlich kichern. „Ja genau." Sie nickte zustimmend. „Wissen Sie", sagte Marlene, „der Clou ist: Bevor ich meinen Mann kennenlernte und schwanger wurde, hatte ich ein selbstbestimmtes Leben, mehr oder weniger. Es war zwar auch nicht das Gelbe vom Ei, aber ich hatte mein eigenes Geld, eine kleine Wohnung und ein Auto. Scheinbar ist es so, dass wir wirklich noch im letzten Jahrhundert leben, denn jetzt, wo ich meine Eigenständigkeit aufgegeben habe, bin ich finanziell abhängig von meinem Mann. Niemand hat mir gesagt, wie fatal das werden kann, vor allem, wenn einem daraus ein Strick gedreht wird. Glauben Sie, Frau Sellmayer, dass mein Mann und ich noch zueinander finden könnten?"

„Das weiß ich nicht, Frau Völlmer. Das Einzige, was ich Ihnen jetzt unterbreiten kann, ist Folgendes: Sie sollten ein Update machen, ein neues Programm installieren, das heißt, nur Sie selbst können etwas ändern, indem Sie an sich und Ihren Themen arbeiten. Dadurch verändert sich etwas in Ihnen und als Folge dann auch im Außen. Was halten Sie davon?"

Marlene überlegte. „Meinen Sie, dass so etwas funktioniert? Wenn ich an mir arbeite, dass mein Mann sich dann ändert?"

„Das kann ich Ihnen auch nicht beantworten, Frau Völlmer. Es wird sich nur das verändern, was in Ihrem Sinne und im Sinne Ihres Mannes ist. Es bringt meistens überhaupt nichts, andere verändern zu wollen. Die anderen sind immer nur ein Spiegel."

„Und was bedeutet das jetzt?" Marlene blickte etwas verständnislos.

„Alles, was in uns ist, erkennen wir auch im Anderen. Das bedeutet zum Beispiel, wenn Ihr Mann sie wütend macht, weil er ganz selbstverständlich und ohne Rücksicht auf andere seine Ziele verfolgt, dass Sie in sich selbst schauen sollten, wie es mit Ihrer Zielstrebigkeit aussieht. Was ist Ihnen wichtig in Ihrem Leben? Was möchten Sie erreichen? Welche Talente haben Sie, die entdeckt werden wollen?"

„Das ist wirklich äußerst spannend", sagte Marlene. So habe ich das noch gar nicht gesehen."

„Wenn Sie möchten, Frau Völlmer, dann begleite ich Sie eine Weile auf Ihrem Weg. Wir vereinbaren wöchentlich einen Termin zu einem Gespräch oder auch zweiwöchentlich. Sie bekommen von mir Hausaufgaben und Sie erhalten von mir auch weitere Unterstützung in homöopathischer oder anderer Form. Außerdem wundert es mich nicht, nachdem, was Sie mir erzählt haben, dass Ihnen Ihr Hormonhaushalt Probleme macht. Der Körper ist das Sprachrohr der Seele", das sagte übrigens einst Platon.

„Okay, Frau Sellmayer, das hört sich gut an, ich brauche noch ein wenig Bedenkzeit und ich würde Ihnen dann Bescheid geben."

Während der Heimfahrt machte sich eine hoffnungsvolle Stimmung in Marlene breit. Das Gespräch weckte Begeisterung und Neugierde in ihr. Sie wollte mehr davon wissen. *Vielleicht wird ja doch noch alles gut*, dachte sie und lehnte sich entspannt in ihren Autositz.

Mittlerweile war es Mittag und sie fuhr geradewegs zu Simons Kindergarten, um ihn abzuholen. Simon freute sich, als er Marlene sah. Stolz zeigte er ihr sogleich, was sie heute gebastelt hatten. „Schau, Mami", sagte er und deutete auf ein Segelboot, das aus einem Stück Baumrinde gefertigt war. Ein leuchtend grünes Segel ragte keck empor.

„Wunderschön, mein Schatz", freute sich Marlene und strich ihm über seinen Kopf. „Da können wir jetzt eine Weltumsegelung machen, was meinst du?"

„Oh ja, wir fahren zu den Elfanten nach Afrika."

„Elefanten, mein Schatz, du meinst Elefanten."

„Ja, Elfanten", plapperte ihr Sohn aufgeregt.

„Was hältst du davon, wenn wir das Boot heute im Schwimmbad gleich ausprobieren und testen, ob es für so eine weite Reise auch seetauglich ist?"

Simon gluckste vor Freude. Schnell packte er das kleine Boot und verstaute es vorsichtig in einer Plastiktüte. Er hatte es plötzlich sehr eilig. Er sprang hinaus in die Garderobe, zog seine Schuhe an und stand startbereit da.

Vom Kindergarten aus fuhren sie direkt in das Schwimmbad. Marlene hatte heute Morgen den Nudelsalat, den sie gestern Abend noch vorbereitet hatte, eingepackt und vom Bäcker ein frisches Baguette geholt. Das Mittagessen konnte also genüsslich in Picknick-Manier verspeist werden. Marlene freute sich auf den entspannten Nachmittag mit ihrem Sohn.

Als sie mit dem Auto an einer großen Kreuzung stand und an der roten Ampel wartete, sah sie plötzlich Jan vor einem Geschäft stehen. Er schien auf jemanden zu warten. Marlene wollte gerade das Fenster herunterkurbeln und ihm zurufen, als die Tür des Geschäftes aufging und seine Sekretärin Tanja heraustrat. Schnurstracks lief sie auf Jan zu, umarmte ihn und gab ihm einen Kuss. Jan fasste sie mit einem Arm um die Taille und sie gingen eng umschlungen davon. Die Ampel schaltete mittlerweile auf grün. Marlene war in dieser Sekunde zur Salzsäule erstarrt. Hinter ihr hupten die Autos. Vor lauter Aufregung vergaß sie, den Gang einzulegen, so dass der Motor laut aufheulte. Schnell legte sie den ersten Gang ein und fuhr mit quietschenden Reifen davon.

Ihr Herz schien aus ihrer Brust zu springen, sie musste rechts ranfahren. Simon schien von alledem nichts bemerkt zu haben. Er war versunken in ein Buch, dass er aufmerksam studierte. Er meinte nur: „Mami, warum fährst du so schnell und warum quietschen die Reifen so?" Marlene riss sich augenblicklich zusammen.

„Schätzchen, es ist alles gut, Mami hat nur vergessen, den Gang einzulegen."

In ihrem Kopf wirbelte alles durcheinander. ‚Wie kann er nur, er betrügt mich mit seiner Sekretärin! Was für ein Klischee, was für ein Klischee, so ein Scheißkerl!'

„Mami, wann sind wir endlich im Schwimmbad?", schallte es von hinten in Marlenes Ohr. „Ich muss Pipi!", rief Simon ungeduldig.

Marlene startete das Auto und wie in Trance fuhr sie in Richtung Schwimmbad. Als sie das Auto parkte und die Sachen aus dem Auto entnahm, schien Simon ihre geistige Abwesenheit zu bemerken. Er plapperte ständig vor sich hin, als wollte er Marlene ins Hier und Jetzt zurückholen.

„Hast du meinen Schwimmreifen eingesteckt und meine Box mit den Autos?", wollte er wissen.

„Ja, ich habe alles dabei. Komm, lass uns reingehen und was essen", meinte Marlene beschwichtigend.

Sie suchten sich einen schönen Platz auf der Wiese. Marlene breitete die Decke aus, legte Simons Spielsachen zurecht und dann verspeisten sie gemeinsam den Nudelsalat. Marlene nahm nur ein paar Bissen, der Appetit war ihr restlos vergangen.

Sie dachte plötzlich nostalgisch an die Jahre zurück, als Simon noch kleiner und die Welt noch in Ordnung war. Sie war im Sommer oft mit ihm hier gewesen. Das alles erschien ihr jetzt wie ein falscher Film, wie ein Märchen, das sich in einen Alptraum verwandelt hatte. Das Einzige, was noch real schien in ihrem Leben, das war Simon. Sie blickte ihn liebevoll an. Letzte Reste vom Nudelsalat klebten an seiner Backe. Sie nahm ein Tuch und wischte es ab, ihr Herz wurde dabei weit. Simon war ein Herzöffner, ja, das war er. Auch in dieser Situation jetzt schaffte er es, sie für einen kurzen Moment abzulenken, so, als wären diese liebevollen

Gefühle für ihren Sohn die einzig wirkliche Realität, und nicht das, was sie mit Jan erlebte.

Dann schob sich plötzlich etwas Dunkles in ihre Gedanken, es wurde finster. Plötzlich zeigte er sich, der Schmerz. Er präsentierte seine hässliche Fratze, so als wollte er sagen: ‚*Hast du wirklich geglaubt, dass du die einzige in Jans Leben bist, du Träumerin?*‘ Marlene fühlte sich urplötzlich ganz schwach und klein. Es war, als würde ihr jemand den Boden unter den Füßen wegziehen. Sie hätte jetzt jemanden gebraucht, eine starke Schulter zum Ausweinen. ‚*Ich werde Sophie anrufen, sie weiß sicher einen guten Rat. Dann werde ich mir überlegen müssen, wie ich das mit Jan regle. Ich kann es immer noch nicht fassen, dass er mir und Simon so etwas antut.*‘

Marlene konnte es kaum erwarten, bis der Abend kam. Simon war hundemüde von der Sonne und dem Wasser, so dass er bald einschlummerte. Am liebsten wäre sie zu Sophie gefahren und die ganze Nacht über bei ihr geblieben. Als sie ihr am Telefon erzählte, was heute geschehen war, konnte Sophie ihr Entsetzen nicht verbergen.

„Ehrlich, Marlene, ich finde, er ist eindeutig zu weit gegangen.“

„Ja, er ist so ein unglaublicher Schuft und ein Lügner noch dazu. Was soll ich jetzt nur tun? Ich kann ihm nie mehr vertrauen. Am liebsten würde ich seine Sachen packen und sie ihm vor die Haustür stellen, dann kann er zu seiner Tanja gehen! Diese gottverdammten Schlampe. Wie kann sie nur, sie weiß doch, dass er verheiratet ist und eine Familie hat.“

„Marlene, wach auf, es gibt Menschen, die da keine Skrupel haben“, sagte Sophie.

„Dann passt sie ja hervorragend zu ihm“, schnaubte Marlene vor Wut. „Was soll ich jetzt nur machen? Er hat uns verraten, Sophie.“

Es entstand eine Pause.

„Ich werde ihn verlassen", kam es plötzlich wie aus der Pistole geschossen. „Ja, ich werde mich von Jan trennen. Und weißt du was, Sophie, ich fühle mich bei diesem Gedanken sogar ganz gut."
„Wie willst du das jetzt mit Jan machen? Erzählst du ihm davon, dass du ihn heute gesehen hast."
„Nein, heute nicht mehr, es ist schon spät und er ist noch nicht zuhause. Ich werde das auf später vertagen müssen."
Sophie versuchte Marlene noch ein wenig aufzubauen. Sie zeigte ihr auf, wie ein neues Leben für sie sein könnte und sie versprach Marlene, ihr bei der Suche nach einer Wohnung behilflich zu sein.
Marlene war Sophie unendlich dankbar. Sophie war schon immer feinfühlig und liebevoll gewesen, obwohl sie aus einer unglücklichen Familie stammte. Ja, sie war wahrhaftig eine richtige Freundin und sie vertraute ihr.
Marlene warf einen Blick auf die Uhr, es war mittlerweile 20.30 Uhr. Draußen war es noch sommerlich hell. Sie beschloss, sich noch auf die Terrasse zu setzen und ein wenig zur Ruhe zu kommen, doch es gelang ihr nicht, die Gedanken schwappten unentwegt wie tosende Wellen in ihren Kopf. Sie saß einfach nur da, auf diesem Stuhl, auf dieser seltsamen Terrasse von diesem seltsamen Haus, das ihr noch nie behagte. Wie oft verbrachte sie die Abende hier alleine. Wie oft hatten Jan und sie sich hier in den Haaren. War das jetzt das Ende ihrer Ehe? War das jetzt ein endgültiges Zeichen, endlich dieses Leben zu verlassen?
Sie konnte heute keine Entscheidung mehr treffen, sie wollte einfach nur noch ihre Ruhe. *Wie schön musste es sein, eine eigene Wohnung zu haben, zusammen mit ihrem Kind, und wieder Menschen zu treffen, die ihr behagten und die sie wirklich mochte. Wie schön wäre es, keine Probleme mehr wälzen zu müssen, die sie nur Kraft kosteten. Wie schön wäre es, in die Stadt zu gehen, wo sie das lebendige Pulsieren spürte. Wie schön wäre es, nur das zu tun, was wirklich Freude bereitete. Hier bin ich lebendig be-*

graben', dachte sie weiter. „Ja, ich werde ein neues Leben beginnen, ich weiß, dass ich es schaffen werde.'

Kapitel 11
Die Feuersbrunst

Als Marlene sich ins Bett legte, konnte sie kein Auge zutun und als sie Jan irgendwann neben sich spürte, war es, als würde ein Fremder neben ihr liegen. Nichts war mehr so wie früher, alles hatte sich auf einen Schlag verändert. Sie konnte es nicht ertragen, sie konnte ihn nicht mehr ertragen. Sie stand auf und ging in die Küche, um ein Glas Wasser zu trinken. Sie stand am Küchenfenster und blickte hinaus in die Nacht. Alles war still. Die Sterne leuchteten vom Himmel und der fast volle Mond schimmerte schemenhaft durch eine Wolke. Alles war in dieser Stille versunken und gab dem Ganzen etwas Unwirkliches, etwas Tiefes und Geheimnisvolles. Marlene fühlte sich plötzlich unendlich allein in diesem riesigen Universum, wie ein kleiner Stern, dessen Licht immer schwächer wurde.

Der Schmerz in ihr breitete sich wieder aus, es war unmöglich, ihn zu verdrängen. Sie fühlte sich wie ein gestrandeter Wal, der zu nahe an die Netze herangekommen war und sich verfangen hatte. Jetzt lag er da und er wusste nicht, wie er das rettende Wasser erreichen konnte. Er konnte sich nicht bewegen. Das Wasser war sein Element, dort war seine Freiheit. Genauso fühlte sie sich in dieser Ehe, bewegungslos und verfangen im Netz.

In diesem Augenblick hörte sie die Toilettenspülung. Bestimmt hatte Jan bemerkt, dass sie nicht in ihrem Bett lag. Marlenes Herz klopfte vor Aufregung. ‚Was, wenn er jetzt reinkommt?' Ihre Knie wurden weich wie Butter, der Boden unter ihr schien nachzugeben und in ihrem Hals bildete sich ein Kloß.

Jan betrat die Küche. „Marlene, was machst du hier, warum schläfst du nicht?"

Marlene schloss die Küchentür. Sie nahm all ihren Mut zusammen, aber es fiel ihr schwer, die entscheidenden Worte auszusprechen, doch alles in ihr strebte danach, sich aus dem Netz zu befreien. Die innere Kriegerin gab ihr ein eindeutiges Zeichen. „Ich werde dich verlassen, Jan."

„Ja, ja, wieder das gleiche Thema, das hast du schon einmal gesagt", antwortete Jan schnippisch.

„Dieses Mal meine ich es ernst", antwortete Marlene.

„Bist du jetzt auf dem Selbstverwirklichungstrip?"

Marlene kam jetzt richtig in Fahrt. „Halt deinen Mund, Jan! Ich habe dich heute eng umschlungen mit deiner Sekretärin gesehen. Ich habe jetzt endgültig die Nase voll von deinen ständigen Lügen und nichtssagenden Versprechungen."

Jans Gesicht lief tiefrot an, er fühlte sich ertappt. Er überlegte kurz und schaltete auf Angriff, denn: „Angriff ist die beste Verteidigung."

„Wundert dich das, Marlene, nach all dem, was zwischen uns in der letzten Zeit war?"

Marlene rang nach Luft. „Was sagst du da?" Die Kriegerin schubste sie unerbittlich weiter.

Jan ging zum Kühlschrank und holte sich die Flasche mit dem Likör heraus. Er öffnete sie und nahm einen großen Schluck. Er drehte sich zu ihr und in seinem Blick lag wieder diese Gleichgültigkeit. „Ich habe mir das alles anders vorgestellt, Marlene. Deine Ambitionen, deine Unzufriedenheit, die du hast, lassen sich scheinbar nicht mit einer Familie vereinbaren. Das hättest du dir eher überlegen sollen. Du denkst nur an dich! Und das sage nicht nur ich."

„So, wer sagt denn das noch? Deine kontrollierende Mutter vielleicht?" Marlene kochte vor Zorn: „Wer denkt hier nur an sich? Lässt sich dein Verhalten vielleicht mit einer Familie vereinbaren? Ich habe mir das auch anders vorgestellt, Jan."

„Schrei hier nicht so rum, Marlene, du weckst Simon auf. Wie du dich aufführst! Du bist nur noch lächerlich." Er lachte hysterisch.

„So, dann bin ich also lächerlich. Weißt du was, Jan, das ist mir egal. Ich kann nicht mehr und ich will auch nicht mehr." Marlene bekam fast keine Luft mehr. „Ich verlasse dich, Jan."

Jan ging auf sie zu und baute sich bedrohlich vor ihr auf, er lachte sein bizarres Lachen, das Marlene Angst machte. Er zischte ihr zu: „Gut, dann geh doch, ohne mich bist du sowieso nichts! Und übrigens: Von mir kriegst du keinen Pfennig." Dann drehte er sich um und ging hinaus.

Marlene sank in sich zusammen. Die Feuersbrunst ließ nichts übrig als Schutt und Asche. Sie hatte sich noch nie so schrecklich und ohnmächtig gefühlt. Dann kam das Wasser, das die letzten schwelenden Herde auslöschte. Sie begann zu weinen, haltlos. Eine letzte kleine Hoffnung glomm in ihr, dass Jan käme und sie tröstend in die Arme nähme, dass er diesen Alptraum einfach wegwischte und sagte: ,Marlene, wach auf, du hast nur geträumt.'

Doch er kam nicht.

Marlene legte sich im Wohnzimmer erschöpft auf die Couch. Irgendwann schlief sie ein. In den frühen Morgenstunden erwachte sie plötzlich ruckartig und schweißgebadet. Sie hatte einen Alptraum, sie atmete schwer, die Bilder und Eindrücke des Traumes waren so präsent in ihr, als hätte sie es real erlebt:

,Sie lief gerade aus dem Waschraum die Kellertreppe nach oben. Plötzlich stand Jan hinter ihr. Sie spürte seinen keuchenden Atem in ihrem Nacken. „Du entkommst mir nicht", zischte er bedrohlich in ihr Ohr. Er packte sie bei den Armen und schleifte sie ins Schlafzimmer. Marlene versuchte sich zu wehren, doch es gelang ihr nicht. Er warf sie aufs Bett und fesselte sie, er versuchte, mit einem scharfen Gegenstand in ihre Hände zu stechen...'

Noch völlig vereinnahmt von dem Traum stand sie auf, es war 5.30 Uhr. Sie ging ins Bad und ließ kaltes Wasser über ihr Gesicht laufen. Als sie in den Spiegel sah, blickte ihr eine fremde und entkräftete Frau entgegen.

Dunkle Augenringe überschatteten ihr Gesicht und erste Fältchen bildeten sich um ihre Mundwinkel. Sie fühlte sich plötzlich alt und hässlich. *Kein Wunder,* dachte sie, *dass Jan eine andere Frau hat, so wie ich aussehe.*

Dann geschah etwas Unerwartetes. Die Kriegerin stand hinter ihr, sie spürte die spitze Klinge ihres Schwertes im Rücken. Ihr Blick war streng und ohne Gnade.

Steh auf, Marlene, steh auf, bewege dich endlich! Du hast schon viel zu lange gewartet. Es ist Zeit, dass du weitergehst, du kommst hier nicht mehr voran. Du bist nicht allein, ich bin bei dir.

Der Kampfgeist in Marlene siegte. *Ich werde gehen, ich werde mein Leben in die Hand nehmen. Noch heute werde ich mich darum kümmern.* Dann ging sie unter die Dusche und ließ das Wasser über ihren Körper perlen. Sie schrubbte und schrubbte, bis sie wieder ein Gefühl von Klarheit und Reinheit in sich spürte.

Marlene bereitete gedanklich alles vor. Als Erstes sollte sie sich um eine Wohnung kümmern. Sie wollte wieder zurück in ihre heimatlichen Gefilde. Sie beschloss, eine Anzeige in der Zeitung aufzugeben. Dann rief sie Sophie an. Sie berichtete ihr von ihrem festen Entschluss, sich von Jan zu trennen. Sophie versprach ihr, sich wegen einer Wohnung umzuhören und sie zu informieren, sobald sie etwas höre.

Die erste Amtshandlung für ihr neues Leben bestand darin, sich heute ein neues Kaffeeservice zu besorgen. Seltsamerweise war das für sie immer ein deutliches Zeichen dafür, dass sich etwas Grundlegendes in ihrem Leben änderte. Früher war das schon so: Bevor sie umzog, kaufte sie sich ein neues Kaffeeservice. Dieses seltsame Ritual war der eindeutige Beweis für die Ernsthaftigkeit ihres Unterfangens. Durch diesen Kauf wusste Marlene, dass ihre Seele ihren Schritt in ein neues Leben befürwortete.

Sie fühlte sich plötzlich wieder lebendig, voller Elan und Tatkraft. Der Gedanke, dieses Leben zu verlassen, ließ ein Gefühl der Freude und Freiheit in ihr aufkommen. Das Leben schien langsam wieder Fahrt aufzunehmen. Diese simple Handlung, ein Kaffeeservice zu kaufen, gab ihr das Gefühl, endlich wieder der Kapitän ihres eigenen Schiffes zu sein.

Die Spreu vom Weizen

Mittlerweile war es Abend geworden. Marlene überlegte, wie sie das ganze Simon beibringen sollte und wann der richtige Zeitpunkt dafür war. Dieser Schritt war für sie die nächste Hürde, die es zu umschiffen galt, der Gedanke daran schnürte ihr unwillkürlich den Magen zusammen. Sie hätte Simon das alles gerne erspart, doch die unglückliche Beziehung zu Jan und die ewigen Auseinandersetzungen zwischen ihnen waren nicht gerade eine gesunde Umgebung für ein kleines Kind.
Marlene beschlichen immer wieder Schuldgefühle, was ihren Sohn betraf. Was war in so einer Situation das Beste für alle? Diese Frage hatte sie sich oft gestellt. Letztendlich siegte stets ihr Gefühl im Herzen und nicht der Verstand.
‚Lieber ein Ende mit Schrecken als ein Schrecken ohne Ende‘, beruhigte sie sich. *‚Ich gehe nicht den Weg, den so viele Frauen vor mir gegangen sind und am Ende todunglücklich waren, deren Männer sich emotional total verbarrikadiert haben und keinen tiefergehenden Kontakt wollen, die zuhause überhaupt nicht vorhanden und keine Stütze sind. Ich werde auf keinen Fall eine der Frauen sein, die finanziell und emotional abhängig bleiben und aufgrund sich dieser Angst völlig aufgeben. Ich wäre dadurch sicherlich auch kein gutes Vorbild für meinen Sohn.‘* Ihre innere Kriegerin nickte dabei zustimmend.

Marlene saß gerade am Küchentisch und setzte die Annonce für ihren Wohnungsgesuch auf, als sie den Schlüssel in der Tür sperren hörte. Marlene wunderte sich, dass Jan heute eher nach Hause kam, es war erst 19 Uhr. Schnell versteckte sie den Zettel mit der Anzeige unter der Tischdecke.

„Hallo Marlene", begrüßte Jan sie.

„Hallo Jan, warum bist du schon da, hat Tanja heute keine Zeit?" Marlene konnte sich diesen Satz einfach nicht verkneifen.

„Ich habe mit Tanja Schluss gemacht."

Marlene war überrascht, doch sie fing sich schnell wieder. „Wegen mir doch nicht, Jan, das brauchst du nicht, die Karre ist sowieso schon im Dreck."

„Komm, Marlene, lass es uns nochmal versuchen." Jan wollte sie umarmen.

Marlene entzog sich seinem Griff und sagte: „Tut mir leid, Jan, momentan kann ich das nicht mehr mit dir. Es ist zu viel passiert, verstehst du, du hast mir mein Herz gebrochen."

„Du mir auch mit deiner Unzufriedenheit, bitte denke auch an Simon."

„Ich denke gerade dabei an Simon. Was glaubst du, was für seine Entwicklung besser ist? Eltern, die sich ständig in den Haaren liegen und miteinander nicht können oder ein ruhigeres Zuhause in getrennten Haushalten?"

„Ich werde mich ändern, Marlene, ich verspreche es, ich werde auch nicht so oft ins Ausland gehen, ich kann das arrangieren."

„Ich glaube dir nicht mehr, Jan. Du hast schon so viel versprochen in den letzten Jahren – und nicht gehalten. Ich kann es nicht weiter ertragen und dein Fremdgehen auch nicht. Du hast mich belogen. Ich werde gehen und Simon mitnehmen. Das ist jetzt für uns alle momentan das Beste."

„Das wirst du nicht, ich habe da schließlich auch ein Wörtchen mitzureden!", sagte er plötzlich wütend.

„Doch, das werde ich", antwortete Marlene ruhig und wunderte sich selbst über ihre Bestimmtheit. „Ich habe bereits eine Wohnungs-Anzeige in der Zeitung aufgegeben."

„Du blödes Weib!", rief Jan plötzlich. „Wenn du das tust, dann kannst du damit rechnen, dass ich mir das nicht gefallen lassen werde."

Dann verließ er die Wohnung, stieg ins Auto und fuhr weg.

Jan war außer sich. Dieses Mal spürte er, dass Marlene es ernst meinte. So selbstsicher hatte er sie noch nie erlebt. Was sollte er jetzt tun? Er fühlte sich tief gekränkt in seiner Ehre als Mann.

Warum müssen diese Weiber immer ihren eigenen Kopf haben?, *dachte er wütend. ,Ich habe doch alles getan, damit es uns gut-geht. Reicht ihr das nicht? Ihre ewigen Vorwürfe, ich verstehe einfach nicht, warum? Jetzt bricht wieder alles auseinander, ich wollte doch nur eine Familie. Verdammt! Die anderen lachen ja schon über mich, nachdem jetzt meine zweite Ehe den Bach run-tergeht. Ich muss mein Gesicht wahren. Sie kann von mir aus ge-hen, aber Simon lass ich mir auf keinen Fall wegnehmen.'*

Die folgenden Wochen gestalteten sich sehr anstrengend. Nicht nur, dass Marlene von ihrer Schwiegermutter geächtet wurde, plötzlich distanzierten sich auch einige von Jans Freunden, als sie von der Trennung hörten. Marlene machte das wenig aus, sie hatte es sowieso geahnt. Es war für sie interessant zu erfahren, wie sich jetzt die Spreu vom Weizen trennte. Es waren einige aus ihrem gemeinsamen Bekanntenkreis dabei, insbesondere Frauen, die Marlene sonst immer freundlich gesinnt waren, zumindest nach außen hin. Jetzt zeigten sie ihr wahres Gesicht.

Als Marlene ihren Eltern von der Trennung berichtete, waren diese natürlich nicht sehr erfreut. Sie bekamen zwar einige Male in der Vergangenheit mit, dass es zwischen den beiden nicht mehr stimmte, aber die endgültige Trennung war für sie dennoch ein Schock. Insbesondere ihr Vater machte sich jetzt Sorgen um

Marlenes finanzielle Sicherheit, schließlich hatte sie noch ein Kind zu versorgen.

Der Auszug

Sechs Wochen später bereitete Marlene alles für den Auszug aus dem ehelichen Haus vor. Sie hatte eine wunderschöne, gemütliche Dreizimmerwohnung in ländlicher Umgebung, nahe der Stadt gefunden. Der Ausblick aus dem Fenster ließ Marlenes Herz sofort höherschlagen und war ausschlaggebend für ihre Zusage. Eine unglaubliche Weite breitete sich vor ihren Augen aus, der Blick auf die Felder und den angrenzenden Wald war genau das, was sie und Simon jetzt brauchten.

Marlene nahm Simon einmal zu der neuen Wohnung mit und zeigte ihm, wo sie zukünftig miteinander leben werden. Simon war mittlerweile viereinhalb Jahre alt, so dass er es schon einigermaßen verstehen konnte. Bereits einige Zeit davor hatte sie es ihm kindgerecht erklärt und ihm versprochen, dass er seinen Vater jederzeit sehen könne und dass sie dafür auch sorgen würde. Ein weiterer Vorteil war, dass in der Straße viele junge Eltern und Kinder in Simons Alter wohnten. Für sozialen Kontakt war also gesorgt und sie musste nicht mehr mit dem Auto irgendwohin fahren.

Die Zeit vor dem Auszug war alles andere als angenehm. Die Situation war sehr angespannt. Nicht nur, dass Jan versuchte, ihr alle möglichen Steine in den Weg zu legen, sondern das wirklich Überraschende war, dass er plötzlich ganz viel Zeit für Simon hatte.

Er kam abends früher nach Hause und beschäftigte sich eingehend mit ihm. Ganz geheuer war Marlene das nicht. Sie versuchte, während dieser Zeit ruhig zu bleiben. Sie war froh, wenn Jan aus dem Haus ging, so konnte sie alles in Ruhe zusammenpacken. Ihr Vater bot seine Hilfe an. Er organisierte für Marlene eine neue Küche und baute diese sogar in ihrer neuen Wohnung ein. Marlene hatte nicht viel Zeit zum Nachdenken. Sie spürte Jans schwelende Wut. In ihrem Herzen war sie froh, dass diese unhaltbare Situation bald ein Ende haben würde.

Endlich kam der Tag des Umzugs. Ihr Vater wartete bei der neuen Wohnung, um zu helfen. Simon war währenddessen bei ihrer Mutter untergebracht. Alles lief wie am Schnürchen. Die wichtigsten Möbel wie Schränke und Bett wurden aufgebaut und montiert und nach ein paar Stunden war alles fertig. Sie bedankte sich bei allen Mithelfenden und bei ihrem Vater. Marlene war nun endlich in ihrem neuen Zuhause angekommen. Erschöpft ließ sie sich auf das Sofa fallen. Ein zentnerschwerer Stein fiel von ihren Schultern. Sie hatte das Gefühl, von einer drückenden Last befreit zu sein und sie war überglücklich, es geschafft zu haben. Sie freute sich auf ihre neue Zukunft mit Simon.

Anmerkung

Chuck Spezzano, ein großer spiritueller Lehrer, sagt, dass Beziehungen (nicht nur zwischen Mann und Frau) eine einzigartige menschliche Gelegenheit zur alchemistischen Transformation sind. Sie dienen dazu, unseren tiefsten Wunden, unseren Ängsten und unserer Schattenenergie zu begegnen und sie zu heilen. Die Welt ist unser Spiegel. Marlene und Jan lebten beide noch in der Unbewusstheit und agierten viele ihrer verleugneten Anteile im anderen aus. Das führte unweigerlich zu Konflikten. In Beziehungen werden wir wieder zu Kindern. Das Schmerzliche und Ungelöste kommt zum Vorschein und will erlöst werden.

Wenn eine Ehe oder Beziehung scheitert, so bleibt eine lange Liste zurück, was am anderen ‚nicht stimmt'. Unsere Aufgabe wäre es dann, diese ungeliebten Eigenschaften als unseren eigenen Anteil zu erkennen und in Besitz, beziehungsweise in unser Herz zu nehmen, sie zu ehren und anzuerkennen.

Die Liebe ist es, die alles heilt. Die Liebe ist das Resultat, das Geschenk, das wir erhalten, wenn wir all die Mühen auf uns nehmen, um die Liebe endlich freizulegen.

Kapitel 12
Marlenes neues Leben

Marlene schlief die erste Nacht in ihrer Wohnung wie ein Stein. Der erste Morgen lag wie ein neues ungeschriebenes Blatt vor ihr. Als sie erwachte, blieb sie erst einmal in ihrem Bett sitzen und ordnete ihre Gedanken. Ihre Wohnung befand sich im ersten Stock eines Mehrfamilienhauses und die Mieter unter ihr waren ein älteres Ehepaar in den 60ern, das die meiste Zeit auf Reisen war. Es waren ruhige und angenehme Leute und sie hoffte auf eine gute Nachbarschaft. Sie beschloss, heute noch einen Blumenstrauß zu besorgen und den Nachbarn als Begrüßung zu überreichen.

Nach dem Frühstück hatte sie vor, ihre Mutter anzurufen, um sich nach Simon zu erkundigen. Simon sollte noch eine Nacht bei ihren Eltern bleiben, damit sie sein Zimmer einräumen konnte. Das war das Wichtigste, was sie heute unbedingt zu erledigen hatte.

Sie sprang aus dem Bett und schaltete die Kaffeemaschine ein, die sie gestern Abend noch ausgepackt hatte. Sie setzte sich auf einen Stuhl, der zwischen den Umzugskartons stand. Sie fühlte sich entspannt und sie empfand seit langem wieder so etwas wie richtige Freude. Sie hing ihren Gedanken nach: *Was für eine wunderbare Stimmung, es ist eine völlig andere Energie als in dem Haus. Ich kann es immer noch nicht fassen, dass ich hier in meiner eigenen Wohnung sitze. Jetzt kann ich mich ein wenig erholen und endlich wieder zu mir kommen. Alles weitere wird sich fügen.'*

Sie griff zum Telefon und rief ihre Mutter an. „Hallo Mama, ich bin's! Alles in Ordnung bei euch, wie geht's Simon?"
„Hallo Marlene, Simon geht es so weit gut", erwiderte ihre Mutter. Ihre Stimme klang etwas besorgt. „Kind, ich mache mir so meine Gedanken über deine weitere Zukunft."

„Mama", antwortete Marlene, „lass mich doch erst einmal ankommen. Es wird sich finden, ich suche mir schon eine Arbeit und außerdem muss Jan seinen Pflichtbeitrag an Unterhalt bezahlen."
„Na hoffentlich", antwortete ihre Mutter.
Marlene war ein wenig genervt über diesen telefonischen Empfang.
„Bitte gib mir noch kurz Simon. Ich hole ihn morgen ab, ist das für dich in Ordnung?"
„Ja bitte, ich habe am späten Vormittag noch einen Termin."
Marlene erzählte Simon, dass sie heute sein Zimmer herrichten würde und er morgen die erste Nacht darin schlafen könne. Zur Feier des Tages würde sie sein Lieblingsgericht kochen. Nach dem Telefonat zog sie sich rasch an und stürzte sich mit vollem Eifer in ihre Arbeit.

Das Zimmer von Simon war nicht sehr groß, aber ein Schrank, ein Schreibtisch und das Bett hatten darin Platz. Sie dekorierte alles sehr liebevoll.
Seinen geliebten Stoffhasen platzierte sie mitten auf das Bett. Danach räumte sie noch ein paar Kartons aus, insbesondere die Dinge, die sie dringend brauchte, alles andere würde sie nach und nach erledigen. Zwischendurch lief sie immer wieder zum Fenster und spähte hinaus in diese traumhafte Weite. Es war ein ganz neues Lebensgefühl, nicht mehr diese Enge einer Hecke, die keinen Blick nach außen zuließ. Sie blickte in ein Meer von Maisfeldern, die sanft raschelten. Sie beschloss, später noch einen Spaziergang zu machen und sich ein wenig umzusehen.
Es klingelte an der Tür. ‚*Wer mag das denn sein?*', dachte sie überrascht. „Hallo, wer ist da?", fragte sie durch die Sprechanlage.
„Ich bin's, Papa."
Marlene öffnete erstaunt die Tür. „Hallo Papa, was verschafft mir die Ehre?"

„Ich wollte nur mal nach dem Rechten sehen und schauen, ob alles passt", meinte er. „Und vielleicht bekomme ich ja einen Kaffee?"

„Natürlich, ich mache dir gleich einen."

Während sie den Kaffee zubereitete, begutachtete ihr Vater die Küche, ob auch jede Schraube richtig saß und alles seine Ordnung hatte. „Da ist noch etwas, das ich in Ordnung bringen muss, ich hole schnell meinen Werkzeugkasten aus dem Auto."

Marlene war sichtlich berührt von seiner Unterstützung. Wie immer war er da, wenn man ihn brauchte, er war der erste in ihrer Familie, der Marlene von selbst seine Hilfe angeboten hatte, als sie die Trennung verkündete. Er war es, der nach ihr schaute und der sich in Bewegung setzte, als es brenzlig wurde. So war er eben, das liebte sie an ihm. Natürlich gab es auch Zeiten, in denen sie aneinandergerieten, er war impulsiv und auch ein Hitzkopf. Diesen Wesenszug schien sie von ihm geerbt zu haben.

Nachdem er die nötigen Arbeiten durchgeführt und abermals alles geprüft hatte, tranken sie gemeinsam Kaffee.

„Ach Papa", seufzte Marlene, „ich bin jetzt wirklich froh, dass ich es geschafft habe, es gefällt mir hier."

Ihr Vater blickte sie nachdenklich an. „Wie geht es jetzt weiter, Marlene? Du musst dich unbedingt um deinen Unterhalt kümmern, so schnell wie möglich", bemerkte er mit sorgenvollem Blick.

„Ja, das werde ich nächste Woche tun. Ich werde einen Anwalt konsultieren, der mich beraten kann. Außerdem will ich nur das, was Simon und mir zusteht, nicht mehr und nicht weniger. Weißt du, Papa, ich möchte irgendwann wieder auf eigenen Füßen stehen, damit ich Jans Geld nicht mehr brauche."

„Bitte mach das umgehend", antwortete ihr Vater.

„Ich wünsche mir, dass es einigermaßen friedlich zwischen mir und Jan abläuft. Zudem möchte ich mir noch eine Teilzeitarbeit suchen, zumindest für 2-3 Tage vormittags in der Woche, wenn Simon im Kindergarten ist. Zudem müssen ja noch andere Dinge geregelt werden. Ich will auf keinen Fall, dass Simon darunter leidet. Er soll seinen Vater so oft wie möglich sehen können, das habe ich ihm auch versprochen", meinte Marlene. „Ich hoffe sehr, dass Jan das auch so sieht."

Ihr Vater nickte.

„Was hast du für einen Eindruck von Simon?", wollte Marlene noch wissen.

„Eigentlich ist er ganz normal", meinte Henry. „Ich habe mit ihm gebastelt und deine Mutter hat sich ansonsten um ihn gekümmert. Sie war mit ihm einkaufen und auf dem Spielplatz. Ich habe nichts Auffälliges an ihm bemerkt."

Marlene war sichtlich erleichtert. „Ich danke euch sehr für die Hilfe und ich werde mich, wenn alles hier einigermaßen in Ordnung ist, auf jeden Fall noch revanchieren." Sie umarmte ihren Vater zum Abschied und gab ihm einen Kuss.

Simons Einzug

Am nächsten Morgen holte Marlene Simon von ihren Eltern ab.

„Mami, Mami, schau mal, was ich mit Opi gebastelt habe!", rief er zur Begrüßung. Er zeigte ihr ein lustiges Männchen aus buntem Karton, mit großen Kulleraugen, einem dicken Bauch und einem lachenden Mund.

„Wow, der sieht aber lustig aus! Das ist unser Glücksbringer, Simon. Wir werden ihn gleich in der neuen Wohnung aufhängen, was meinst du?"

Simon nickte freudestrahlend. Ihre Mutter erzählte ihr noch, dass er seinen geliebten Stoffhasen vermisst hatte. Sie gab ihm ersatzweise ein anderes Kuscheltier. Leider hatte es nicht die gleiche Wirkung erzielt, die sein Hase auf magische Art und Weise stets vollbrachte.

„Ja, ich weiß", bemerkte Marlene, „irgendwie ist das in der Hektik des Umzuges völlig untergegangen."

Marlene bedankte sich bei ihrer Mutter für die Unterstützung und verabschiedete sich. Als sie mit Simon im Auto saß, freute sie sich, mit ihm in ihr neues Zuhause zu fahren.

Marlene war trotzdem etwas nervös. *,Hoffentlich gefällt es Simon',* schoss es ihr durch den Kopf. Schnell wischte sie ihre Bedenken wieder beiseite. Sie hatte sein Zimmer liebevoll hergerichtet, es wird ihm sicher gefallen. Als sie das Auto parkten und ausstiegen, sahen sie ein paar Kinder weiter vorne miteinander spielen. Mit Straßenmalkreiden kritzelten sie bunte Bilder auf die Straße. Marlene wandte sich zu Simon und wollte wissen, ob er denn Lust hätte, zu den Kindern zu gehen und sich vorzustellen. Simon schüttelte den Kopf.

„Gut, Simon, dann lass uns reingehen und dein neues Zuhause besichtigen."

Er wollte natürlich sofort sein Zimmer sehen und öffnete die Tür. Als er es betrat, rief er voller Freude: „Da ist ja mein Hasi!" Er ergriff ihn und drückte sich an ihn, liebkoste ihn mit seiner kindlichen Liebe. Marlene stiegen sogleich die Tränen in die Augen. Diese zärtliche Geste ihres Sohnes für seinen Kuschelhasen öffnete ihr Herz wieder ganz weit. Solche Augenblicke würde sie am liebsten für immer festhalten. Das waren die Momente, die so echt und authentisch, so liebevoll und zärtlich waren, dass nichts anderes es aufwiegen konnte.

„Na, gefällt dir dein Zimmer, mein Schatz?"

Simon nickte. „Wo sind meine Spielsachen?", fragte er bestimmt.

„In den Kisten unter dem Bett und im Schrank. Deine Bücher und die anderen Dinge müssen wir noch einräumen", meinte Marlene.

„Ich gehe jetzt in die Küche und bereite das Essen zu, du kannst dich derweil noch ein wenig umsehen und alles in Ruhe begutachten."

Während sie den Salat putzte, blieben ihre Gedanken bei Simon.

‚Sie wusste nicht, was seine Kinderseele dachte. Es war sicherlich nicht leicht für ihn. Daher wollte sie sich ganz besonders um ihn bemühen, ihn behüten und ihm Geborgenheit schenken, wo sie nur konnte, das versprach Marlene sich in diesem Augenblick, als sie in ihrer neuen Küche die erste gemeinsame Mahlzeit zubereitete. Sie hatte zwar nicht das Geld, um ihm das bieten zu können, was Jan ihm bieten konnte. Alles, was sie hatte, war ihre Liebe zu ihm, ihr Sinn für das Schöne und Kreative, ihre Freude für die Natur und die Tiere und die feste Absicht, für sich und Simon etwas Wunderschönes zu kreieren.‘

Good Vibes, bad Vibes

Während Marlene einräumte und alles ordnete, spürte sie, wie sich auch in ihr selbst etwas zu ordnen begann. Mit jedem neuen Tag wuchsen auch ihre Kraft und Motivation ein Stückchen. Sie wollte zudem ihren Mädchennamen wieder zurückhaben und deswegen noch bei der Gemeinde anrufen. „König", das war ihr Mädchenname. Jans Namen noch zu tragen, das passte jetzt nicht mehr in ihr neues Leben.

Simon besuchte seit einer Woche den neuen Kindergarten. Die beiden Leiterinnen der Gruppe, Annegret und Gaby, waren Marlene sofort sympathisch. Es umgab sie eine warmherzige und freundliche Ausstrahlung. Behutsam führten sie Simon in die neue Gruppe ein. Marlene hatte bei diesen beiden Leiterinnen ein sehr gutes Gefühl.
Überhaupt schienen die Menschen hier offener und herzlicher zu sein. Simon und sie wurden von den umliegenden Nachbarn sehr herzlich aufgenommen und sogleich zum anstehenden Straßenfest eingeladen, das in ein paar Tagen stattfinden sollte.
‚Prima‘, dachte sich Marlene. *‚Es ist ein ganz anderes Lebensgefühl. Die Menschen hier sind so anders, so freundlich und einla-*

*dend. Wie sich doch alles fügt, wenn man den Mut hat, sein Le-
ben zu verändern. Wie alles leicht geschieht, wenn es richtig ist.'*
Während sie weiter einräumte, kam ihr die Idee, heute Nachmittag mit Simon einen kleinen Spaziergang über die Felder, in Richtung Wald zu machen.
Sie überlegte, was sie kochen könnte und öffnete den Kühlschrank, der eine gähnende Leere aufwies. Sie beschloss, Simon eine Freude zu machen und mit ihm ins Einkaufszentrum zu fahren
und in seinem Lieblingsrestaurant Mac Donalds heute zu essen.
Mittlerweile war es Mittag. In einer halben Stunde musste sie Simon abholen. Schnell räumte sie alles zusammen und fuhr los. Im
Kindergarten unterhielt sie sich noch kurz mit den Leiterinnen und
erkundigte sich, wie es Simon gehe. Gaby, die jüngere der beiden,
beruhigte Marlene und erklärte, dass er keine Schwierigkeiten
bereite und sich gut in die Gruppe einfüge. Marlene war erleichtert, sie bedankte sich bei Gaby und empfing Simon mit einer
Umarmung. Im Auto erzählte Marlene ihm, was sie geplant hatte.
Simon beantwortete es umgehend mit einem freudestrahlenden
„Hurra!"

Als sie mit dem Essen und dem Einkauf fertig waren, ging es zurück nach Hause. Sie parkte das Auto und lud ihren Einkaufskorb
aus. In diesem Augenblick fuhr ein schwarzer BMW um die Ecke
und parkte direkt neben Marlenes Wagen. Es war Jan. Marlene
zuckte unwillkürlich zusammen über diesen unangemeldeten Besuch. Simon erblickte ihn und lief geradewegs auf ihn zu: „Papi,
Papi!", rief er freudestrahlend. Jan stieg aus dem Auto und begrüßte ihn. „Hallo, mein Großer, ich habe dich vermisst und deshalb bin ich gleich hergefahren zu dir."
Marlene fühlte sich durch die plötzliche Anwesenheit von Jan
überrumpelt. „Du hättest zumindest vorher anrufen können",
sagte sie verärgert. „Simon und ich wollen jetzt spazieren gehen."
Jan tat so, als hörte er nicht, was sie sagte.

„Papa soll mitgehen!", rief Simon und blickte beide erwartungsvoll an.

Marlene fühlte sich durch Jan in eine Zwangslage gebracht. Sie wollte Simon nicht die Freude nehmen, seinen Vater zu sehen.

„Na gut, dann soll Papa uns begleiten."

„Jaa", jauchzte Simon freudestrahlend.

Während Marlene ihren Einkaufskorb noch schnell nach oben brachte, warteten Jan und Simon am Parkplatz. Sie lief zum Fenster und beobachtete beide aus sicherer Entfernung. Jan redete auf Simon ein. Sie konnte nicht hören, was er zu ihm sagte. Ein unangenehmes Gefühl beschlich sie.

Manchmal konnte sie nicht glauben, dass dieses wunderbare Kind der Sohn dieses Mannes war, in welchen sie einstmals so verliebt gewesen war. Die Verbindung mit Jan war wie ein Feuerwerk, bunt und elektrisierend und doch so schnell verglüht.

‚War Jan nur eine schöne Verpackung, auf die sie reingefallen war, ein Blendwerk? Oder könnte es vielleicht sein, dass er jetzt alles bereute und sie wieder zurückhaben wollte?‘ Eine Stimme in ihr forderte sie zur Wachsamkeit auf. ‚Nein, ich könnte ihm nie mehr vertrauen‘, dachte sie und lief eilig die Treppe hinunter.

„Mami, Mami", rief Simon aufgeregt, „Papa möchte mit mir in den Ferien wegfahren!"

„So?", fragte Marlene und warf Jan einen fragenden Blick zu.

„Das muss ich aber erst noch mit Papa besprechen", sagte sie und nahm Simon bei der Hand. „Lass uns jetzt spazieren gehen, mein Schatz."

Sie liefen auf einem Feldweg in Richtung Wald. Jan trottete neben Marlene her und Simon lief vor ihnen. Die Situation erschien Marlene etwas befremdlich, sie fühlte sich in Jans Gegenwart nicht wohl.

„Wie hast du dir das eigentlich mit Simon vorgestellt?", fragte Jan.

„Wie meinst du das?" Marlene blickte ihn erstaunt an.

„Bin ich jetzt zukünftig nur noch der Geld- und Besuchspapi?"
„Jan, bitte nicht vor Simon. Können wir das nicht unter vier Augen besprechen? Du weißt ja sicherlich, wie das normalerweise geregelt ist bei einer Trennung. Alle 14 Tage ist Simon am Wochenende bei dir und in den Ferien jeweils die Hälfte der Zeit. Außerdem habe ich Simon versprochen, dass er dich jederzeit sehen kann, wenn er möchte, nach Absprache mit mir natürlich, nicht einfach unangemeldet wie heute."

Simon, der etwas weiter vorne war, lief zu Marlene und Jan, drängte sich zwischen sie und nahm beide an die Hand.

Marlene wurde es bei dieser kleinen Geste ihres Sohnes schwer ums Herz. Es ließ sie erkennen, wie unerträglich es für ihn sein musste und dass er sich wahrscheinlich nichts sehnlicher wünschte, als dass sie weiterhin zusammenblieben. Ihr Magen schnürte sich bei diesen Gedanken förmlich zusammen. Am liebsten würde sie ihm seinen Schmerz wegnehmen. Sie blieb stehen und kniete sich vor ihren Sohn.

„Simon", sagte sie plötzlich eindringlich und nahm seine kleine Hand in die ihre, „Mami und Papi werden immer für dich da sein, du kannst Papa immer sehen, das verspreche ich dir. Wir haben dich sehr lieb." Sie blickte zu Jan.

„Ja, so ist das, Simon", sagte Jan. „Papi hat dich lieb."

Den Rest des Weges gingen sie schweigend weiter, bis sie wieder vor dem Haus ankamen. Jan verabschiedete sich von Simon und versprach ihm, dass sie sich bald wiedersehen würden. Er ging auf Marlene zu, sie bemerkte seinen abschätzenden Blick. Er neigte sich zu ihrem Ohr und flüsterte: „Ich werde dir Simon wegnehmen." Dann stieg er ins Auto und fuhr davon.

Rache ist süß

Marlene wusste im ersten Augenblick nicht, was sie von Jans Aussage halten sollte. Sie spürte erneut ihre Abscheu gegenüber diesem Mann, der sie so verletzt und hintergangen hatte. Wie konnte sie vorhin nur einen Augenblick gedacht haben, dass Jan vielleicht Reue zeigen würde und sie zurückhaben wolle?

Simon war nur schwer zu bändigen. Die neuen Umstände und der unerwartete Besuch seines Vaters hatten ihn aus dem Konzept gebracht. Marlene überlegte, wie sie ihn auf andere Gedanken bringen könnte.

„Was hältst du davon, Simon, wenn wir draußen noch ein wenig dein Lieblingsspiel spielen, es ist so schön heute."

„Nein, ich mag nicht, ich habe Hunger und ich möchte fernsehen."

Marlene stimmte zu, sie wollte heute keine Grundsatzdiskussionen mit ihm führen. „Okay, aber bitte wasch dir deine Hände, dann kannst du noch ein wenig fernsehen." Simon nickte und rannte ins Bad.

Während sie das Essen zubereitete, gingen ihr nochmals die Szenen mit Jan durch den Kopf. *‚Was sollte diese Drohung heute von Jan? Wahrscheinlich wollte er sie nur wieder einschüchtern, so wie damals in den Tagen kurz vor dem Auszug, als sie mit Simon gerade im Bad war und ihn ankleidete. Er kam herein, strich Simon über den Kopf und zischte ihr zu: „Was willst du überhaupt, Marlene, ohne mich bist du nichts." In diesem Moment zeigte Jan sein wahres Gesicht und ihr wurde klar, wie wenig sie Jan bedeuten musste und dass ihre Entscheidung, ihn zu verlassen, richtig war.'*

Marlene stieß einen leisen Seufzer aus. Sie war froh und glücklich, es geschafft zu haben. Sie wusste, sie würde die Kraft aufbringen und ihren Traum zu verwirklichen. Sie war schon immer eine Kämpfernatur gewesen und sie wollte für sich und Simon eine gute Zukunft schaffen. Mit diesen Gedanken bereitete sie das Abendessen zu. Simon und Marlene genossen ihre gemeinsame Mahlzeit und beendeten den Abend mit einer schönen Gute-Nacht-Geschichte, die sie ihm abends im Bett vorlas.

Kapitel 13
Ein Jahr später

Mittlerweile war ein Jahr vergangen. Es war ein äußerst turbulentes Jahr, aber Marlene hatte einiges erreicht, was sie sich vorgenommen hatte. Simon hatte sich gut eingelebt und auch Freunde gefunden. Marlene war erleichtert darüber, da Simon anfangs Schwierigkeiten hatte, auf andere zuzugehen.
Durch Beziehungen ihrer Freundin Sophie ergatterte sie für 2 bis 3 Tage in der Woche einen Vormittagsjob in einem Ingenieurbüro. An den restlichen Tagen studierte sie vormittags, wenn Simon im Kindergarten war, für die Prüfung zur Psychologischen Lebensberaterin.

Weniger schön waren die Auseinandersetzungen mit Jan, was die Absprachen und die Einhaltung des Umgangsrechtes mit Simon betraf. Jan verhielt sich nicht kooperativ. Simon verbrachte dieses Wochenende bei seinem Vater. Marlene erwartete Simon gegen 18 Uhr zurück. Es war Sonntag, später Nachmittag, als das Telefon klingelte. Am Apparat war Simon.
„Mama, ich möchte noch bis Dienstag bei Papa bleiben."
„Warum denn das?" Marlene rollte dabei mit den Augen, da sie wusste, wer da dahintersteckte.
„Ich möchte halt", war Simons Kommentar.
„Aber morgen ist Kindergarten, Simon", antwortete Marlene.
„Ja, ich weiß, aber Papa ruft morgen dort an und bringt mich am Dienstag in den Kindergarten."
„Simon, ich habe mit Papa ausgemacht, dass du heute zurückkommst."
„Nein, ich will bei Papa bleiben!", kreischte er ins Telefon.
Marlene war jetzt außer sich. „Gib mir mal Papa", sagte sie schnell.
Er übergab Jan das Telefon.

„Jan, warum machst du das?", zischte sie ins Telefon. „Wir haben das doch schon mehrmals besprochen, dass du dich bitte an die Vereinbarungen hältst."

„Was regst du dich so auf, schließlich ist Simon auch mein Sohn, er fühlt sich wohl hier und möchte einfach noch bleiben. Wo ist also das Problem?"

Marlene merkte, wie sie in Rage geriet. „Du bringst ihn durcheinander, Jan. Er muss auch lernen, dass es Regelungen gibt."

„Ich glaube eher, dass du ihn durcheinanderbringst, Marlene. Was Simon mir da so alles erzählt, ist für seine Entwicklung nicht gerade gut", entgegnete Jan.

„Was erzählt er dir?"

„Dass er zum Beispiel ständig nach deiner Pfeife tanzen muss, weil du ja mit dieser komischen Ausbildung beschäftigt bist. Und nachdem du jetzt auch arbeiten musst, scheinst du für Simon wenig Zeit zu haben. Ich weiß nicht, ob das so gut für seine weitere Entwicklung ist."

„Es ist schon seltsam, dass du jetzt plötzlich so um Simons Wohlbefinden und Entwicklung besorgt bist", antwortete Marlene schnippisch. „Bei mir gibt es eben Regeln, Jan. Das ist so, wenn man zusammenlebt. Wenn man ein Kind nur am Wochenende und in den Ferien hat, ist es natürlich einfacher, alle Fünfe mal gerade sein zu lassen. Deshalb bitte ich dich nochmals, Simon heute zurückzubringen."

„Nein, ich will nicht, ich will noch bei Papa bleiben!", hörte sie Simon jetzt im Hintergrund rufen.

„Hast du etwa den Lautsprecher eingeschaltet, Jan?"

„Ja, ich höre dich, Mama!", rief Simon.

„Was soll ich dazu noch sagen?", sagte Marlene fassungslos.

„Gar nichts", erwiderte Jan. „Simon bleibt noch bis morgen und ich bringe ihn am Dienstag in den Kindergarten." Dann legte er auf.

„So ein Vollidiot!", rief sie voller Zorn.

Jan hatte es wieder einmal geschafft, sie vor Simon in eine prekäre Situation zu bringen. Wie hätte sie reagieren sollen? Ja und Amen sagen? Schreien und toben oder einfach auflegen? Sie hatte schon alles versucht. Eine vage Angst beschlich sie. ‚Gleich morgen werde ich meinen Anwalt anrufen. Er muss Jan darauf hinweisen, dass er sich an die Umgangszeiten und an die Absprachen halten soll. Kapiert er denn nicht, dass ein solches Verhalten für Simon nicht gerade förderlich ist?'

In dieser Nacht schlief Marlene sehr unruhig, immer wieder wachte sie auf. Ihre Gedanken drehten sich im Kreis und sie versuchte, im Halbschlaf eine Lösung zu finden. Am nächsten Morgen rief sie im Kindergarten an und erzählte Annegret, der Leiterin, vom gestrigen Vorfall. Annegret war empört. Sie empfahl Marlene, es doch in diesem Fall mit einer Mediation zu versuchen, um eine Schlammschlacht oder einen Rosenkrieg zu vermeiden. Sie gab ihr eine Adresse, an die Marlene sich wenden könne. Marlene bedankte sich bei Annegret für diesen Vorschlag. Sie empfand diese Empfehlung sehr hilfreich und sie überlegte, ob sie statt des Anwalts nicht gleich einen Termin zur Mediation ausmachen sollte. Vielleicht könnte sie dadurch mehr erreichen und Jan zum Umdenken bewegen?

Sie suchte sich die Telefonnummer heraus und rief umgehend bei der Stelle an. Die Dame am Telefon erklärte ihr, dass sie zuerst allein kommen müsse, damit sie sich ein Bild von ihrer Situation machen könne. Sie vereinbarte mit Marlene einen Termin in den nächsten Tagen. Nach diesem Gespräch war Marlene erleichtert. Sie erhoffte sich, auf diesem Wege eine bessere Regelung und Einigung mit Jan zu erzielen.

Am Dienstag konnte es Marlene kaum erwarten, Simon vom Kindergarten abzuholen. Auf dem Flur traf sie Annegret. Sie erzählte Marlene, dass der Vater Simon heute Morgen pünktlich gebracht hatte. Simon verhielt sich den ganzen Vormittag über normal und es wäre nichts Auffälliges an ihm gewesen. Marlene war beruhigt und sie bat Annegret, weiterhin ein Auge auf Simon zu haben.

Simon freute sich, seine Mutter wiederzusehen. Marlene begrüßte ihn mit einer festen Umarmung und einem dicken Kuss. Als sie im Auto saßen, hatte er Hunger und wollte nach Hause.

Während des Essens erzählte Simon von seinem Aufenthalt beim Vater und dass er ihm das neueste Nintendo gekauft hatte. Es sprudelte aus ihm nur so heraus und Marlene sah, wie er sich freute. Sie wollte ihm diese Freude nicht nehmen, deshalb wirkte sie bezüglich der Regelungen nicht belehrend auf ihn ein.

Marlene war froh, dass er ein paar Tage später wieder in seinen Rhythmus gefunden hatte, sie freute sich, wie Simon es mittlerweile genoss, mit den Kindern in der Nachbarschaft zu spielen.

Anmerkung

Wir haben gewisse Vorstellungen, wie unser Leben sein sollte, wie unsere Partner sein sollten. Das erschwert es uns, mit der Realität zurechtzukommen. Wenn wir unsere verletzten Gefühle nicht heilen, unseren Zorn, den Verrat, die Schuldgefühle, die Angst, sind wir geneigt zu sagen, der andere ist schuld, oder ich habe Recht und die anderen Menschen Unrecht. Dies führt zu Verzerrungen, Projektionen und/oder Kampf-/Flucht-Reaktionen im Sinne von „dem/der werde ich es heimzahlen" ... Das alles sind Schutzmechanismen, die uns davon abhalten, zum Kern unseres Problems, dem Schmerz, vorzudringen und ihn zu erlösen.

Kapitel 14
Die Mediation

Donnerstag – der Termin für die Mediation stand heute an. Marlene war schon sehr gespannt. Das Büro lag im ersten Stock einer sehr schönen Villa im viktorianischen Stil. Als sie an die Tür klopfte, rief eine weibliche Stimme sie herein. Der Raum war hell und freundlich, es roch nach dem süßlichen Duft des Parfums, das die Frau verströmte. Sie bot ihr einen Stuhl an und ein Glas Wasser. Marlene setzte sich und blickte aus dem Fenster, das die Aussicht in den anliegenden Park freilegte.

Die Mediatorin wollte einleitend wissen, was denn genau Marlenes Anliegen sei. Marlene berichtete von der Trennung und dass sie seit über einem Jahr mit ihrem kleinen Sohn eine eigene Wohnung bezogen hatte.
„Gibt es irgendwelche besonderen Probleme mit Ihrem Sohn und/oder Ihrem Exmann?"
„Ja, gewissermaßen", antwortete Marlene. „Mein Exmann hält sich leider nicht an die Umgangsregelungen und bespricht Dinge mit meinem Sohn, die eigentlich nur die Eltern bereden sollten."
Sie erzählte ihr von dem Vorfall am Sonntag, als er Simon anrufen ließ und sie dadurch wieder in eine Zwangslage gebracht hatte.
„Wissen Sie, das war ja nicht das erste Mal", sagte Marlene. „Es kam auch schon vor, dass er meinen Sohn vom Kindergarten abholte, ohne dass er mich vorher darüber informierte. Des Weiteren stand er auch schon unangemeldet vor unserer Haustür. Meistens mussten wir dann kurzfristig unsere Pläne ändern."
Die Mediatorin nickte, während Marlene erzählte.
„Haben Sie Ihren Mann verlassen oder er Sie?"
„Ich bin gegangen", antwortete Marlene. „Ich glaube, er will sich dafür an mir rächen. Ich merke, wie er versucht, vor Simon meine Kompetenz als Mutter zu untergraben. Erst kürzlich hat er mir

angedroht, mir Simon wegzunehmen, was ich allerdings nicht ernst genommen habe, doch mittlerweile mache ich mir schon Sorgen."

„Verstehe", murmelte sie und machte sich Notizen. „Was machen Sie denn beruflich?"

„Ich arbeite zwei bis drei Tage vormittags und studiere nebenbei für die Prüfung zur Psychologischen Lebensberaterin. Ich habe vor, mich irgendwann selbstständig zu machen. Mein Exmann hatte dafür in der Vergangenheit eher wenig Verständnis, er ist der Ansicht, dass eine Frau zuhause bei den Kindern bleibt."

„Sie sagen das etwas bitter", meinte die Mediatorin und blickte Marlene prüfend an. Sie haben das doch sicher vorher gewusst, auf was Sie sich da einlassen?"

„Nun ja, wissen Sie, wenn man gewohnt war, ein eigenständiges Leben zu führen, dann glaubt man schon, dass man eine gewisse Eigenkompetenz weiterhin behalten kann", entgegnete Marlene. „Wenn man dann aber heruntergeschraubt wird auf ‚den ganzen Tag alleine mit Kind', dann ist das schon erst einmal sehr gewöhnungsbedürftig. Drei Jahre zuhause beim Kind reichen für mich aus." Marlene blickte der Frau dabei geradewegs in die Augen. Sie fühlte sich ein wenig unbehaglich über ihre Bemerkungen.

„Der Knackpunkt ist auch der", warf Marlene ein, „dass man auf ein Leben als Ehefrau und Mutter nicht vorbereitet wird. Es gibt Schwangerschaftskurse, Baby-Kurse und was weiß ich noch, aber niemand erklärt einem, was es wirklich für eine Frau bedeutet, ein selbstständiges Leben aufzugeben, Mutter zu werden und nur noch für Mann und Kind da zu sein und keine Ansprüche mehr zu haben. – Haben Sie Kinder?"

„Aber das geht doch vielen Frauen heute so", warf die Mediatorin ein.

„Ach ja, leider ist das so in unserer Gesellschaft, man wird allein gelassen als Frau und man muss eben schauen, wie man zurechtkommt, so nach dem Motto ‚Friss oder stirb'."

„Von Ihrem Exmann kam in dieser Hinsicht keine Unterstützung?"
„Eher wenig, das meiste blieb an mir hängen. Er ist Geschäftsmann
und beruflich viel im Ausland unterwegs. Finanziell hat es uns an
nichts gefehlt, wenn Sie verstehen, was ich meine. Natürlich war
er auch für Simon da, zumindest am Wochenende, er hat sich
schon um ihn gekümmert. Die Erziehungsarbeit und alles andere
überließ er aber mir."
„Woran lag es in Ihren Augen, dass die Ehe gescheitert ist."
„Gute Frage", sagte Marlene. „Im Nachhinein sehe ich es so, dass
wir beide völlig verschiedene Ansichten über Ehe, Kinder und
Familie hatten. Man lernt sich ja erst im Laufe der Zeit richtig
kennen. Ich habe mir zu wenig Zeit gelassen, den Vater meines
Sohnes näher kennenzulernen, das werfe ich mir heute schon vor.
Ich habe mich eher von meinen Gefühlen leiten lassen, statt mein
Hirn öfters einzuschalten. Aber Sie wissen vielleicht, wie das ist,
wenn man im siebten Himmel schwebt und alles aufregend ist,
dann hört man die leisen Töne nicht mehr."
Die Mediatorin machte sich weiterhin ihre Notizen, während
Marlene erzählte. „Reden Sie ruhig weiter", meinte sie.
„Damals hatte ich zu romantische Vorstellungen über die Liebe.
Romantische Liebe gibt es nicht, höchstens für ein paar Stunden,
es gibt reife Liebe zwischen zwei Menschen, wenn sie über alle
Hürden, Stolpersteine und Krisen hinausgewachsen ist, wenn jeder
der beiden seine Lektionen gelernt und seine Hausaufgaben gemacht hat. Das bedeutet natürlich Arbeit, die Voraussetzung zur
Selbstreflexion und höchste Integrität. Diese wichtigen Voraussetzungen hatte mein Exmann leider in einigen Punkten nicht, das
habe ich erst viel zu spät bemerkt", sagte Marlene.
„Sie hatten diese Voraussetzungen?", bemerkte die Mediatorin.
„Zumindest habe ich versucht, ihn immer wieder zum Andersden-
ken zu motivieren. Wir kamen jedoch meistens nicht weit, es ging
immer nur bis zu einem bestimmten Punkt, nämlich eine Beziehung auf Augenhöhe zu führen. Daran scheiterte es, wir stritten

uns immer um die gleichen Themen. Er ist eben eher der konventionelle Typ: Frau zuhause, Mann bringt Geld. Affären sind nebenbei natürlich erlaubt", antwortete Marlene spöttisch.

„Ihr Mann hatte eine Affäre?"

„Ja", sagte Marlene, „ganz klassisch, mit der Sekretärin, Miss Moneypenny."

Die Mediatorin blickte sie überrascht an.

„Wissen Sie", erzählte Marlene weiter, „es gibt natürlich auch die Art von Frauen, die die Affären ihres Mannes hinnehmen, damit sie ihr gewohntes und luxuriöses Leben weiterführen können. Andere Frauen nehmen es hin, weil sie Angst haben, ihn zu verlieren, aber so eine bin ich nicht. Mein Problem sind vielleicht meine hohen Anforderungen an eine Beziehung, das mag sein", meinte Marlene. „Vielleicht bin ich auch nicht geschaffen für eine Ehe, aber was ich auf keinen Fall hinnehmen kann, sind Lügen, Betrug und Feigheit."

„Ich spüre da noch sehr viel Wut bei Ihnen", erwiderte die Mediatorin.

„Kann sein", meinte Marlene jetzt im leicht gereizten Unterton. „Ich arbeite an mir. Es dauert halt, bis man seine Vergangenheit aufgearbeitet hat."

„Nun gut", sagte die Mediatorin, „jetzt habe ich Ihre Situation einmal kennengelernt. Ich werde Ihren Exmann schriftlich zu einem Gespräch einladen, dann werden wir weitersehen. Im günstigsten Fall werde ich Sie beide dann nochmals gemeinsam herbitten. Sie werden auf jeden Fall von mir in den nächsten Wochen hören."

Marlene nickte. In Gedanken versunken, stieg sie die hölzerne Treppe hinunter.

‚Was meinte sie mit ‚im günstigsten Fall'? Meinte sie vielleicht, ob Jan überhaupt der Einladung folgen wird und an einer gemeinsamen Lösung interessiert ist? Sie erinnerte sich plötzlich, dass sie Jan damals mal zu einer Paarberatung mitschleppte. Beim Erstgespräch

lagen sie sich vor der Therapeutin sofort in den Haaren, einer beschuldigte den anderen. Die Therapeutin saß hilflos dabei und versuchte, irgendwie eine friedvolle Lösung herbeizuführen, was ihr aber nicht gelang. Das Ganze war eher ein Fiasko.'

Sie lief zum Parkplatz, wo ihr Auto stand und fuhr Richtung Kindergarten, um Simon abzuholen. Sie wollte jetzt nicht mehr darüber nachdenken und hoffte auf einen gemeinsamen Termin.

Die gute Mutter

Marlene saß, wenn sie vormittags nicht im Büro war, an ihrem Schreibtisch und lernte. Die Aussicht, Menschen dabei zu helfen, einen Ausweg aus ihren Krisen und Sorgen zu finden, beflügelte sie und gab ihrem Leben Sinn. Für sie gab es nichts Schöneres, als den Menschen in der Tiefe und in seinem Sein kennenzulernen. Sie fühlte in ihrem Herzen, dass dies ihr Weg war. Sie befand sich endlich wieder auf ihrer Spur, auch wenn sie manchmal das Gefühl hatte, sich in einem Urwald zu befinden – mit einer Machete in der Hand, um sich von dem undurchdringlichen Gestrüpp um sie herum zu befreien.

Sie fühlte sich wohl in ihrer kleinen Wohnung, es war behaglich und gemütlich und gab ihr das Gefühl des Geborgenseins. Das Leben mit ihrem kleinen Sohn an der Seite gab ihr Kraft und Motivation. Manchmal fand sie auf ihrem Schreibtisch einen Zettel von Simon, gekritzelt und bemalt mit Herzen, Blumen oder anderen farbenfrohen Kreationen. Das war es, was sie so liebte: sein offenes Herz, das sich einfach so verschenkt und verströmt, ohne Hintergedanken und Kalkül. Das war es, wonach sie sich tief in ihrem Inneren sehnte, diese absichtslose Art zu sein. Sie fand dieses meistens nicht unter den Menschen, sie fand sie nicht im lauten Getöse des Lebens oder des gierigen, bevormundenden Egos. Sie fand sie in der Stille, in der Natur, bei den Tieren oder beim Anblick ihres kleinen Sohnes. In diesen Augenblicken war sie ganz bei sich, Kopf und Herz waren im Einklang. In solchen Momenten spürte sie diese unbändige Kraft, es mit dem Leben aufzunehmen.

Dann gab es auch die anderen Tage, die so zäh und klebrig waren wie ein alter Kaugummi. Wenn Simon sie herausforderte und wenn sie ungeduldig mit ihm war und einfach keine Zeit für ihn hatte, weil so viel anderes noch anstand. Manchmal war sie kurz davor, alles hinzuschmeißen, weil ihr die Dinge über den Kopf wuchsen. Das waren die Zeiten, in denen die Erinnerung an dieses Friedvolle verpuffte wie der Rauch einer Zigarette. In diesen Zeiten haderte sie mit allem.

Als wäre das nicht schon genug, tauchten sie dann plötzlich auf, die Ungeheuer aus der Tiefe, die Schuldgefühle, die Angst und der Zweifel. Sie schlichen sich wie Diebe von hinten heran und überfielen sie völlig unerwartet. *,Mache ich alles richtig? War ich zu streng? Bin ich eine gute Mutter? Kann ich Simon das geben, was er braucht?'*

An solchen Tagen ging gar nichts. Es nützte auch nichts, sich noch mehr anzustrengen, dadurch wurde es nur schlimmer. Es war wie ein Strudel, der sie nach unten zog. Das Beste an solchen Tagen war, sie ganz still und leise vorüberziehen zu lassen wie Wolken am Himmel. Marlene dachte an ihre Freundin Leni. Sie war immer so zufrieden und glücklich mit ihrer Familie. Alles schien ihr leicht von der Hand zu gehen. Sie managte den Haushalt, die Kinder, die Arbeit im Büro ihres Mannes. Für sie gab es nichts anderes. Sie war zufrieden damit, sie hatte scheinbar das perfekte Glück und den passenden Partner.

Woran lag es also, dass manche Frauen glücklicher sind in ihrer Partnerschaft, in ihrer Rolle als Ehefrau und Mutter? Lag es daran, dass sie den richtigen Partner hatten? War es für sie einfach selbstverständlich, den Mann in seinen Ambitionen zu unterstützen, ohne zu hinterfragen oder eigene Bedürfnisse anzumelden? Hatten sie eine glücklichere Kindheit und/oder eine liebevolle Herkunftsfamilie? Wie war die Bindung zur eigenen Mutter? Gab es schwerwiegende Traumata in der Familie? Was macht eine gute Mutter wirklich aus und was bedeutete es überhaupt, heute eine Frau zu sein?

Für Marlene war klar, eine gute Mutter liebt ihr Kind. Allein schon aus Liebe heraus kann man weniger falsch machen. Marlene brannte dieses Thema unter den Nägeln, sie wollte mehr dazu wissen.

Sind Mütter wirklich die schlechteren Menschen?
Der Herbst stand vor der Tür. Die Felder waren abgemäht und der September neigte sich dem Ende zu. Frühmorgendliche Nebel ließen erahnen, dass die beschwingte Leichtigkeit des Sommers bald den rauen Stürmen des Herbstes weichen wird. Es duftete nach feuchter Erde, Pilzen, Äpfeln und Beeren. Marlene mochte diese Zeit der bunten Farben, die Natur, die nochmals alles hergibt, als wollte sie sagen: *„Keine Angst ich komme wieder, bis dahin macht es euch schön und gemütlich und bleibt frohen Mutes."*

Morgen stand das Umgangswochenende bei Jan bevor. Marlene und Nora hatten vereinbart, am Samstag ins Kino zu gehen. Sie genoss das freie Wochenende immer sehr. Sie hatte Zeit für sich, außerdem konnte sie ohne Druck die Wohnung putzen und in Ruhe lernen. Sie liebte diese stillen Stunden, in denen sie ganz für sich war und ihren Gedanken nachhängen konnte. Niemand störte oder wollte etwas von ihr. Manchmal ertappte sie sich jedoch dabei, dass sie sich für diese Gefühle schämte. Da war es wieder, dieses verdammte Schuldgefühl, die Stimme, die flüsterte: *‚Hey, du hast kein Recht, nur für dich und dabei glücklich zu sein. Was ist mit deinem Kind? Es braucht dich. Du machst dir eine schöne Zeit? Was werden die anderen nur über dich denken?'*

Dieses unangenehme Gefühl beschlich sie wieder. ‚Vielleicht bin ich wirklich egoistisch und denke nur an mich statt an Simon? Sie erinnerte sich an die Vorwürfe von Jan und ihrer Mutter. Verdammt, woher kommen nur diese Gefühle, die mich ständig plagen? Sind das überhaupt meine Gefühle oder habe ich sie vielleicht so verinnerlicht, dass ich sie zu meinen gemacht habe?‘

Marlene war so in ihren Gedanken, dass sie völlig vergaß, wie spät es schon war. Sie sprang auf, um das Mittagessen vorzubereiten, bevor sie Simon vom Kindergarten abholen wollte. Sie schaltete das Radio ein und fing an, das Gemüse zu schnippeln. Es lief gerade ein Song von den Bee Gees, der sie augenblicklich in die Vergangenheit katapultierte. Marlenes Körper fing an, sich zur Musik zu bewegen, dieses Lied kennzeichnete die Zeit der ersten heimlichen Liebeserfahrungen und der überschäumenden Lebensfreude. Es war damals eine Revolution und das Ereignis schlechthin, als im Kino der Film „Saturday Night Fever" lief. Die Musik und der aufreizende Tanz von John Travolta hob damals alle förmlich aus ihren Kinosesseln.

Sie drehte das Radio laut auf und tanzte zur Musik, dabei schloss sie die Augen. Wenn sie tanzte, dann konnte sie alles vergessen, ihr Körper und sie schienen auf einem anderen Planeten zu sein. Dieses Gefühl für Musik und Rhythmus hatte sie von ihren Eltern geerbt. Beide waren leidenschaftliche Tänzer und sie passten in dieser Hinsicht wunderbar zusammen. Es sah so perfekt und harmonisch aus, wenn sie sich zusammen zur Musik bewegten und über die Tanzfläche schwebten. Der Song endete und Marlene wollte gar nicht mehr aufhören. Ihr Körper schien sich an all das zu erinnern und ließ Gefühle und Gedanken in ihr hochsteigen, die sie längst vergessen hatte. Mit etwas Wehmut erinnerte sie sich an ihre schwärmerischen Jungmädchen-Träume und ihre ersten „Gehversuche in Sachen Liebe".

Marlene schnippelte das Gemüse fertig. Sie konnte sich gar nicht vorstellen, jemals wieder eine Beziehung zu haben, einen neuen Mann in ihrem Leben. „Autsch!", rief Marlene, sie schnitt sich in den Daumen, Blut quoll heraus, lief über ihre Hand und tropfte auf die Küchenablage. „Verdammt, das kommt davon, wenn man nicht bei der Sache ist!", rief sie zornig und rannte ins Bad. Sie ließ Wasser über den verletzten Finger laufen und versorgte ihre Wunde mit einem Pflaster.

Schwesternliebe

Simons Wochenende bei seinem Vater stand an. Marlene hatte also ein ganzes Wochenende für sich. Gegen Abend rief sie ihre Schwester Nora an. Nora war fünf Jahre jünger als Marlene und das Nesthäkchen der Familie. Sie hatte länger als Marlene gebraucht, um sich von zuhause abzunabeln und bezog erst mit 25 Jahren ihre erste eigene Wohnung. Beide hingen aneinander, obwohl sie vom Naturell her sehr unterschiedlich waren. Nora war schon immer die vernunftbetontere, das schien sie von ihrer Mutter geerbt zu haben. Während Marlene manchmal nicht lange überlegte, brauchte Nora stets eine gewisse Zeit, um sich für etwas zu entscheiden.

„Hallo Schwesterlein", flötete Marlene ins Telefon.

„Hallo Marlene, wie geht's?", fragte Nora.

„Mir geht es den Umständen entsprechend. Wie sieht's aus mit unserem Kinobesuch morgen?"

„Ja, können wir machen, war ja schon ausgemacht Wann und wo wollen wir uns treffen?"

„Wie wäre es, wenn du mich von zuhause abholst, dann brauchen wir nicht mit zwei Autos zu fahren."

„Abgemacht, ich hole Dich gegen 18 Uhr ab."

Sie unterhielten sich noch eine Weile über Simon und Jan. Marlene erzählte ihr von den Schwierigkeiten, die sie mit Jan hatte und auch von der Drohung, dass er ihr das Kind wegnehmen wolle.

„Meinst du wirklich, dass Jan zu so etwas fähig wäre?", fragte Nora.

„Glaubst du nicht?", antwortete Marlene verwundert.

Sie spürte wieder einmal deutlich, dass Nora ihre Handlungen, aber auch ihre Äußerungen und wie sie die Welt sah, nicht verstand. Für Nora und ihre Mutter war damals klar, dass sie scheinbar nicht ganz bei Sinnen gewesen sein musste, so einen Mann wie Jan zu verlassen. Marlene hatte plötzlich keine Lust mehr für lange Erklärungen. Sie plauderten noch über Belangloses und verblieben mit der Vereinbarung zum morgigen Kinobesuch.

Schon von klein auf und vor allem in ihrer Jugend fühlte sie sich in der Familie oft fremd, so als käme sie von einem anderen Stern. Sie begriff lange Zeit nicht, dass sie nicht falsch war, sondern einfach nur anders. Jan war genau wie ihre Familie, er passte genau in ihre Vorstellungen, wie das Leben zu funktionieren hatte. Die Welt von Marlene war eine Welt, die ihnen manchmal befremdlich erschien und ihnen Angst einflößte. Ihre Auffassung darüber war, dass die Ehe zwischen ihr und Jan nur zerbrach, weil Marlene Ambitionen und Flausen im Kopf hatte, die sich einfach nicht gehörten. Im Grunde ihres Herzens war Marlene immer noch wütend darüber. Sie war wütend, dass sie sich immer erklären musste für das, was sie tat, was sie fühlte und warum sie es tat.

Ein Mann dagegen tut einfach, was er tun muss, ohne dass man ihn in Frage stellte. Emanzipation hin oder her – eine Frau muss sich, auch heute noch, doppelt anstrengen, um das zu erreichen, was sie will. Außerdem sollte sie dabei möglichst anderen Menschen nicht auf die Füße treten und zudem ihre Pflichten nicht vergessen.

Anmerkung

Es gibt genügend Beispiele von Frauen, damals wie heute, die sich auch mit Kind oder Kindern ein eigenes Leben erschaffen wollten und mussten.

Jane Goodall, die Primatenforscherin, Astrid Lindgren, die Harry Potter-Erfinderin J.K. Rowling oder Maria Montessori, die die Montessori-Pädagogik ins Leben rief – sie alle haben der Menschheit etwas Schönes geschenkt und auch sie hatten mit Schuldgefühlen, Ängsten und Zweifeln und all den emotionalen Plagen zu kämpfen. Jede dieser Frauen zahlte ihren Preis für ihr Bedürfnis nach Freiheit und Lebendigkeit. Waren sie deshalb schlechtere Mütter?

Waren sie vielleicht sogar die besseren Mütter, weil sie authentisch und wahrhaftig waren und sich nicht den gesellschaftlichen Regeln und Gepflogenheiten, wie eine Frau/Mutter zu sein hat, beugten? Konnten ihre Kinder nicht etwas Essentielles daraus lernen? Waren sie nicht ein Vorbild, auch wenn sie dabei Fehler gemacht haben?

Weil diese außergewöhnlichen Frauen es gewagt hatten, sich aus den gesellschaftlichen Fesseln zu befreien, wurden sie mit Argusaugen beobachtet und ihnen jeder kleine Fehler angerechnet und aufgebauscht. Gerade die weibliche Spezies war es, die solchen Frauen argwöhnisch oder gar feindselig gegenübertrat. Ihre Förderer waren deshalb meist männlicher Art.

Liebe und Nähe im Herzen lehrt uns die Mutter

Einen für mich sehr beachtenswerten Aspekt zum Thema Frau und Mutter erklärt Kassandra Claudia Henao in ihrem Buch „Mutterwunde": ‚Viele Frauen bringen heute ein Kind auf die Welt und sind mit der Mutterrolle oftmals überfordert. Es wird ihnen mit der Zeit bewusst, dass sie ihre Konflikte mit den eigenen Eltern nicht gelöst haben. Um dennoch den Ansprüchen, die von der Außenwelt an sie gestellt werden, gerecht zu werden, versuchen sie ihr mangelndes Selbstvertrauen und ihre innere Leere durch mechanisches Handeln zu überdecken. Sie hetzen mit ihren Kindern von Termin zu Termin, unternehmen allerlei Aktivitäten, um dem Bild der Gesellschaft an eine „moderne Mutter" zu genügen. Das „Mutter-Sein" ist in unserer Gesellschaft als Beruf nicht anerkannt. Die Frauen suchen sich deshalb Jobs oder andere Aktivitäten, um aus der langweiligen und unbefriedigenden Situation als Mutter herauszukommen.'

K.C. Henao schreibt außerdem: ‚Es ist ein Trugschluss zu glauben, dass wir warmherzig sein, Nähe herstellen und unseren Gefühlen Ausdruck verleihen können, wenn wir selbst niemals diesen emotionellen Zuständen begegnen durften. Wenn wir dies doch tun, entspreche dies sogenannten „Pseudo-Herzlichkeiten", weil wir uns bewusst sind, diesen Mangel in uns zu tragen. Sie betont, dass niemand etwas weitergeben kann, was er nicht selbst in sich trägt und rät deshalb den Frauen, sich vor jeder Schwangerschaft ihre inneren Abgründe bewusst zu machen.'

Kapitel 15
Ein Tag mit überraschenden Wendungen

Marlene erwachte gegen 8 Uhr. Sie stand auf, öffnete das Fenster und atmete die kühle Herbstluft ein. Heute Vormittag wollte sie ihr Pensum lernen und dann noch schnell etwas für das Wochenende einkaufen. Sie warf die Kaffeemaschine an. Während der Kaffee durch die Maschine blubberte und seinen Duft verströmte, erledigte sie im Bad ihre Morgentoilette. Sie blickte in den Spiegel und zog dabei eine Grimasse. *,Na, altes Mädchen'*, sagte sie zu sich. Während sie es aussprach, entdeckte sie etwas, das sie erstaunte: Ein paar graue Haare leuchteten wie die Klarheit des Herrn aus ihrer noch etwas unordentlichen Haarpracht hervor. Marlene rupfte sich die grauen Haare aus und begutachtete sich eingehend, um auch alle Spuren zu entfernen, die daran erinnerten, dass das Leben vergänglich ist. Bis zu ihrem 40. Geburtstag hatte sie noch etwas Schonfrist. Und außerdem ist 40 heute das neue 30. Und zudem war sie immer noch gut in Schuss. Sie achtete auf eine ausgewogene Ernährung, trieb regelmäßig Sport und der liebe Gott hatte bei der Ausstattung ihrer körperlichen Attribute scheinbar einen guten Tag gehabt. Ihre blauen Augen, die an einen tiefblauen See im Sommer erinnerten, sowie ihre langen welligen Haare, die ihr Gesicht sanft umschmeichelten, gaben ihr eine feminine Ausstrahlung. Die feinen Fältchen und Linien, die sich auf der Stirn abzeichneten, ließen bereits eine gewisse Reife erkennen. Nachdenklich zupfte sie noch ein wenig in ihrem Gesicht herum. Plötzlich erfasste sie ein leichtes Unwohlsein, eine vage Beklemmung stieg in ihr hoch und sämtliche Klischees über alleinstehende Frauen mit Kind leuchteten vor ihrem inneren Auge auf wie eine Kinoreklame: *,Wer will denn noch eine Frau mit Kind, die auf die 40 zugeht? Glaubst du wirklich, dass ein Mann sich für dich noch interessiert? Hast du gehört, dass eine Frau über*

35 eher von einem Tiger gefressen wird, als einen Mann zu finden?'

„Papperlapapp", sagte sie laut vor sich hin und verließ das Bad. Sie wollte sich von derartigen Klischees nicht aus der Ruhe bringen lassen. Und außerdem könnte sie einen Mann jetzt in ihrem Leben sowieso nicht gebrauchen. Sie wollte sich auf ihre Zukunft konzentrieren und sich nicht in irgendwelche Liebschaften verstricken.

Zielstrebig setzte sie sich an den Schreibtisch und blätterte ihre Unterlagen durch. Während sie versuchte, sich zu konzentrieren, schoben sich immer wieder lästige Gedanken dazwischen. Es war, als würde ihr Gehirn ständig hin und her wechseln zwischen ihrer Vergangenheit, ihren Ängsten und ihren Erwartungen für die Zukunft. Sie riss sich augenblicklich zusammen, aber es gelang ihr einfach nicht, bei sich zu bleiben. Genervt stand sie auf und hatte plötzlich eine Idee: Vielleicht half eine Meditation? Sie lernte schon vor längerer Zeit zu meditieren, mittels Meditations-Kassetten, die sie sich zufällig einmal gekauft hatte. Anfangs tat sie sich schwer damit. Wenn sie sich hinsetzte und ihre Augen schloss, dann sprangen ihre Gedanken erst recht wie unartige kleine Kinder umher oder es juckte plötzlich da und dort. Mit der Zeit jedoch gelang es ihr immer besser, in ihre innere Welt einzutreten. Die beste Zeit war morgens, ihr Geist war dann noch ruhig und klar wie ein Bergsee. Sie stellte dabei fest, dass ihr Tag positiver, entspannter und weniger hektisch verlief, wenn sie morgens meditierte.

Als sie mit der Meditation fertig war, beschloss sie, sich anzuziehen und zum Einkaufen zu fahren. Rasch schlüpfte sie in ihre Jeans, knöpfte ihre weiße Bluse zu und zog ihren beigen Trenchcoat an. Dann sprang sie ins Auto und fuhr in Richtung Einkaufszentrum. Der Parkplatz vor dem Einkaufszentrum war bereits ziemlich belegt, sie stand eine Weile und wartete. Da, eine ältere

Dame ging, bepackt mit Einkaufstüten, in ihre Richtung und machte eine Parklücke frei.

Samstags war es immer sehr voll und es schien, als hätten die Leute nichts Besseres zu tun, als ihre freie Zeit in den Geschäften zu verbringen und dort ihr schwer verdientes Geld wieder loszuwerden. Da fiel ihr der Spruch ein, den sie einmal irgendwo gelesen hatte: ‚*Konsumiere, lebe und denke nicht nach. Ja, genauso ist es, nicht nachdenken*‘, sinnierte sie vor sich hin, während sie in Richtung Supermarkt ging.

Sie schnappte sich einen Einkaufswagen und schob ihn in Richtung Gemüse- und Obststand. Die Menschen liefen eilig von einem Regal zum anderen und packten ihre Wagen voll, als würde es bald nichts mehr geben. Sie drängte sich vorbei an der Fleischtheke, wo viele Leute Schlange standen. Sie aß seit vielen Jahren kein Fleisch mehr. Schon während der Ehe mit Jan hatte sie damit angefangen. Von Seiten ihrer Familie und Bekannten wurde ihr neues Essverhalten teilweise skeptisch beäugt. Sie musste neugierige Fragen über sich ergehen lassen sowie die üblichen Bemerkungen wie ‚*Dein Mann und dein Kind brauchen doch was G'scheit's (Richtiges) zum Essen.*‘

Sie stand vor der Gemüse- und Obstabteilung. Sie nahm sich einen grünen Salat, eine Gurke und einige Paprika und ein paar Äpfel und Bananen. Als sie sich umdrehte und das Gemüse in den Einkaufswagen legen wollte, bemerkte sie, dass der Wagen verschwunden war. Sie blickte sich um, doch er war nirgends zu sehen. Ihr wurde plötzlich kalt und heiß zugleich, denn im Wagen lag ihre Handtasche mit ihrer Geldbörse darin. Wie von der Tarantel gestochen, rannte sie durch den Einkaufsmarkt und blickte in jeden Wagen, doch ihrer war nicht dabei. Sie lief weiter und plötzlich entdeckte sie an der Tiefkühltheke einen Mann mit ihrem Einkaufswagen. Sie lief auf ihn zu und klopfte ihm von hinten auf die Schulter.

„Entschuldigen Sie bitte, aber Sie haben meinen Einkaufswagen", sagte Marlene etwas forsch. Der Mann drehte sich um und sie blickte in zwei warme braune Augen. Überrascht schaute er in den Wagen und erkannte, dass es nicht seiner war.

„Oh, bitte verzeihen Sie, ich habe gar nicht bemerkt, dass ich Ihren Wagen mitgenommen habe, ich war wohl so in Gedanken, dass ich ihn verwechselt habe." Der warme und sonore Klang seiner Stimme hatte etwas Anziehendes.

„Ist schon gut, kann ja mal vorkommen", erwiderte Marlene, sichtlich erleichtert darüber, ihren Wagen wieder zu haben.

„Darf ich Sie dafür als Entschädigung zu einem Kaffee einladen?", fragte der Mann mit der wundervollen Stimme.

Sie wusste nicht, was sie darauf antworten sollte und war hin- und hergerissen zwischen Verstand und Gefühl. Ja, er sah attraktiv aus. Eigentlich passte er genau in ihr Beuteschema: Er war groß, schlank, sportlich und hatte ein unwiderstehliches Lächeln.

„Hmm", meinte sie etwas verlegen, „eigentlich habe ich nicht viel Zeit."

„Na, ein kleiner Kaffee geht schon", sagte er und lächelte dabei so charmant, dass Marlene ihre Vorsätze schnell vergaß.

„Okay", antwortete Marlene wie hypnotisiert, „ich erledige noch meinen Einkauf und komme dann ins Café."

„Einverstanden, ich warte im Café in der 1. Etage." Dann ging er Richtung Kasse.

Marlene war aufgewühlt, ihr Verstand schaltete sich ein: ‚*Was tue ich da eigentlich?*‘, ermahnte sie sich. ‚*Das ist doch gar nicht meine Art, mich so schnell von einem Mann überreden zu lassen, noch dazu von einem Fremden!*‘

Adrian

Marlene bezahlte ihre Sachen und verließ den Supermarkt. Einerseits war da etwas, was sie unweigerlich zu ihm hinzog, andererseits überfielen sie sämtliche Vorbehalte. Es schien, als präsentierte ihr die Festplatte ihres Gehirnes gerade alle abgespeicherten Dateien in Sachen Beziehung und Männer. Sie nahm ihren ganzen Mut zusammen und ging in Richtung Café, in der festen Übereinkunft, Vorsicht walten zu lassen.

Als sie das Café betrat, winkte er ihr sogleich zu. Es war ziemlich voll und einige Leute begutachteten sie neugierig, als sie mit federnden Schritten in Richtung des winkenden Mannes ging. Er stand auf und reichte ihr die Hand zur Begrüßung.
„Schön, dass es geklappt hat! Mein Name ist übrigens Adrian. Adrian Wilson."
„Das ist aber kein deutscher Name", antwortete Marlene überrascht, während sie sich setzte. „Ich bin Marlene."
„Sehr angenehm, Marlene, ein sehr schöner Name", erwiderte Adrian und seine Augen blitzten sie schelmisch an. „Mein Vater ist Engländer und meine Mutter Deutsche."
„Oh, wie interessant, wo kommt denn dein Vater her?"
„Aus Bath."
„Ist das nicht Südengland?", fragte Marlene.
„Ja, Bath ist bekannt für seine wunderschöne Architektur aus dem 18. Jahrhundert und für seine berühmten Thermalquellen. Du kennst vielleicht Jane Austen, die Schriftstellerin, man hat ihr dort sogar ein Museum gewidmet."
„Natürlich kenne ich sie, ‚Stolz und Vorurteil', ich liebe ihre Geschichten", erwiderte Marlene entzückt und strahlte ihn an.
Adrian nickte zustimmend. „Mein Vater besitzt in Bath ein Antiquitätengeschäft."
„Warum lebst du hier und nicht in Bath?", wollte Marlene wissen. Gleichzeitig wurde ihr bewusst, dass dies eine sehr indiskrete Frage war. „Entschuldige bitte, wenn ich so neugierig bin."
„Kein Problem." Adrian lächelte sie an. „Meine Eltern haben sich scheiden lassen, als ich 10 Jahre alt war. Meine Mutter ist dann mit mir zurück in ihre Heimat nach Deutschland gezogen."

„Oh, das war für dich sicherlich nicht einfach", erwiderte Marlene mitfühlend.

„Im ersten Augenblick natürlich nicht, es war schon ein Schock für mich, plötzlich in ein fremdes Land zu ziehen und dort zu leben. Natürlich kannte ich Deutschland durch die regelmäßigen Besuche meiner Eltern, aber dort zu leben, daran musste ich mich erst einmal gewöhnen. Das Positive an der ganzen Geschichte war, dass sich meine Eltern damals einvernehmlich getrennt haben und ich auch regelmäßig in den Ferien meinen Vater besuchen konnte. Ich lebte also sozusagen in zwei Welten."

„Das ist doch schön", sagte Marlene, „so konntest du dir aus den zwei Welten jeweils das Beste für dich herausziehen. Ich finde es nämlich sehr wichtig, dass Kinder nach der Trennung der Eltern weiterhin Kontakt zum anderen Elternteil halten dürfen. Leider ist das oftmals nicht der Fall. – Als wären die Kinder daran schuld, dass sich die Eltern nicht verstehen", meinte Marlene jetzt sichtlich erregt und nahm einen Schluck aus der Kaffeetasse.

„Ja klar", antwortete er, „das finde ich auch. Für meine Eltern war dies eine Selbstverständlichkeit. Sie haben bis heute ein gutes Verhältnis zueinander, worüber ich sehr froh bin."

„Da hast du wirklich großes Glück gehabt." Marlene nahm wieder einen Schluck Kaffee. „Lebst du in einer Partnerschaft?" Sie konnte sich diese neugierige Frage einfach nicht verkneifen, während ihr Gesicht dabei eine leichte Röte überzog.

Adrian schmunzelte. „Du willst es aber genau wissen, nicht wahr? Nein, jetzt nicht mehr. Ich lebe seit einem Jahr von meiner Frau getrennt, das Scheidungsverfahren läuft gerade."

Marlene erstarrte innerlich. ‚*Oh Nein*', dachte sie, ‚*nicht schon wieder jemand, der eine Trennung hinter sich hat und gebrandmarkt ist.*'

Als schien Adrian bemerkt zu haben, was in ihr vorging, sagte er: „Keine Angst, ich bin nicht auf der Suche, aber ich fand die Begegnung im Supermarkt mit dir sehr erfrischend und du warst mir sofort sympathisch." Dabei fuhr er sich mit der Hand durch seine dunkle volle Haarpracht.

Marlene bemerkte erst jetzt, wie schön seine Hände waren, kräftig und feingliedrig zugleich. Sie war wie elektrisiert. Sie fand schöne Hände bei einem Mann sehr wichtig. Für sie war es ein wesentliches Attribut bei einem Mann. Sie betrachtete ihn eingehender. Er sah sehr gepflegt aus und seine Kleidung war lässig und sportlich. Seine feinen Gesichtszüge passten zu seinen Händen. Diese smarte, maskuline Eleganz an ihm gefiel ihr sofort. In ihren Augen war er eine gelungene Mischung aus Hugh Grant und Daniel Craig.

„Was machst du eigentlich so?", wollte Adrian wissen. „Ich habe bis jetzt nur von mir erzählt."

„Ach, weißt du", sagte Marlene, „wir beide können uns die Hände reichen. Ich lebe auch seit eineinhalb Jahren getrennt von meinem Mann. Und ich habe einen Sohn mit sechs Jahren, sein Name ist Simon."

„Ah, da sitzen sich also zwei gestrandete Seelen gegenüber", erwidert Adrian und schmunzelte dabei.

„Ja, so ist es." Marlene lachte ebenfalls. „Aber als gestrandet würde ich mich nicht bezeichnen, bei mir war es eher ein Befreiungsschlag."

„Das trifft sich doch gut", meinte Adrian.

„Was meinst du?"

„Na, da könnten wir beide uns doch zusammentun und uns die Einsamkeit ein wenig vertreiben."

„Ich habe genug zu tun", erwiderte Marlene, „einsam fühle ich mich nicht, im Gegenteil, manchmal wird mir der Trubel sogar zu viel."

„Was machst du denn beruflich?"

Marlene erzählte Adrian über ihre beruflichen Projekte und ihre Ausbildung. Adrian hörte ihr aufmerksam zu. Danach berichtete Adrian ihr von seiner Arbeit. Dabei erfuhr sie, dass er sich, wie sein Vater, sehr für Antiquitäten interessierte und seit drei Jahren als Berater in einer Möbelfirma arbeitete, die exklusive und erlesene Designermöbel herstellte. Er hatte vor, später das Geschäft seines Vaters in England zu übernehmen.

Sie unterhielten sich sehr angeregt und mittlerweile war eine ganze Stunde vergangen. Adrian schien nicht einer dieser Typen zu sein, die auf ein amouröses Abenteuer aus waren, das sagte ihre Intuition. Während der ganzen Unterhaltung spürte Marlene in ihrem Körper ein seltsames Flattern und Flimmern. Sie kannte diese Symptome nur zu gut und deshalb wollte sie sich dieser Situation schnellstmöglich entziehen.

„Ich muss jetzt leider gehen", sagte sie plötzlich zu Adrian.

„Besteht denn die Möglichkeit, dass wir uns wiedersehen?"

„Vielleicht", meinte Marlene und stand auf.

„Dafür brauche ich aber deine Telefonnummer."

„Hast du was zum Schreiben?", fragte Marlene.

Schnell suchte Adrian einen Zettel und notierte Marlenes Telefonnummer. „Ich werde dich anrufen, Marlene, wenn du es erlaubst. Ich würde mich freuen, wenn wir das angenehme Gespräch fortsetzen könnten."

Marlene nickte, dann verabschiedeten sie sich und sie verließ eilig das Café.

Nervös kramte sie in ihrer Tasche nach dem Autoschlüssel und das Phänomen des Nichtauffindens von Schlüsseln in Damenhandtaschen schlug eiskalt zu. „Verflixt, wo ist nur der Schlüssel?", fluchte sie laut. In ihrer Aufregung hatte sie vergessen, dass sie ihn in das Seitenfach der Tasche gesteckt hatte.

In einer euphorischen Stimmung fuhr sie nach Hause. Schon lange hatte sie einen Mann nicht mehr so interessant gefunden. Mittlerweile war es schon späterer Nachmittag. In zwei Stunden würde ihre Schwester vorbeikommen, um sie zum Kino abzuholen. Sie beschloss, noch eine halbe Stunde auf der Couch auszuruhen. Dabei schlief sie ein und hatte einen seltsamen Traum:

Sie fuhr mit ihrem Auto auf einer einsamen Landstraße. Es dämmerte bereits. Plötzlich gab es einen lauten Knall und der Wagen begann gefährlich zu schlingern. Sie brachte das Auto zum Stehen. Sie stieg aus und entdeckte links hinten einen platten Reifen. Was sollte sie jetzt tun? Sie war mutterseelenallein in dieser einsamen Gegend und es wurde dunkel.

Sie setzte sich ins Auto und plötzlich stieg Panik in ihr hoch, sie wurde so schlimm, dass es ihr förmlich die Kehle zuschnürte. Da vernahm sie aus der Ferne ein lautes Getöse, sie hörte das Wiehern von Pferden und sah das Herannahen einer Kutsche. Schnell stieg sie aus dem Auto. Die Kutsche kam näher. Auf dem Kutschbock saß ein Mann mittleren Alters. Er erblickte Marlene und rief: „Ho, ho!", bis die Pferde zum Stehen kamen. Eine mächtige schwarze Kutsche stand vor ihr, glänzend und edel in der Aufmachung. Marlenes Herz klopfte bis zum Hals. Er trug ein schwarzes Cape, darunter eine Hose, die lang und hochgeschnitten war bis zur Taille. Er hatte dunkle Haare und er sah aus, als käme er aus einer anderen Zeit. „My Lady, ich sehe, Sie brauchen Hilfe", sagte er, während er abstieg. Seine Stimme klang irgendwie vertraut.

„Ja, Sie kommen wie gerufen. Mein hinterer Reifen ist geplatzt!", rief sie ihm entgegen.

„Das haben wir gleich", meinte er.

Marlene fühlte sich jetzt seltsamerweise sehr ruhig und sie hatte Vertrauen zu ihm, obwohl sie ihn überhaupt nicht kannte. Er ging zum Auto und wie durch Zauberhand wechselte er den Reifen.

„Ihr Automobil ist jetzt wieder fahrbereit", sagte er.

Marlene staunte. „Vielen Dank! Was bin ich Ihnen schuldig?", stammelte sie.

„Nichts", sagte er und überreichte ihr ein kleines Fläschchen mit einem aus Gold verzierten Verschluss. „Darin ist eine ganz besondere Medizin, Sie werden sie noch brauchen", sagte er. Dann verschwand er so schnell, wie er gekommen war.

In diesem Moment wachte Marlene auf. „Was war das denn für ein seltsamer Traum?", murmelte sie. Sie stand auf und taumelte noch etwas benommen in die Küche. Die Intensität des Traumes steckte noch in ihren Gliedern.

Sie lief ins Bad und stellte sich unter die Dusche. Der eiskalte Wasserstrahl am Schluss gab ihr den nötigen Frischekick und brachte wieder etwas Klarheit in ihren Kopf. Die Gedanken über die heutige Bekanntschaft mit Adrian und diesen eigenartigen Traum beanspruchten den gesamten Platz in ihrem Gehirn. Ihr ganzes Sein war durchwoben von einem eigenartigen Gefühl, so als wüsste ihr Körper bereits mehr als sie. Sie machte sich schnell zurecht und wartete auf Nora, die jeden Augenblick kommen musste.

Nora und Marlene genossen den Kinoabend, beide hatten denselben Geschmack, was Filme betraf. Anschließend gingen sie noch in eine Bar, um etwas zu trinken. Marlene mochte die gemeinsamen Unternehmungen mit ihrer Schwester sehr. Als Marlene Simon bekam und Jan heiratete, wurden die Zusammenkünfte seltener. Mit der Zeit, als Nora selbst heiratete und schwanger wurde, veränderte sich auch ihre Beziehung zueinander, die Innigkeit und die Vertrautheit verschwanden mit der Zeit. Das lag wohl daran, dass das Leben auch für Nora besondere Lektionen aufbereitete, die es zu lernen und zu bewältigen galt.

Was sie jedoch beide gemeinsam hatten, war, dass sie Männer heirateten, die in ihren Gefühlsdingen unterentwickelt waren, hervorgerufen durch ihre eigenen traumatischen Geschichten und ihre Erziehung. Marlene und Nora hatten nicht gelernt, was es heißt, für sich und ihre eigenen Bedürfnisse einzustehen, oder sie überhaupt wahrzunehmen. Sie hatten gelernt, dass die Bedürfnisse der anderen wichtiger waren als ihre eigenen.

Anmerkung
Kleiner Exkurs zur dunklen Seite des Mondes

‚Der liebe Gott hat sich wohl etwas dabei gedacht, als er uns erschuf. Er hat uns nicht einfach so in die Welt gesetzt, damit wir dahinleben ohne Sinn, wie Marionetten funktionieren und schuften, bis wir ins Grab fallen. Er gab uns ein Gehirn und das allerwichtigste: ein Herz.

Er schenkte uns neben unseren Sinnesorganen auch Arme und Beine, damit wir handeln und uns fortbewegen können. Das Ganze wurde garniert mit einer Palette voll Emotionen wie Freude, Liebe, Glückseligkeit, Wut, Trauer, Angst und viele mehr. Er gab uns einen Mund, um das, was wir fühlen, auch auszudrücken.

Man hat herausgefunden, dass alles, was wir in uns aufnehmen, durch Emotionen ausgedrückt und als Erfahrung in unserem Gehirn abgespeichert wird – und das seit Anbeginn unseres Lebens. Wenn wir zum Beispiel das Glück hatten, in einer liebevollen Familie aufzuwachsen, dann empfinden wir das Leben weitgehend als sicher, wir fühlen uns geborgen und glücklich. Wir haben höchstwahrscheinlich auch später, wenn wir erwachsen sind, eine glückliche Ehe oder Beziehung.

Das Gegenteil ist der Fall, wenn wir aus einem weniger liebevollen oder zerrütteten Elternhaus kommen. Wir empfinden das Leben dann als unsicher und gefährlich. Wir haben unsere Gefühle weggesperrt, weil sie zu schmerzhaft sind. Das kann später dazu führen, dass wir dann Partner wählen, wie wir es als Kinder gewohnt waren. Die schmerzhaften Gefühle, die wir als Kind erlebt haben, werden dann auf unsere Partner projiziert.

Wir merken nicht, wie wir unbewusst die Programme und Überzeugungen unserer Eltern weiter leben. Wir kommen nicht auf die Idee, sie in Frage zu stellen, da wir sie für eine Tatsache und für sichtig halten. Erst dann, wenn wir plötzlich in leidvollen oder unerträglichen Situationen oder Beziehungen gefangen sind, fangen wir vielleicht an, diese alten Programme zu hinterfragen, sie zu löschen und durch neue zu ersetzen.

Unser Partner ist unser Spiegel. Wie das denn? Was sehen sie, wenn Sie in diesen Spiegel schauen? Sie sehen nicht nur Ihren Partner oder Ihre Partnerin, Sie sehen auch sich selbst, sozusagen die „Rückseite des Mondes". Da ist es dunkel und es ist sehr schwer, dorthin zu gelangen. Wir sehen nur die helle, strahlende Seite, das, was auch die anderen sehen. Die dunkle Seite sehen wir nicht, da sie verborgen ist. Der Mond jedoch besteht als Ganzes, jedoch nicht nur aus der hellen Seite. Um die dunkle Seite zu sehen, müssten Sie sich auf eine beschwerliche Reise machen, um zu entdecken, was sich hinter der hellen Seite verbirgt. Sie bestehen auch als ein Ganzes, also aus einer hellen und einer dunklen Seite. Wenn Sie als Ganzes wahrgenommen werden möchten, dann müssen Sie sich erst einmal selbst als Ganzes wahrnehmen, das heißt, Ihre dunkle Seite kennen. Viele haben meist Angst davor, Ihre dunkle Seite zu entdecken.

Der Mensch, neugierig, wie er ist, hat sich jedoch etwas einfallen lassen, um zur dunklen Seite des Mondes zu gelangen. Er hat Raketen und Satelliten gebaut, die es ihm ermöglichen, via Übertragung (Spiegelung) einen Blick darauf zu werfen. Als sie die dunkle Seite des Mondes beleuchteten, entdeckten sie voller Staunen, wie wunderschön und faszinierend sie eigentlich ist.

Damit Sie sich ganz fühlen, das heißt, wenn Sie auch einen Blick auf Ihre dunkle Seite werfen wollen, dann benötigen Sie keine Raketen oder Satelliten, Sie brauchen nur das perfekte Gegenüber, zum Beispiel Ihren Partner oder Ihre Partnerin. Er/Sie dient Ihnen als Übertragung beziehungsweise Spiegelung Ihrer dunklen Seite, also das, was Sie noch nicht an sich wahrgenommen und/oder geheilt haben.

Wenn Sie zum Beispiel einen Partner haben, der ständig fremd-geht und Sie anlügt, dann könnte das bedeuten, dass Sie sich selbst fremd sind und Ihr Leben vielleicht in einigen Aspekten eine Lüge ist. Sie haben also die Wahl: Sie können sich genauer unter die Lupe nehmen oder Sie können weiter so tun, als wäre nichts.

Wenn sich Ihnen gegenüber jemand respektlos verhält, dann könnte das für Sie bedeuten, dass Sie Ihre Grenzen aufzeigen soll-ten, was bedeuten würde, dass Sie sich selbst mehr wertschätzen sollten.

Alle Menschen, mit denen wir in Kontakt sind, können wertvolle Spiegel sein und so zu einer besseren Selbstwahrnehmung führen. Dadurch könnte man sich viel Ärger und Schmerz ersparen. Das allerdings erfordert von Ihnen eine gewisse Bereitschaft, Ihre Wahrnehmung zu verfeinern. Eine verfeinerte Wahrnehmung er-reichen wir durch Stille, ein beständiges Beobachten und immer wieder Rückbesinnung auf uns selbst.

Teilen Sie Ihre Gefühle liebevoll mit und hören Sie auf, Dinge zu tun, die nicht aus Ihrem Herzen kommen und fangen Sie an, Ihr Leben zu leben, für das Sie bestimmt sind.

Weitere Möglichkeiten sind, sich entsprechend Hilfe zu suchen, um Ihnen den Weg zur dunklen Seite des Mondes zu erleichtern.

Kapitel 16
Der Tag des Drachen

Am Sonntagmorgen setzte sich Marlene gleich nach dem Frühstück an den Schreibtisch, um sich ihren Lernunterlagen zu wid-
men. Sie wollte, bis Simon zurückkam, ihren gesetzten Plänen
noch einigermaßen gerecht werden. Während sie versuchte sich zu
vertiefen, schoben sich dennoch immer wieder Gedanken an Adrian dazwischen. Sie musste unverzüglich schmunzeln, als sie an
das Drama mit dem Einkaufswagen dachte. Da fing es wieder an,
genau in der Mitte ihres Körpers, dieses eigenartige Vibrieren. Es
verteilte sich wie eine sanfte Welle in ihrem gesamten Körper. Sie
schloss ihre Augen und gab sich diesem Gefühl ganz hin, Freude
umfing sie, so sanft und zart wie ein Schmetterling. Sie freute sich
darüber, seit langem wieder das Gefühl zu haben, eine Frau zu
sein. Sie badete noch ein wenig in dieser Woge der Sinnlichkeit
und Freude, bevor sie sich wieder den ernsten Dingen des Lebens
widmete.

Mittlerweile wurde es Mittag und in ihrem Magen machte sich
allmählich eine gähnende Leere breit. Sie klappte ihr Buch zu und
sprang vom Stuhl auf. Sie dehnte und streckte sich und überlegte,
was sie ihrem knurrenden Magen anbieten könnte.
Im Kühlschrank war noch ein Rest Kartoffelsalat, den sie gestern
gekauft hatte. Sie bereitete sich in der Pfanne ein vegetarisches
Schnitzel zu und verschlang es anschließend mit Genuss.
Während sie danach noch ein wenig aufräumte, kam ihr der Gedanke, Leni anzurufen. Sie musste ihr unbedingt von Adrian erzählen, es brannte ihr auf der Seele. Außerdem hatten sie schon lange
nicht mehr miteinander gesprochen. Sie wählte Lenis Nummer
und hatte Glück, denn sie war gleich selbst am Apparat.
„Hallo, meine Liebe", begrüßte Marlene Leni am Telefon.

„Marlenchen, wie schön, deine Stimme zu hören", antwortete Leni erfreut. „Wie geht es dir?"

Marlene berichtete über ihren Alltag und dann über die Bekanntschaft mit Adrian.

„Wow, Marlene! Siehst du, ich habe dir ja immer gesagt, dass du nicht alleine bleibst. Wann siehst du ihn wieder? Sieht er gut aus?"

„Das weiß ich nicht, Leni. Ich habe ihm meine Telefonnummer gegeben. Er meldet sich die nächste Zeit, außerdem kann ich überhaupt noch nichts sagen. Ich kenne ihn ja erst ein paar Stunden. Ja, er sieht gut aus, er hat so etwas Smartes an sich, du weißt ja, dass ich das mag."

„Er wird sicher bald anrufen", meinte Leni. „Aber bitte sei trotzdem vorsichtig, gell. Ich denke, du hast die Trennung noch nicht ganz verarbeitet."

„Da hast du sicher recht, Leni, aber es ist ja mittlerweile schon eineinhalb Jahre her und die Zeit mit Jan ist für mich Vergangenheit. Aber ich werde vorsichtig sein, das verspreche ich dir."

Sie plauderten noch eine Weile und beendeten das Gespräch, indem Marlene Leni versprach, sich bald wieder bei ihr zu melden.

Es war bereits kurz nach 18 Uhr, als es an der Tür klingelte. Das musste Simon sein. Marlene drückte auf den Türöffner und hörte ihn schon rufen. „Mami, ich bin da!"

„Ja, mein Schatz, komm hoch und lege deine Sachen ab."

Es war schön, ihn wieder zu sehen. Sie schloss ihn in ihre Arme und drückte ihn. Sie bemerkte, wie er sich schnell wieder aus ihrer Umarmung befreite. Marlene wunderte sich, denn er hatte sonst stets Nachholbedarf, was Aufmerksamkeit und mütterliche Zuwendung betraf.

„Wie geht's dir, Schätzlein, was hast du so gemacht?"

„Och, nichts Besonderes", meinte Simon und entzog sich ihrem fragenden Blick.

„Nichts Besonderes, aha", antwortete Marlene und betrachtete ihn eingehend. Sie fand sein Verhalten ein wenig merkwürdig. Sie wollte es dabei belassen, vielleicht wollte er einfach bloß seine Ruhe. „Hast Du Hunger?"

„Nein", war Simons Antwort.

„Soll ich dir was Feines machen?"

„Nein", Simon schüttelte mit dem Kopf und blätterte währenddessen in seinem Micky-Maus Heft, das er mitgebracht hatte.

„Ist irgendwas?", bohrte Marlene nach. Sie spürte, dass etwas nicht stimmte.

„Nein." Simon schüttelte wieder den Kopf.

„Schätzlein, wenn dir irgendetwas auf der Seele liegt, so kannst du es mir sagen, das weißt du." Marlene war jetzt leicht besorgt.

„Ja Mama, aber es ist nichts."

„Okay", sagte Marlene kurzerhand, dann überraschte sie ihn mit der Frage: „Hast du Lust, mit mir am kommenden Wochenende aufs Oktoberfest nach München zu fahren?"

Simon blickte jetzt erstaunt von seinem Heft auf. „Wirklich?"

„Ja wirklich", Marlene lachte. „Ich habe dort mit einer Bekannten ausgemacht, dass wir uns dort treffen und uns gemeinsam einen schönen Tag machen."

„Kenn ich die?", wollte er wissen.

„Ich glaube nicht, aber du wirst sie kennenlernen und sie mögen, sie hat eine Tochter, ungefähr in deinem Alter, die sie mitbringt. Na, was ist?"

„Ja, ich komme mit", antwortete Simon und sprang auf. „Jetzt habe ich doch Hunger."

Der Montag begann wie jeder Montag. Er schloss sich gefühlsmäßig dem Wochenende an. Je nachdem, wie das Wochenende war, erfüllt oder unerfüllt, spannend und ereignisreich oder langweilig und öde. Zumindest war es bei Marlene so. Sie bezeichnete ihr

Wochenende auf jeden Fall als sehr spannend und ereignisreich.
Sie startete also mit äußerst guter Laune in die neue Woche.
Es war bereits Mitte Oktober und heute pfiff ein kühler Wind um
die Häuser. Er blies die bunten Blätter meterhoch in die Luft und
einige davon verteilte er auf Marlenes Schreibtisch. Sie bemerkte
es erst, als das Fenster krachend zufiel und sie die Hinterlassen-
schaft des Windes auf ihrem Schreibtisch entdeckte. Es waren sehr
schöne Blätter, ein dunkelrotes, ein gelbes und noch drei gelbe
Ahornblätter mit braunen und roten Punkten darauf. Sie sammelte sie ein und dekorierte sie auf dem Esstisch. Darauf legte sie ein
paar Kastanien und Eicheln, die sie von einem Spaziergang mitgebracht hatte.
Inspiriert durch diese herbstlichen Impressionen, kam ihr eine
Idee. Sie könnte mit Simon heute Nachmittag Drachen steigen
lassen, das Wetter war geradezu ideal.

Als Simon vom Kindergarten kam, machte sie ihm den Vorschlag,
am Nachmittag nach draußen zu gehen, um seinen Drachen steigen zu lassen. Simon war sofort Feuer und Flamme.
„Mama, dürfen Charly und Melissa auch dabei sein?", fragte er.
Charly und Melissa waren Kinder, die in der Nachbarschaft wohnten und mit welchen er sich angefreundet hatte. Marlene freute
sich sehr darüber.
„Na klar, sie können mit dabei sein."
„Okay, ich laufe nach dem Essen gleich mal rüber."
Schließlich war es so weit und die Kinder wollten ihre wunderschönen Drachen in die Lüfte steigen lassen. Der Wind blies immer
noch kräftig. Sie liefen auf das naheliegende Feld. Marlene nahm
die Schnur von Simons regenbogenfarbenem Drachen und rannte
los, Simon lief hinter ihr her und jauchzte. Charly hatte es als erstes geschafft. Majestätisch schwebte der Drachen, der die Form
eines Adlers hatte, über ihnen. Marlene jedoch hatte ihre Mühe.

Immer wieder stürzte er, wie ein Raubvogel auf Beutefang, zielgerade nach unten. Sie war frustriert.

„Mama, gib mir den Drachen, ich will es auch probieren!", rief Simon.

Marlene übergab Simon den Drachen und er rannte los, aber auch er hatte Mühe, ihn nach oben zu bringen. Schließlich gab er schimpfend auf. Vor lauter Zorn warf er ihn auf den Boden. Er konnte sehr schnell ungeduldig und wütend werden, wenn ihm etwas nicht sofort gelang. Marlene erkannte sich selbst darin wieder und musste dabei schmunzeln.

Charly und Melissa schienen mehr Glück zu haben. Charly erklärte Simon und Marlene, wie man dieses Ding am besten zum Fliegen bringt. Simon war jetzt voll motiviert und rannte erneut los, er schaffte es tatsächlich. Sein Drachen blieb oben und wirbelte schwankend herum. Er hatte noch Mühe, ihn richtig zu lenken, doch vor lauter Eifer lief er weiter, seinen Blick stets nach oben in den Himmel gerichtet. Er übersah dabei aber den vor ihm liegenden mit Gras bedeckten Stein. Simon stolperte und fiel geradewegs in das stachelige, abgemähte Feld.

Marlene erschrak, sie lief sofort zu ihm. Simon weinte.

„Aua, aua", wimmerte er.

„Wo tut's weh, Simon?"

„Da", er deutete auf seinen linken Fuß.

Sie versuchte ihm aufzuhelfen, doch er konnte nur schwer auf seinem linken Fuß stehen. „Aua Mama, aua."

„Wir fahren sofort zum Arzt", meinte Marlene bestimmt. „Komm, ich trage dich Huckepack."

Sie schafften es, zum Auto zu kommen. Charly und Melissa liefen hinterher und transportierten Simons Drachen.

Als der Arzt Simon untersuchte, stellte er eine heftige Zerrung des linken Sprunggelenkes fest.

„Das muss jetzt stabilisiert werden und dann braucht Ihr Sohn ein paar Tage Ruhe, damit es heilen kann", meinte der Arzt. „Er sollte den Fuß in der nächsten Zeit möglichst nicht belasten."
Simon jammerte währenddessen vor sich hin. Als sie wieder zuhause waren, legte sich Simon auf die Couch.
„Mami, das tut so weh", klagte er.
„Ich weiß, mein armes Kind, aber es ist jetzt passiert, es hilft nichts. Du hast ja gehört, was der Doktor gesagt hat."
Marlene überlegte währenddessen, was sie noch tun könnte. Da fiel ihr ein, gleich morgen ihre Heilpraktikerin anzurufen, vielleicht hatte sie noch einen guten Rat. Der Abend verlief sehr unruhig. Simon wollte heute in Marlenes Bett schlafen und sie gestand es ihm zu.

Unsanftes Erwachen

Am nächsten Morgen rief sie umgehend ihre Heilpraktikerin an. Marlene berichtete ihr von Simons Unfall.
„Geben Sie ihm Arnika in homöopathischer Dosierung, das ganze wiederholen Sie einmal täglich die nächsten Tage, das unterstützt den Heilungsprozess", erklärte sie Marlene.
Marlene versorgte Simon die nächsten Tage mit der homöopathischen Arznei. Er hatte sich zwischenzeitlich beruhigt und genoss die Aufmerksamkeit und Fürsorge, die ihm zuteilwurde. Marlene entschuldigte sich für die kommenden Tage im Büro, ebenso sagte sie schweren Herzens das Treffen für das Oktoberfest ab.

Das Wochenende bei seinem Vater stand bevor. Simon konnte zwar schon aufstehen und ein wenig herumhumpeln, aber Marlene wollte ihn noch zuhause behalten. Sie hatte Jan noch nicht über Simons Unfall informiert. Sie ahnte instinktiv, dass Jan wieder ein Drama daraus machen würde und sie hatte momentan keine Lust, sich seine Kommentare anzuhören.

,*Wie soll ich Simon jetzt erklären, dass er das Wochenende nicht zu seinem Vater fahren kann?*', überlegte sie sorgenvoll.

Als hätte Simon Marlenes Gedanken erraten, rief er plötzlich: „Mami, darf ich Papa anrufen? Er weiß ja noch gar nicht, was mir passiert ist."

„Ja, du weißt aber auch, Simon, dass es nicht möglich sein wird, ihn zu besuchen, dein Fuß muss noch heilen. Vielleicht ist es besser, ich spreche erst mal mit ihm."

„Nein, das will ich machen!", warf Simon energisch ein.

Er humpelte zum Telefon und wählte die Nummer seines Vaters. Er erzählte ihm den Vorfall und dass er jetzt einen verletzten Fuß habe und deshalb am Wochenende nicht zu ihm kommen könne.

„Nein Papa", hörte Marlene ihn reden, „Mama war schon dabei."

Marlene wurde hellhörig.

„Der Arzt hat aber gesagt, dass ich zuhause bleiben soll." – „Na gut, ich werde Mama fragen", hörte sie Simon reden.

„Was sollst du mich fragen, Simon, gib mir mal den Papa", hakte sie schnell nach.

Simon überreichte ihr den Hörer. Sie ging mit dem Telefon ins Schlafzimmer, um in Ruhe mit Jan zu sprechen.

„Hallo Jan."

„Sag mal, Marlene, warum hast du mich nicht sofort informiert, als das passiert ist?", wetterte Jan sogleich ins Telefon.

„Es ist ja nur eine Zerrung und er soll seinen Fuß so wenig wie möglich belasten, das ist alles", entgegnete Marlene.

„Es wäre aber deine Pflicht gewesen, Marlene! Du hast mir Wichtiges vorenthalten, was Simons Wohlergehen betrifft. Außerdem ist das kommende Wochenende meines und ich will Simon sehen, ich werde ihn also abholen."

„Jan, das wäre nicht sehr förderlich. – Und außerdem: Was regst du dich so auf? Es geht ihm gut, sein Fuß braucht nur noch etwas Ruhe."

„Bitte gib mir Simon nochmal", unterbrach er Marlene.

„„Nein, das werde ich nicht, du bringst ihn nur durcheinander."
Marlene legte auf und ging zurück ins Wohnzimmer.
„Mami, was hat Papa noch gesagt?", wollte Simon wissen.
„Ich habe ihm versucht zu erklären, dass dein Fuß noch heilen
muss und er dich am Wochenende deshalb nicht holen kann."
Marlene erwartete jetzt einen wütenden Ausbruch von Simon,
doch seltsamerweise kam keine Reaktion von ihm. Er sagte nur:
„Okay."
Marlene beruhigte sich, es schien ihm nichts auszumachen.
Die Tage vergingen und Simons Heilung schritt voran. Zwischen-
durch besuchten sie den Arzt, der Simons Fuß begutachtete und
sehr zufrieden mit dem Heilungsfortschritt war. Marlene und Simon waren darüber sehr erfreut und gönnten sich anschließend
zur Belohnung noch ein Stück Schokokuchen vom Bäcker.

Die nächste Zeit war Marlene so beschäftigt, dass sie kaum noch
an die Begegnung mit Adrian dachte. Am Mittwoch klingelte
spätnachmittags das Telefon. Simon saß im Wohnzimmer und
spielte.
„Hallo Marlene, ich hoffe, du erinnerst dich noch an mich? Ich bin
der Mann, der deinen Einkaufswagen entführt hat."
„Hallo Adrian, was für eine Überraschung", stammelte sie völlig
perplex.
„Ja, ich dachte mir, ich melde mich mal bei dir", sagte er in seiner
wohlklingenden Stimme. „Ich hoffe, dir geht es gut! Ich wollte
dich spontan fragen, ob ich dich am Wochenende zu einem Spa-
ziergang mit anschließendem Kaffee und Kuchen einladen darf?"
Marlene war wie elektrisiert, ihr Herz machte vor Freude einen
Sprung.
„Mami, mit wem sprichst du da?", hörte sie plötzlich Simon rufen.
Sie legte die Hand über die Telefonmuschel und rief: „Mit einem
Bekannten, Simon."

„Oh, ich hoffe ich störe nicht", sagte Adrian, als er merkte, dass Marlene unterbrochen wurde.

„Keinesfalls, Adrian." Sie erzählte ihm die Geschichte mit Simons verletztem Fuß.

„Das tut mir aber sehr leid, kann ich was für euch tun? Dann wird das wahrscheinlich nichts mit unserem Spaziergang?"

„Ich glaube nicht", antwortete Marlene, „vielleicht klappt es ein anderes Mal."

„Selbstverständlich", sagte Adrian, „ich würde mich dann nochmals bei dir melden, wenn das in Ordnung ist. Bitte lass es mich wissen, wenn ich in irgendeiner Weise behilflich sein kann."

„Sehr gerne, Adrian."

„Mami, wer war das?" Simon stand plötzlich in der Küche.

„Nur ein Bekannter", antwortete Marlene. „Hast du etwa gelauscht?"

„Hast du auch einen Freund?", fragte er plötzlich.

„Wie kommst du denn darauf, Simon?" Marlene war überrascht über diese Frage.

„Ach, nur so", antwortete Simon, während er zum Kühlschrank ging, um sich eine Limonade zu holen.

Marlene blickte ihn verwundert an. „Gibt es irgendwas, was du mir sagen möchtest?"

„Nö Mama." Er nahm einen Schluck aus der Limo-Flasche und ging wieder zurück ins Wohnzimmer.

„Simon, nimm dir bitte ein Glas!", rief sie ihm nach.

Marlene stand auf und holte den vollen Müllbeutel aus dem Eimer, um ihn zu entsorgen und nach der Post zu schauen. Sie öffnete den Briefkasten und entnahm zwei Briefe. Einer davon war von der Mediatorin, die sie mittlerweile völlig vergessen hatte, der andere war von Jans Anwalt. Hastig öffnete sie den Brief. Darin stand zu lesen:

Sehr geehrte Frau König,

unser Mandant, Herr Jan Völlmer, teilte uns mit, dass sie wichtige Informationen, die den gemeinsamen Sohn betreffen, unserem Mandanten vorenthalten haben. Sie haben die Pflicht, außerordentliche Dinge, die die gesundheitliche Verfassung des gemeinsamen Sohnes betreffen, unverzüglich unserem Mandanten mitzuteilen.

Wir weisen Sie darauf hin, sollte dies zukünftig nochmals der Fall sein, so sieht sich unser Mandant leider gezwungen, andere Maßnahmen geltend zu machen. Hochachtungsvoll...

Marlene konnte es nicht glauben, dass Jan wegen dieser Sache so einen Aufstand machte. Sie rannte nach oben und schmiss das Schreiben wütend auf den Küchentisch. Sie ließ sich auf den Küchenstuhl sinken und trommelte mit den Fingern nervös auf die Tischplatte. ‚*Vorher hat er sich kaum um Simons Gesundheit gekümmert und jetzt spielt er plötzlich den sorgenvollen Vater.*‘

Warum glaubte sie immer noch, er würde sich Simon zuliebe kooperativ verhalten? Sie beschloss, seinem Anwalt einen entsprechenden Brief zu schreiben. Dann öffnete sie den Brief der Mediatorin. Sie teilte Marlene mit, dass Jan zu dem Gesprächstermin, den sie ihm offeriert hatte, nicht erschienen ist und auch nicht abgesagt hatte.

Marlene fasste sich an den Kopf. Diese Nachricht zerstörte ihren letzten kleinen Hoffnungsschimmer, mit Jan eine gütliche und konstruktive Zusammenarbeit auf Elternebene zu erreichen. Sie fühlte sich schlecht. In diesem Moment verurteilte sie sich für ihren naiven Glauben, dass Jan an einer Kommunikation auf Elternebene wirklich interessiert war.

Kapitel 17
Die Macht der Gefühle

Am nächsten Tag war Marlene fest entschlossen, dem Anwalt von Jan einen Brief zu schreiben. Sie setzte sich an ihren Schreibtisch und formulierte den Brief:

Sehr geehrter Herr Rechtsanwalt,
hiermit möchte ich meine Stellungnahme zu Ihrem Schreiben abgeben und die Sachlage richtigstellen. Von Unterschlagung kann hier keine Rede sein. Mein Sohn ist beim Laufen lediglich gestürzt und hat sich dabei den linken Fuß verletzt, so wie es eben bei Kindern, die spielen, manchmal der Fall ist. Nach Feststellung des behandelnden Arztes handelte es sich um eine Zerrung des Sprunggelenkes. Er verordnete meinem Sohn Ruhe, damit die Verletzung heilen kann.
Nachdem es keine schwere Verletzung war und mein Sohn nicht im Krankenhaus lag, sah ich keine Veranlassung, dies seinem Vater sofort mitzuteilen. Ich ging davon aus, dass der Fuß bis zum nächsten Umgangswochenende des Vaters wieder in Ordnung sei, immerhin waren noch 10 Tage Zeit bis dahin. Ich werde in Zukunft nicht jeden Kratzer, jeden blauen Fleck, den sich mein Sohn durch Unachtsamkeit zufügt, meinem Exmann mitteilen.
Gleichzeitig mit Ihrem Schreiben ging auch das Schreiben der Mediatorin bei mir ein. Sie teilte mir mit, dass Ihr Mandant die Einladung zu einem gemeinsamen elterlichen Gespräch ignoriert hat, beziehungsweise zum Termin leider nicht erschienen ist. Scheinbar ist es nicht möglich, mit Ihrem Mandanten auf Elternebene zu kommunizieren, was ich sehr traurig und sehr schade finde.
Hochachtungsvoll
Marlene König

Marlene war zufrieden mit dem Schreiben und steckte es ins Kuvert. Es entsprach den Tatsachen und es zeigte auch, dass man mit ihr rechnen sollte.

Sie wollte den Brief sofort aufgeben und noch etwas einkaufen gehen. Simon spielte in seinem Zimmer. Sie öffnete die Tür und rief ihm zu, dass sie nur schnell zur Post und zum Einkaufen in den Ort fahre und gleich wieder da sei.

„Bringst du mir was mit, Mama?"

„Vielleicht, wenn du bis dahin nichts anstellst." Sie zwinkerte ihm zu und verabschiedete sich.

Heute, Freitag, war der Einkaufsmarkt wie immer, wenn es aufs Wochenende zuging, sehr belebt. Sie verrichtete schnell ihren Einkauf und die Post und freute sich, alles erledigt zu haben. Als sie wieder zurückfuhr und vor dem Haus einparkte, traute sie ihren Augen nicht, denn Jans Wagen stand davor.

Jan war nirgends zu sehen. ‚Er wird doch nicht...‘, dachte sie in steigender Erregung.

Marlene stieg eilig aus dem Auto aus, packte ihren Einkaufskorb und schloss die Tür auf. Sie lief hastig die Treppen nach oben und hörte Jan reden. Sie öffnete die Tür. Jan saß seelenruhig mit Simon am Boden und spielte mit ihm.

„Jan", sagte Marlene schroff, „was soll das, wir hatten doch ausgemacht, dass Simon..."

Jan unterbrach sie. „Wir haben gar nichts ausgemacht. Du hast einfach den Hörer aufgelegt. Ich bin hergefahren, um ihn abzuholen. Du warst nicht da und Simon war offensichtlich alleine, da bin ich ja wohl noch rechtzeitig gekommen", antwortete er in seiner selbstgefälligen Art.

„Aber..." Marlene war irritiert und fassungslos über diesen Überfall.

„Papa möchte mich mitnehmen!", rief Simon eifrig dazwischen und sprang auf, um seine Jacke zu holen.

„Moment mal", unterbrach Marlene. Sie blickte Jan wütend an. Doch dieser tat, als wäre es das Normalste der Welt, in ihre Wohnung einzufallen wie Napoleons Heer und Simon durcheinanderzubringen.

„Das geht so nicht", sagte sie zu Jan. „Du kannst hier nicht einfach in meine Wohnung platzen und ohne mich Entscheidungen bezüglich Simon treffen." Marlene spürte, wie ihr die Hitze in den Kopf stieg und sich ihr Magen zusammenzog.

Jan blickte sie an, als wäre sie nicht ganz bei Sinnen. „Das ist auch die Wohnung meines Sohnes, Marlene. Du warst nicht da, er war allein, also hat er mir aufgemacht. Wo liegt das Problem? Außerdem sagte ich dir bereits am Telefon, das ich ihn holen werde."

In diesem Augenblick kam Simon ins Zimmer. „Ich bin startbereit! Papa, wann fahren wir?"

Marlene fühlte sich vor den Kopf gestoßen und übergangen.

„Aber Simon", versuchte Marlene einzuwenden, „dein Fuß, er ist doch noch gar nicht richtig verheilt."

„Das geht schon, Mama! Außerdem hat Papa versprochen, dass wir es uns bei ihm zuhause gemütlich machen."

Marlene wurde schachmatt gelegt. Was sollte sie jetzt noch einwenden? Sollte sie jetzt vor Simon einen Streit mit Jan heraufbeschwören? Sie biss sich auf die Lippen. Am liebsten hätte sie Jan mit Pauken und Trompeten hinausbefördert.

„Was bleibt mir denn jetzt anderes übrig, Simon, als dich gehen zu lassen, obwohl ich damit nicht einverstanden bin."

Sie blickte zu Jan, der sich ein verhaltenes Grinsen nicht verkneifen konnte.

„Pass bitte auf seinen Fuß auf und creme ihn zweimal täglich ein." Sie überreichte Jan die Salbe, die sie in der Apotheke gekauft hatte. „Ich erwarte Simon am Sonntagabend wieder zurück. Bitte halte dich dieses Mal an die Vereinbarung."

Sie drehte sich zu Simon, ging in die Knie und knöpfte seine blaue Tweed-Jacke zu, die ihm sein Großvater zum Geburtstag geschenkt hatte.

„Hast du keine andere Jacke für Simon, die scheint ja eher etwas für Mädchen zu sein", bemerkte Jan spöttisch.

„Nein, das ist eine Jacke für Jungs, die ihm sein Opa geschenkt hat."

Marlene versuchte die Fassung zu bewahren, sie drückte Simon und sagte: „Pass bitte auf dich auf, mein Schatz, ich habe dich lieb." Sie gab ihm einen Kuss.

„Ja Mama, ich habe dich auch lieb!", rief Simon ihr noch im Hinausgehen zu.

Marlene lief zum Küchenfenster und schaute hinunter. Sie konnte sich die Tränen nicht verkneifen. Es waren Tränen, gemischt mit Wut und Ohnmacht. Schnell wich sie einen Schritt zurück, keiner sollte sehen, wie sehr sie das jetzt mitnahm. Sie wischte sich mit der Hand über die Augen und winkte Simon noch lächelnd zu.

Marlene atmete tief durch. Ihr wurde wieder bewusst, warum sie sich von Jan getrennt hatte. Der Himmel schickte ihr oft Zeichen, das es richtig war, obwohl sie sich manchmal Vorwürfe machte und deswegen noch Schuldgefühle bekam. Sie kam jedoch immer wieder recht schnell auf den Boden der Tatsachen zurück, dafür sorgte Jan schon. Alles, was sie wollte, war, dass Simon auf keinen Fall darunter leiden sollte und dass er möglichst unbelastet aufwachsen konnte und sie und Jan einigermaßen normal miteinander umgehen könnten, zumindest auf Elternebene. Doch das schien Jan nicht zu interessieren. Sie konnte sich des Gefühls nicht erwehren, dass er Simon gegen sie aufbrachte. Marlene liefen erneut die Tränen übers Gesicht. Plötzlich läutete das Telefon. Sie schnäuzte ihre Nase und nahm den Hörer ab.

„Hallo Marlene, ich bin's, Adrian!"

„Hallo Adrian", kam es mühsam aus ihr heraus.

„Ist etwas, Marlene, du klingst so traurig?"

Marlene druckste etwas herum, sie wollte Adrian nicht mit ihren persönlichen Geschichten belasten. „Nein, ich bin nur etwas neben mir heute."

„Ach so, dann bin ich beruhigt. Ich wollte einfach nur mal fragen, wie es euch denn zwischenzeitlich geht und ob ich was für euch tun kann?"

Marlene war gerührt über Adrians Angebot und seine Fürsorge. Sie schnäuzte sich die Nase.

„Marlene, ich spüre doch, dass etwas ist mit dir. Möchtest du es mir erzählen?"

„Ich möchte dich nicht mit meinen Problemen belasten, Adrian."

„Du belastest mich nicht damit, los sag schon."

Marlenes Herz öffnete sich, sie war so eine liebevolle Anteilnahme von einem Mann nicht gewohnt. Sie nahm ihren ganzen Mut zusammen und erzählte Adrian, was passiert ist.

Als sie fertig war, entstand eine kurze Pause. Gedanken schossen wie Pfeile durch ihren Kopf: *‚Hoffentlich habe ich jetzt nichts Falsches gesagt. Wahrscheinlich wird er sich jetzt denken, dass er eine Frau mit solchen Problemen gar nicht braucht und er wird sich jetzt rausreden.'*

„Das tut mir sehr leid, Marlene, dass dir dein Ex solche Schwierigkeiten bereitet. Ich finde das sehr unprofessionell und nicht sehr klug von ihm. Scheinbar handelt er aus verletztem Stolz heraus und übersieht dabei, dass er durch dieses Verhalten seinem Sohn schadet."

„Adrian, du hast so recht und du verstehst, was ich meine."

Marlene war jetzt sehr erleichtert. „Aber jetzt lass es gut sein, reden wir über etwas anderes." Sie wollte sich nicht noch tiefer in ihre Seele schauen lassen, dazu kannte sie Adrian noch zu wenig.

„Wie kann ich dich aufheitern?", meinte er. „Was hältst du davon, wenn wir am Wochenende was Schönes unternehmen, das bringt dich bestimmt auf andere Gedanken. Hast du Lust auf Kino morgen Abend, es läuft gerade der Film ‚Titanic' an. Anschließend könnten wir vielleicht noch was trinken gehen."

„Das ist eine wundervolle Idee", erwiderte Marlene.

„Schön, wann soll ich dich abholen?"

„Wie wäre es so gehen 9 Uhr?"

Als Marlene den Hörer auflegte, war ihre Stimmung um einiges besser. Es waren seine wohlklingende Stimme, seine tröstenden Worte, die wie eine warme Decke Marlenes traurige Seele einhüllten. Er war wie eine wohlschmeckende Medizin, die sofort wirkte.

Marlene stutzte plötzlich dabei und dachte unweigerlich an den intensiven Traum, den sie damals nach der ersten Begegnung mit Adrian hatte. Ein Schauer lief durch ihren Körper. ‚War da nicht dieser Mann mit der Kutsche, der als rettender Engel ihren platten Reifen wechselte und ihr zum Schluss dieses goldene Fläschchen überreichte und den Hinweis gab, dass sie es noch brauchen würde? War Adrian vielleicht die Medizin?'

Marlene war durch diesen Gedanken und das wohlige Gefühl wie elektrisiert. Sie hatte schon oft Dinge erlebt, die nicht von dieser Welt und vom Verstand her zu erklären waren. Für sie gab es keinen Zweifel, dass eine höhere Macht existiert, die über alles wacht.

Die Macht des Glaubens

Am nächsten Tag erwachte Marlene mit einem freudigen Gefühl in ihrem Herzen. Als sie aus dem Fenster blickte, war alles in eine dichte Nebeldecke gehüllt, doch selbst das konnte ihrer guten Laune nichts anhaben. Sie schaltete das Radio ein, es liefen gerade die Nachrichten. Der Wetterbericht verkündete sonniges und kühles Herbstwetter, nachdem sich der Nebel aufgelöst hatte. Heiter und beschwingt verrichtete sie ihre morgendlichen Tätigkeiten. Sie sang und trällerte dabei vor sich hin. Sie hatte eine gewisse Gabe, alles Belastende und Schwere schnell zu transformieren. Es war vielleicht auch ihr Naturell oder ein unbewusstes Streben, sich davon zu befreien. So wie der Nebel langsam verschwand, so löste sich plötzlich auch das Schwere in ihr auf, dass sie gestern noch gefangen hielt.

Sie glaubte an das Gute im Menschen. Dann fiel es ihr schwer zu glauben, dass Jan irgendetwas Böses im Schilde führte. Er war vielleicht immer noch verletzt darüber, dass sie ihn verlassen hatte, aber das würde sich im Laufe der Zeit schon geben, schließlich hatte er ja auch nicht gerade viel dazu beigetragen, Marlene von der Trennung zurückzuhalten. Sie konnte sich nicht erinnern, dass er sich bemühte oder dass er ein ernsthaftes Gespräch suchte, um alles wieder ins Lot zu bringen.

Marlenes Hang zur Spiritualität wurde von Jan meist belächelt und als Unsinn abgetan. Doch von alledem ließ sie sich nicht beirren. Es bereitete ihr viel Freude und es brachte ihr Trost und tiefe Erkenntnisse. Ein Leben ohne diesen wichtigen essentiellen Faktor konnte sie sich nicht vorstellen. Haben die Menschen nicht schon immer an etwas geglaubt, das ihnen half zu vertrauen, zu verstehen und zu hoffen? Ob es Gott ist, Buddha, das Universum oder Allah – jeder hat seinen eigenen Bezug. Irgendwo hatte sie einmal gelesen, dass über 80 % der Menschen religiös sind. Gerade las sie ein Buch, in welchem es darum ging, dass wir trotzdem ganz sind, auch wenn wir glauben, dass wir zerbrochen sind und dass unser Leben eigentlich zum ersten Mal zusammengefügt wird, wenn wir meinen, es zerfalle. Diesen Aspekt fand sie höchst interessant und er bewegte sie sehr. Die Erkenntnis, dass ihr zerbrochenes Leben zusammengefügt wurde, gefiel ihr, ja, beflügelte sie geradezu.

Mittlerweile wurde es 18 Uhr. Adrian würde bald da sein. Sie sprang schnell unter die Dusche. Sie cremte sich mit ihrer Lieblingslotion ein und designte ihr Gesicht mit Lidschatten, Puder und Mascara. Sie liebte es, sich schön zu machen, noch dazu für den heutigen Abend. Dann wählte sie eine enge schwarze Hose und darüber einen legeren weißen Pulli mit Trompetenärmeln, der ihre Figur umschmeichelte. Es war kurz vor 19 Uhr. Sie war aufgeregt, denn es war ihr erstes Date nach langer Zeit. Dann hörte sie das Geräusch eines Autos, das musste er sein. Sie spähte aus dem Fenster und sah Adrians Wagen herfahren. Sie schlüpfte in ihre Stiefeletten und stöckelte die Treppe hinunter. Als sie die Tür öffnete, stand er vor ihr, in der Hand einen kleinen gebundenen Strauß aus gelben und weißen Rosen.

„Oh, der ist aber schön", sagte Marlene geschmeichelt, „der muss aber schnell noch in die Vase."

Adrian übergab ihr die Blumen. „Ja, ich warte einstweilen im Auto."

So ein Gentleman, dachte Marlene, während sie nach oben lief und eine Vase suchte. Sie mochte diese Art von Männern, die sie aufmerksam, aber nicht aufdringlich umwarben. Sie hatte genug erlebt, was Männer betraf, um zu wissen, was sie wollte und was sie nicht mehr wollte. Auf keinen Fall wollte sie mehr einen Mann, der sich aufbläst wie ein Kugelfisch und später zusammenschrumpft wie eine Flunder.

Während der Fahrt ins Kino unterhielten sie sich ungezwungen und sie bemerkte seinen feinen Humor. Das war schon mal ein weiterer Pluspunkt. Das Kino war natürlich randvoll. Adrian hatte vorsorglich zwei Plätze reservieren lassen. Der Film hatte Überlänge und es war mittlerweile 22.30 Uhr, als sie das Kino verließen. Es hatte geregnet.

„Hast du noch Lust, was trinken zu gehen?", meinte Adrian. „Ich kenne da eine kleine nette Bar, sie ist gleich um die Ecke."

Marlene nickte.

Sie liefen auf der regennassen Straße durch die Stadt, buntes Herbstlaub lag überall verstreut auf dem nassen Pflaster und ein würziger Duft durchzog die Nacht. Der Wind wirbelte die Blätter auf und erzeugte wie ein Prisma immer wieder neue Strukturen und Farben.

Sie standen vor der Bar. Adrian öffnete die Tür und schon kam ihnen ein Schwall lauten Gemurmels und Gelächters entgegen. Er half ihr aus dem Mantel. Sie fanden noch zwei freie Plätze an einem Tisch in einer Ecke. Auf dem Tisch stand eine kleine Lampe im Tiffany-Stil, die eine warme Atmosphäre erzeugte. Die Einrichtung der Bar erinnerte Marlene an ein englisches Pub. Der eckige Tresen war in braunem Holz gehalten und mit einer goldenen Umrandung versehen, an der Decke erstrahlten Leuchten, die ebenfalls im Tiffany-Look buntes Licht in Regenbogenfarben an die Wände warfen.

„Wie heißt diese Bar eigentlich?", wollte Marlene wissen. „Sie erinnert mich an ein englisches Pub."

„Wir sitzen in ‚Charlys Bar'. Du hast recht, sie erinnert mich tatsächlich ein bisschen an meine Heimat", antwortete Adrian.

„Die Bar ist mir noch nie aufgefallen, aber ich bin eher selten hier in dieser Gegend", bemerkte Marlene, während sie ihre vom Wind zerzausten Haare ordnete.

Adrian schnippte mit dem Finger nach dem Kellner. Ein jüngerer Mann mit schwarzer Schürze, auf welcher in roter Schrift „Jack Daniels" stand, kam herbei, um die Bestellung entgegenzunehmen. Marlene bestellte einen kleinen Kaffee und Adrian einen Roséwein.

„Warst du denn schon einmal in England?", wollte Adrian wissen.

„Ja, aber das ist schon sehr lange her. Die Abschlussfahrt der Schule ging damals nach London. Das war für mich schon ein tolles Erlebnis. Ich habe mich damals richtig in England verliebt."

„Du hast dich in England verliebt? In wen denn?"

Marlene musste lauthals lachen. „Oh nein, ich habe mich in das Land verliebt, nicht in einen Engländer."

„Aha", sagte Adrian und lachte jetzt ebenfalls. „Ich hoffe, du hattest einen guten Eindruck von den Engländern."

Marlene nickte, dabei bemerkte sie Adrians intensiven Blick. Sie errötete. Sie fühlte sich in diesem Augenblick wieder wie ein Schulmädchen. Sie war schon immer schüchtern gewesen, das blieb bis heute so, wenn sie merkte, dass sich ein Mann für sie interessierte. In solchen Momenten wusste sie nicht, wie sie sich verhalten sollte. Adrian gefiel ihr, das machte es besonders schwer. Wenn ihr jemand nicht gefiel, hatte sie keine Mühe, kokett und frech zu sein.

„Vielleicht möchtest du mit mir einmal nach Bath kommen, dort gibt es viel zu sehen."

„Dazu müsste ich dich erst einmal näher kennenlernen", antwortete Marlene.

„Dazu haben wir doch jetzt Zeit, oder meinst du nicht?" Adrian blickte ihr wieder tief in die Augen. Er nahm ihre Hand und legte sie in seine.

Marlene stockte der Atem. Die Wärme seiner Hände durchströmte ihren ganzen Körper, es war ein sinnliches Gefühl. Noch nie hatte sie etwas Derartiges erlebt. Seine Hände hatten etwas Magisches. Es war, als schloss er mit seinen Händen etwas in ihr auf, das seit Ewigkeiten darauf wartete, endlich erweckt zu werden. Sie räusperte sich verlegen und antwortete: „Wir werden sehen." Dann entzog sie ihm rasch ihre Hand.

Sie unterhielten sich noch sehr angeregt und hatten darüber völlig die Zeit vergessen. Marlene blickte auf ihre Uhr, mittlerweile war es Mitternacht.

„Adrian, ich glaube, es ist Zeit zu gehen."

„Schade, ich könnte mich noch stundenlang mit dir unterhalten, aber du hast recht, es ist schon spät."

Während der Heimfahrt hatte der Redefluss nachgelassen. Sie saßen stillschweigend im Auto, so, als würde jeder von ihnen die heutigen Eindrücke in sich nachwirken lassen. Als sie vor Marlenes Wohnung standen, unterbrach Adrian die schweigsame Stille, indem er Marlene fragte, ob sie vielleicht morgen Lust auf einen Spaziergang hätte.

„Das können wir gerne machen, lass uns morgen telefonieren."

Adrian war einverstanden. Er nahm ihre Hand und küsste sie zum Abschied.

„Dann bis morgen, Marlene. Träume schön."

Die Zerreißprobe

Marlene schwebte wie auf Wolken, der gestrige Abend mit Adrian hatte bei ihr einen tiefen Eindruck hinterlassen. Er war so anders als Jan. Bei ihm spürte sie eine aufrichtige Wärme und Zärtlichkeit, die sie bei Jan in dem Maße nie gespürt hatte. Natürlich hatte Jan auch seine Vorzüge gehabt, er war charmant, aufmerksam und großzügig. Sie fand Vergleiche eigentlich nicht sehr gut, jeder Mensch ist schließlich ein Individuum, aber in diesem Fall konnte sie nicht anders. Sie spürte einfach diesen deutlichen Unterschied. Es waren nicht das Äußere, die Umstände und das Versprechen wie bei Jan, es war etwas, was sie einzig und allein auf einer inneren Ebene fühlte, ein inneres Wissen. Sie traute diesem Gefühl noch nicht vollständig, der innere Kritiker meldete sich immer wieder bei ihr. *‚Marlene, sei vorsichtig, pass auf, dass du dich nicht wieder in einer Situation verfängst, aus der du dich gerade erst befreit hast. Du kennst diesen Adrian doch gar nicht. Vielleicht spielt er auch nur eine Rolle, um dich zu kriegen.‘*

Marlene spürte ein leichtes Unbehagen. Das Unbehagen steigerte sich in eine Angst.

Ihr Herz begann plötzlich zu rasen und alle Zweifel und Unsicherheiten brachen über sie herein. Sie empfand es wie eine Welle, die alles hinwegspülte, was an Freude und zuversichtlichen Gefühlen bezüglich Adrian vorher da war. Es war, als würde eine innere Instanz in ihr das Kommando übernehmen und versuchen, sie davon zu überzeugen, dass das mit Adrian nur eine Illusion und eine Täuschung sei. Sie kam sich plötzlich lächerlich vor, zu glauben, dass Adrian ein ernstes Interesse an ihr hätte.

Besorgt über ihre zwiespältigen Gefühle, wählte sie die Nummer ihrer Freundin Sophie.

„Sophie, ich muss mit dir sprechen. Ich weiß gerade nicht, was mit mir los ist, ich traue mir selbst nicht mehr."

„Was ist denn?", wollte Sophie wissen.

Marlene druckste ein wenig herum, bis es aus ihr herausplatzte: „Ich habe einen Mann kennengelernt und…"

„Und was?", entgegnete Sophie. „Los, erzähl schon, jetzt bin ich aber neugierig!"

Marlene erzählte ihr die ganze Geschichte mit Adrian und von ihren starken Zweifeln.

„Es scheint, dass er nett ist", bemerkte Sophie.

„Ja, ist er auch, er ist wunderbar."

„Du bist verletzt worden, Marlene, da ist es ganz natürlich, dass du misstrauisch bist."

Marlene überlegte. „Natürlich", sagte sie und fasste sich dabei an den Kopf. „Es ist die Angst, mich wieder mit einem Mann einzulassen und ihm zu vertrauen. Als ich ihn dabei mit Jan verglich, überfiel mich diese unerklärliche Angst."

Sophie stimmte ihr zu.

„Ich finde es toll, dass du so einen netten Mann kennengelernt hast. Lass es doch einfach auf dich zukommen. Ich denke, du wirst schon merken, wenn es nicht passt, schließlich hattest du ja in der Vergangenheit ein gutes Beispiel vor Augen."

„Oh ja, da magst du Recht haben, liebe Sophie. Kopf und Herz sind sich da bei mir noch uneinig."

„Manchmal ist es nicht gut, so viel zu überlegen, Marlene, denn das Ego könnte dir einen Streich spielen. Es will nämlich nicht, dass du glücklich und frei bist, es will weiterhin der Chef sein und dich in der unglücklichen Opferrolle halten. Willst Du weiterhin Opfer bleiben oder dich endlich davon befreien?"

„Ich will das natürlich auf keinen Fall, aber ich will auch nicht wieder in eine emotionale Abhängigkeit rutschen, wie es bei Jan geschah."

„Das brauchst du auch nicht", erwiderte Sophie. „Du bist zu kopflastig, mache dir keinen Stress damit. Konzentriere dich auf deine Ausbildung und genieße die Zeit mit Adrian. Du musst ihn ja nicht heiraten."

Marlene atmete auf. „Ja, meine liebe Sophie, du hast wieder mal recht. Außerdem ist ja Simon da. Ich weiß gar nicht, was er dazu sagen würde. Das ist nämlich auch noch ein wichtiger Punkt: Ich würde Adrian nur akzeptieren, wenn er auch Simon akzeptiert. Das ist für mich eine nicht verhandelbare Voraussetzung."

Sophie stimmte ihr zu. „Ich verstehe dich sehr gut, Marlene. Wenn man Mutter ist und so einen lieben Jungen hat wie du, dann würde ich das auch so sehen."

„Ja, das ist so", kommentierte Marlene. „Niemals würde ich Simon eintauschen gegen irgendeine oberflächliche Liebschaft. Sollte es wieder einen neuen Mann in meinem Leben geben, dann hat er wahrlich ein paar harte Prüfungen zu bestehen."

„Uh, wie ein Ritter, der um die Prinzessin wirbt."

Marlene und Sophie mussten lauthals lachen.

„Sophie, du immer mit deinen Scherzen", kicherte Marlene. „Aber wir werden sehen, ob er die Nüsse knacken kann, die ich ihm gebe, wenn es so weit kommen sollte. Übrigens, Adrian ist sehr humorvoll und witzig, das mag ich."

„Sehr schön, Marlene", antwortete Sophie. „Nun genieß noch deinen Sonntag und melde dich, sobald es Neuigkeiten gibt."

Marlene war froh und erleichtert, mit Sophie gesprochen zu haben. Ihr wurde bewusst, wie viel ihr diese Freundschaft bedeutete. Sophie verstand Marlenes tiefe Ängste und sie war für sie wie eine Seelenschwester.

Anmerkung

Marlene fühlte einen inneren Zwiespalt. Zum einen traf sie einen Mann, der nicht nur äußerlich, sondern auch innerlich ihren Vorstellungen entsprach. Er schien etwas Besonderes zu sein und sie fühlte sich zu ihm hingezogen. Auf der anderen Seite wollte sie auf keinen Fall einen Fehler begehen und sich wieder in eine äußere und/oder innere Abhängigkeit begeben. Sie wollte unabhängig bleiben und ihrer Bestimmung folgen. Ihr Herz wollte jedoch beides: Nähe und Unabhängigkeit. Es ist etwas Essentielles und zutiefst Menschliches und gleichzeitig etwas, wovor viele Angst haben.

Doch damit wir Nähe erfahren können, müssen wir unser Herz öffnen und uns mit dem anderen Menschen verbinden. Echte Unabhängigkeit zeigt ein hohes Maß an Verbundenheit. Falsche Unabhängigkeit bringt weder Erfolg noch Glück, sie hält uns im Widerstand fest. Das Ego lauert wie die Schlange im Hintergrund.

Chuck Spezzano sagt: „Falsche Unabhängigkeit ist eine Rolle, die uns mit zwei anderen wesentlichen Rollen in einem Teufelskreis gefangen halten, ‚Aufopferung und Bedürftigkeit‘. Wo du eine dieser Rollen findest, da sind im selben Ausmaß auch die anderen nicht weit. Der Zweck dieser Rollen ist es, uns von Partnerschaft und Fluss im Leben fernzuhalten.“

Marlenes unbewusster Drang war es, sich aus diesen Rollen zu befreien. Sie wollte echte Unabhängigkeit, Verbundenheit und im Fluss des Lebens baden. Um dies zu erreichen, gilt es die Problemmuster aus der Seelen- und/oder Ahnenebene abzulegen. Sie stand erst am Anfang ihres Befreiungsweges und Adrian schien der ideale Lehrer dafür zu sein.

Kapitel 18
Angst um Simon

Es besteht ein großer Unterschied zwischen einem gütigen Mann und einem schwachen Mann. Schwache Männer machen nervös. Gütige Männer wirken beruhigend.

M. Williamson

Während Marlene noch darüber nachdachte, was sie soeben mit Sophie besprochen hatte, klingelte das Telefon. Sie nahm den Hörer ab und es war nicht Adrian, wie sie vermutet hatte, sondern Jan.

„Hallo, ich bin's, Jan. Ich wollte dir nur mitteilen, dass Simon die nächsten Tage bei mir bleibt."

„Jan, so hatten wir das nicht vereinbart!", platzte es aus Marlene heraus. „Wir hatten doch ausgemacht, dass du Simon heute Abend wieder zurückbringst. Ich habe morgen mit Simon einen Termin beim Arzt. Es geht um seinen Fuß."

„Ich war bereits beim Arzt", erwiderte Jan. „Sein Fuß ist immer noch leicht geschwollen. Ich möchte deshalb Simon bei mir behalten und er möchte auch noch bleiben."

Marlene war sprachlos. „Ich möchte bitte mit Simon sprechen."

„Simon, Mama möchte mit dir sprechen."

„Ich will aber nicht!", rief Simon.

„Du hörst ja, was Simon dazu meint", bemerkte Jan süffisant.

„Jan", Marlenes Stimme wurde laut, „das ist nicht Simons normale Reaktion, was tust du da? Ich möchte wissen, wie es meinem Kind geht."

„Ich tu gar nichts. Und außerdem ist es auch mein Sohn, ich bringe Simon also erst am Donnerstag wieder zurück", dann legte er auf.

Wie vom Blitz getroffen und als hätte man ihr gerade einen Kübel Wasser ins Gesicht geschüttet, saß sie da. Sie brachte kein Wort über die Lippen. Alles, was sie denken konnte, war: *Oh, dieser,*

dieser verdammte... Er fällt mir vor Simon wieder in den Rücken. Was mache ich jetzt bloß? So geht das nicht, so kann er nicht mit mir und Simon umspringen.'

Marlene war so durcheinander und aus der Fassung, dass sie sofort Sophies Nummer wählte. Marlene schilderte ihr unter Tränen, was sie soeben mit Jan erlebt hatte.

„So ein Mistkerl, er benutzt Simon, um dich zu ärgern", antwortete Sophie erbost.

„Mein kleiner Junge, was soll ich bloß tun, Sophie? Er ist doch derjenige, der das alles ausbaden muss." Marlene schluchzte.

„Du wirst morgen sofort deinen Anwalt kontaktieren, er hält sich nicht an die Vereinbarungen und macht was er will. Er ist ein Narzisst. Narzissten können sich in andere nicht einfühlen und sind nur auf ihren eigenen Vorteil bedacht."

„Das ist wohl offensichtlich!", rief Marlene jetzt voller Zorn.

„Du brauchst jetzt einen klaren Kopf, Marlene."

„Ja, du hast recht. Danke, Sophie, für deine Hilfe, ich gebe dir Bescheid, wenn es Neuigkeiten gibt."

Marlene konnte sich nach dem Gespräch mit Sophie nur langsam beruhigen. Sie dachte dabei an Simon und sie wusste auch, dass ihr Sohn nicht ans Telefon wollte, weil er Angst hatte. Diese Feststellung machte ihr Herz noch schwerer. Ein Kind sollte niemals Angst vor seinen Eltern haben. Aber genau das unterstützte Jan. Er pflanzte die Angst in sein Herz und in seine Seele. Plötzlich fiel ihr Simons Verhalten ihr gegenüber wieder ein, als Jan ihn das letzte Mal zurückbrachte und Simon sich von ihr abwandte, als sie ihn fragte, wie sein Wochenende war. Die Verzweiflung in ihr wurde größer und auch die Sorge um Simons seelische Gesundheit.

Plötzlich kam ihr eine Idee: *,Ich werde Jan nochmals anrufen und versuchen ihm klarzumachen, was er da gerade an unserem Sohn* *vollbringt. Er muss doch einsehen, dass sein Verhalten Simons Entwicklung nicht guttut.'*

Entschlossen wählte sie Jans Nummer. Der Hörer wurde abgenommen und als Marlene ansetzen wollte, ertönte eine weibliche Stimme: „Hier bei Völlmer."

Im ersten Augenblick dachte Marlene, sie habe sich verwählt, doch sie hörte eindeutig „Völlmer", also musste sie richtig sein.

„Wer spricht da?", fragte Marlene.

„Wer sind Sie?", kam es von der weiblichen Stimme zurück.

„Hier ist Marlene König, ich möchte bitte mit Jan sprechen."

„Es tut mir leid, aber Jan ist nicht da", antwortete die fremde Frau.

„Aber ich habe doch gerade eben noch mit ihm gesprochen! Dann geben Sie mir bitte meinen Sohn", forderte Marlene energisch.

Die Frau flötete: „Simon, komm doch bitte mal ans Telefon, da ist eine Frau, die dich sprechen möchte."

Marlene traute ihren Ohren nicht.

„Tut mir leid, Frau König, aber Simon will leider nicht mit Ihnen sprechen", kommentierte sie.

Marlene wurde energisch: „Hören Sie, ich weiß nicht, wer Sie überhaupt sind und ich bin nicht ‚eine Frau', sondern die Mutter von Simon. Ich will jetzt sofort mit meinem Sohn sprechen!"

Die Frau rief nochmals nach Simon. Marlene hörte im Hintergrund plötzlich ein leises Flüstern und Kichern. Es war eindeutig Simons Lachen und Jans Stimme, die sie da vernahm. Marlene begriff nicht, was da gerade ablief. Reflexartig legte sie auf. Sie zitterte am ganzen Körper und eine explosionsartige Welle von Wut und Verzweiflung brach sich Bahn. Allmählich dämmerte ihr, welches Spielchen von Jan und dieser Frau inszeniert wurde. Ein grausames und dämonisches Spiel, in welches ihr Sohn involviert war.

Marlene fühlte sich so elend, dass sie beschloss, sich hinzulegen und an nichts mehr zu denken. Sie zog sich wortwörtlich die Decke über den Kopf und schlief tatsächlich ein. Sie schlief durch bis zum nächsten Morgen. Als sie erwachte, fühlte sie sich, als hätte man ihr trotz des ausgiebigen Schlafes alle Energie ausgesaugt. Ihr Kopf dröhnte und ihre Kehle fühlte sich trocken an. Sie stand auf und ging in die Küche, um sich ein Glas Wasser zu holen.

Das Telefon blinkte. Als sie auf den Knopf drückte, hörte sie Adrians Stimme. Sie hatte in der ganzen Aufregung vergessen, was sie mit Adrian im Auto vereinbart hatte. Sie musste so fest geschlafen haben, dass sie nicht einmal mehr das Klingeln des Telefons hörte. Marlene lauschte der Nachricht:

„Hello Marlene, it's me, Adrian", tönte seine wundervolle Stimme. „Ich wollte dich fragen, ob du Lust auf einen Spaziergang hast, das Wetter ist herrlich. Melde dich einfach kurz bei mir, ich freue mich auf deinen Rückruf."

Sie schlurfte ins Bad und als sie in den Spiegel sah, blickten sie zwei traurige Augen an. Ihr Herz wurde schwer, eine unbeschreibliche Last schien es zu erdrücken. Sie weinte, die Tränen fielen wie Bleitropfen ins Waschbecken. Die Angst um Simon brach sich erneut Bahn. ‚Ich muss eine Lösung finden, ich muss eine Lösung finden‘, hämmerte es in ihrem Kopf. ‚Wer war diese Frau? Ich muss etwas tun, sonst verliere ich meinen Sohn. Ich werde meinen Anwalt anrufen.‘

Der Schmerz und die Angst um ihren Sohn waren zugleich der Ruf ihrer inneren Kriegerin. Sie stand vor ihr in ihrer glänzenden Rüstung, das goldene Schwert an der Seite. Sie erinnerte sich an die Botschaft, die sie ihr vor langer Zeit in der Meditation einmal mitteilte: ‚Ich bin ein Teil von dir. Ich bin deine Waffe und ich bin dein Schild. Schon immer halte ich meinen Schild schützend vor dir, ohne mein Schwert zu ziehen. Wenn ich es ziehe, dann nur, um dich zu beschützen, um zu trennen, was dir nicht guttut. Eines Tages wirst du mich brauchen, dann werde ich da sein, ich werde neben dir gehen und dich begleiten. Du bist nicht allein.‘

Der Tag schien gekommen zu sein. Sie brauchte jetzt Kraft und einen klaren Kopf. Sie wollte Gerechtigkeit und Fairness, vor allem wollte sie für Simon eine glasklare Einigung und Regelung.

Sie holte das Telefon und wählte die Nummer der Rechtsanwaltskanzlei. Ihr Anwalt war gerade in einer Besprechung, die Sekretärin versprach ihr einen Rückruf. Dann rief sie Adrian an. Sie ließ das Telefon klingeln, doch scheinbar war er gerade nicht zuhause. Sie hinterließ auf seinem Anrufbeantworter eine kurze Entschuldigung und bat um Rückruf.

Es war Montag. Sie mochte eigentlich keine Montage und den heutigen erst recht nicht. Eigentlich würde Simon jetzt da sein und diese Woche noch zuhause bleiben.

Sie beschloss zu joggen, das würde ihren Kopf freipusten. Schnell zog sie ihre Sportsachen an und lief hinaus in die frische Luft. Langsam und gemächlich lief sie Richtung Wald. Über ihr zogen ein paar schwarze Krähen mit lautem Gekreische hinweg. In der Ferne hörte sie das Miauen einer Katze, dann Stille. Sie lief wie in Trance. Ihre Beine bewegten sich einfach, ohne dass sie sich sonderlich bemühte. Sie blieb stehen und sog die klare Herbstluft tief ein. Sie lief weiter in Richtung Wald. Dort machte sie manchmal Rast, um sich an einen Baum zu lehnen und ein wenig zu meditieren. Das war genau das, was sie jetzt brauchte. Als sie am Waldrand ankam, erblickte sie ihren Baum, eine wunderschöne alte Eiche, die ihre langen Äste weit nach unten ausbreitete. Wie eine Mutter breitete sie ihre Arme aus, so als wollte sie sagen: ‚Komm her, ruhe dich ein wenig aus, ich höre dir zu, Menschenkind.'

Sie setzte sich und lehnte sich an ihren knorrigen Stamm. Am Boden lagen verstreut ihre Früchte, wunderschöne große Eicheln. Sie schloss ihre Augen und ließ sich einfach auffangen und hineinfallen in ihre sanfte Umarmung. Heute stellte sie keine Fragen. Plötzlich hörte sie ein Rascheln. Als sie die Augen öffnete, huschte ein Eichhörnchen an ihr vorbei, blieb kurz stehen, blickte sie keck an und griff sich mit seinen kleinen Pfötchen eine Eichel. Marlene beobachtete es neugierig. Das Eichhörnchen schien keine Scheu zu haben, es kam sogar noch ein Stückchen näher heran. Marlene nahm sachte eine Eichel vom Boden und reichte es in seine Richtung. Das Eichhörnchen ließ sie nicht aus den Augen, es schien an Marlenes Gabe interessiert zu sein. Dann machte es eine zackige Kehrtwendung und sprang in einem Riesensatz auf die große Eiche und erklomm blitzschnell einen Ast. Marlene blickte nach oben, doch sie konnte es in dem braunen und grünen Blätterlaub nicht mehr sehen. Sie blieb noch eine Weile sitzen, bevor sie aufstand und sich allmählich zurückbegab.

Zuhause angekommen, sah sie schon den Anrufbeantworter blinken. Sie hörte die Nachricht ab, es war ihr Anwalt Herr Bischof. Marlene nahm einen Schluck Wasser und rief umgehend in der Kanzlei an. Die Sekretärin nahm den Anruf entgegen und übergab das Gespräch an Herrn Bischof.
„Guten Tag, Herr Bischof, gut, dass ich Sie erreiche."
„Was gibt's denn, Frau König?"
Marlene erzählte ihm, was vorgefallen war. Er schlug ihr vor, Jan ein Schreiben zu schicken, in welchem er ihn auf seine Pflichten gegenüber der Einhaltung des Umgangsrechtes hinweisen würde. Und sollte er sich zukünftig nicht daran halten, müsse er mit gerichtlichen Maßnahmen rechnen.
Marlene stimmte zu und bat ihn, Jan auch daran zu erinnern, den noch ausstehenden Unterhalt zu überweisen. Als sie das Gespräch beendeten, hatte sie ein flaues Gefühl im Magen. Sie ahnte, dass Jan dies als Kriegserklärung auffassen würde. Er war nicht der Typ Mann, der sich im Gütlichen einigen wollte, er, der tolle und erfolgreiche Unternehmer. Das hatte sie jetzt endgültig kapiert. Sie wusste, er würde sich allein schon vor den Anderen keine Blöße geben und als Verlierer dastehen wollen. Sie würde mit dem

Schreiben in ein Wespennest stechen, aber sie wollte sich von Jan nicht weiter diffamieren lassen.

Sie überlegte: ‚*Was hast du erwartet, Marlene? Du hast das Schlimmste getan, was man einem Narzissten antun kann: Du hast sein Ego verletzt. Du mit deinen Illusionen von Liebe. Das alles hast du ‚Disney' zu verdanken.'*

Marlene wurde durch das Klingeln des Telefons aus ihren Gedanken gerissen. Verdattert nahm sie das Gespräch entgegen und Adrians Stimme klang an ihr Ohr.

„Marlene, schön, dass ich dich jetzt erreiche! Ich habe gestern schon einmal bei dir durchgeklingelt, aber leider hatte ich Pech. Ich hoffe, dir geht's gut?"

„Na ja, wie man es nimmt", kam es geknickt zurück.

„Oh, das hört sich nicht gut an. Möchtest du erzählen?"

„Was hältst du davon, Adrian, wenn wir uns heute Nachmittag auf einen Kaffee treffen?"

„Tut mir leid, Marlene, aber heute geht es nicht. Diese Woche bin ich bis Mittwoch beruflich unterwegs. Was hältst du von Donnerstag am Nachmittag?"

Marlene überlegte kurz und antwortete: „Ja, das würde gehen. Simon kommt erst gegen Abend zurück."

„Abgemacht", antwortete Adrian. Sie vereinbarten ein Treffen in Marlenes Lieblings-Café im Ort. Sie erzählte Adrian noch ein wenig über die Aufregungen mit Jan und dass sie ihren Anwalt informiert hatte, alles andere würde sie ihm dann am Donnerstag berichten.

Marlene verbrachte die nächsten Tage mit ihrem Studium. Sie hatte viel nachzuholen. Die Ruhe tat ihr gut und sie konnte sich bestens fokussieren. Nachmittags wollte sie ihrer Mutter noch einen Besuch abstatten.

Auf der Fahrt zu ihrer Mutter fuhr sie noch kurz am Einkaufsmarkt vorbei, um ein paar Lebensmittel zu besorgen. Morgen würde

Simon wieder bei ihr sein, sie freute sich auf ihn und sie packte gleich ein paar seiner Lieblingssachen in den Einkaufswagen. Er liebte Gummibärchen über alles. Marlene suchte eine extra große Tüte für ihn aus. Dann lief sie zum Zeitungsstand, um nach der neuesten Ausgabe „Micky Maus" zu schauen.

Sie musste plötzlich daran denken, wie auch ihre Mutter ihr jeden Freitag ihre Lieblingszeitung vom Einkaufen mitgebracht hatte. Es war immer eine große Freude, wenn sie das neueste Heft in den Händen hielt. Wie ihr Sohn liebte auch sie als kleines Mädchen Micky Maus, ja sogar Asterix & Obelix gehörten zu ihrer Lieblingslektüre. Im Teenageralter wurden sie ausgewechselt durch die Zeitschrift „Bravo". Diese musste sie sich allerdings von ihrem Taschengeld kaufen. Meistens wurde sie in der Schule weitergereicht, schließlich wollte man über die neuesten Trends und Geschichten informiert sein. Damals tuschelte man noch hinter vorgehaltener Hand über Themen wie Liebe und Sex. Hier holte man sich die heißen Tipps und Informationen von „Dr. Sommer", der jede Frage zum Thema eingehend beantwortete.

Ihre Mutter öffnete die Tür und begrüßte Marlene. Marlene gab ihr einen Kuss auf die Wange.

„Möchtest du was trinken?", fragte ihre Mutter.

„Ja gerne, ein Glas Wasser bitte."

Marlene setzte sich auf die Küchenbank. Sie blickte sich um. Alles sah wie immer ordentlich aufgeräumt aus. Jedes kleine Detail stand genau am richtigen Fleck und hatte eine Hochglanz-Aura um sich. Manchmal wunderte sich Marlene, warum sie es selbst nie schaffte, dass es bei ihr auch so aufgeräumt aussah. Ihre Mutter stellte ihr ein Glas Wasser auf den Tisch und setzte sich auf den Küchenstuhl.

„Na, was gibt's Neues, Marlene? Und wo ist Simon?" Ihre Mutter blickte sie fragend an.

„Mit Jan gibt es ziemliche Probleme, was Simon und das Umgangsrecht betrifft. Er brachte Simon am Wochenende nicht zurück und als ich dort anrief, war eine fremde Frau am Telefon und Simon wollte nicht mit mir sprechen."

Marlenes Mutter schüttelte den Kopf. „Wie gibt's denn sowas?", wunderte sie sich.

Marlene zuckte mit den Schultern. Eigentlich wollte sie darüber nicht sprechen, sie wollte sich nicht mehr den Kopf zerbrechen.

Marlene erzählte, was in der letzten Zeit vorgefallen war. Währenddessen bemerkte sie, wie das Gespräch sie wieder in helle Aufregung versetzte. Und als sie erwähnte, dass sie Angst um Simon habe, meinte ihre Mutter: „Ich verstehe das einfach nicht, könnt ihr euch denn nicht einigen, dem Kind zuliebe?"

„Das versuche ich doch die ganze Zeit, Mama! Was glaubst du, was ich schon alles probiert habe! Er will Recht haben und er will mich verletzen."

„Ihr habt ein Kind miteinander und ich verstehe nicht, was es da zu streiten gibt."

Marlene sah den verständnislosen Blick ihrer Mutter.

„Mama, verstehst du nicht? Er macht, was er will, und das, was er will, ist nicht unbedingt das Beste für Simon und seine Entwicklung."

„Du wolltest die Trennung, Marlene. Ihr habt ein gemeinsames Kind und ihr müsst jetzt dem Kind zuliebe miteinander auskommen."

Marlene bemerkte, wie sie in Rage geriet. „Ja, schon, aber dazu gehören schließlich zwei."

Ihre Mutter schien nicht zu verstehen, was Marlene bewegte und was in ihr vorging. Sie unterließ weitere Bemerkungen in dieser Sache und lenkte auf ein anderes Thema.

Als Marlene wieder im Auto saß, fühlte sie sich schlecht und gereizt.

Das hätte ich mir sparen können', dachte sie genervt.

Frustriert darüber, wieder einmal an die Wand gefahren zu sein, stieg sie aus dem Auto aus. Es war spätnachmittag und es regnete leicht. Sie beschloss deshalb, sich heute einen gemütlichen und ruhigen Abend zu machen.

Kapitel 19
Erstaunliche Erkenntnisse

Am nächsten Morgen rief Marlene ihre Therapeutin an. Sie hatte das Glück, noch am Vormittag einen Termin bei ihr zu bekommen. Marlene hatte einigermaßen gut geschlafen. Sie fühlte sich gestärkt und freute sich über den kurzfristigen Termin. Nach dem Frühstück machte sie sich auf den Weg.

Frau Sellmayer begrüßte Marlene freundlich. Sie sah sehr hübsch aus in ihrer mit knallroten Mohnblumen bedruckten Bluse. Sie bot Marlene einen Platz an. Das Duftlämpchen am Fenster verströmte einen zarten Duft nach Rose und Lavendel.

„Wie kann ich Ihnen helfen, Frau König?", waren ihre einleitenden Worte.

„Ich weiß gar nicht, wo ich anfangen soll", antwortete Marlene und seufzte.

„Wie fühlen Sie sich denn gerade?", wollte Frau Sellmayer wissen.

„Wie ich mich fühle? Ich bin durcheinander und ich fühle mich irgendwie ratlos."

„Gut", meinte Frau Sellmayer, „dann schauen wir mal, wo diese Ratlosigkeit in Ihrem Körper sitzt. Entspannen Sie sich und schließen Sie die Augen."

Marlene befolgte ihre Anweisungen. Entspannt lehnte sie sich in den Stuhl zurück und schloss die Augen.

„Atmen Sie ganz ruhig ein und aus. Was spüren Sie, wenn Sie in Ihren Körper hineingehen? Ist da irgendwo eine Stelle, wo es drückt, zwickt oder eine Spannung vorhanden ist?"

Marlene konzentrierte sich. „Ja, ich spüre eine Verspannung im Schulterbereich, dort ist es ziemlich unangenehm."

„Gut, dann gehen Sie mal mit Ihrer Aufmerksamkeit ganz in diesen Bereich hinein. Sie sind ganz winzig und können dort spazieren gehen. Wie ist es da, wenn Sie sich umschauen: dunkel oder hell, kalt oder warm? Wie fühlt es sich an für Sie?"

„Es fühlt sich an, als würde ich gleich zerquetscht werden, es ist ziemlich eng."

„Bleiben Sie noch ein wenig. Was spüren Sie, wenn Sie sich dort länger aufhalten?"

„Es ist, als würde mich etwas hinunterziehen, alles wird schwer, mein ganzer Körper fühlt sich schwer an. Ich habe Angst, erdrückt zu werden."

„Was möchte die Angst Ihnen mitteilen?"

Nach einiger Zeit sagte Marlene: „Ich glaube, die Angst möchte, dass ich sie nicht einfach wieder wegschicke, sie möchte Aufmerksamkeit."

„Gut", sagte Frau Sellmayer. „Was will sie denn genau? Stellen Sie sich diese Angst als Person, als Tier oder als Farbe vor. Was zeigt sich da vor Ihrem inneren Auge?"

„Ich sehe einen Wolf, einen riesigen Wolf, der seine Zähne fletscht, seine gelben Augen funkeln mich an."

„Haben Sie den Mut, den Wolf zu fragen, was er von Ihnen braucht?", sagte Frau Sellmayer.

„Er will Liebe und Aufmerksamkeit", kam es von Marlene wie aus der Pistole geschossen.

„Schön, dann geben Sie ihm das, streicheln Sie ihn."

„Oh, er hat sich in ein süßes Hundebaby verwandelt! Ich muss ihn in die Arme nehmen und an mein Herz drücken."

„Tun Sie das, Frau König. Wenn Sie das Gefühl haben, dass es reicht und es sich gut für Sie anfühlt, dann öffnen Sie langsam wieder die Augen."

Nach einer Weile öffnete Marlene ihre Augen. Sie strahlte.

„Was war das denn?", fragte sie erstaunt.

„Sie sind Ihrer Angst begegnet, Frau König, und Sie haben ihr das gegeben, was sie im Augenblick gebraucht hat, Liebe und Aufmerksamkeit. Wie fühlen Sie sich jetzt und wie geht es Ihrer Verspannung?"

Marlene drehte ihre Schultern, bewegte ihren Kopf nach links und nach rechts.

„Besser, ich spüre mehr Leichtigkeit im Schulterbereich. Wow, das war fantastisch."

Frau Sellmayer lächelte wissend. „So ist das mit unseren Gefühlen und Emotionen", sagte sie. „Wenn wir ihnen keine Aufmerksamkeit schenken, dann muss unser Körper einspringen und uns darauf hinweisen. Er zeigt dies oftmals in Angespanntheit, Schmerz Unwohlsein oder anderen Symptomen."

Marlene nickte. Sie war noch ganz ergriffen von ihrer Erfahrung.

„Erlebnisse, die mit belastenden und unangenehmen Gefühlen verbunden sind, verschwinden nicht einfach und lösen sich auch nicht in Luft auf", erklärte Frau Sellmayer. „Um die Situation zu bewältigen oder zu überleben, werden diese momentan einfach zur Seite gelegt, das heißt, unser Körper oder Gehirn speichert diese auf der Festplatte ab. Sie sind deshalb nicht verschwunden, sondern immer noch im System, wie bei einem Computer, in diesem Fall im Unterbewusstsein. Unterschwellig steuern uns diese Erlebnisse, beziehungsweise die damit verbundenen Emotionen und Gefühle."

„Was bedeutet das genau?", wollte Marlene wissen.

„Ich gebe Ihnen ein Beispiel: Wenn jemand als Kind eine traumatische Erfahrung gemacht hat, wenn das Kind vielleicht ein Elternteil oder beide Eltern verloren hat, dann wird es diese Erfahrung im Unterbewusstsein abspeichern, auch die damit verbundenen Gefühle. Wenn es dann erwachsen ist, kann dies, sofern die Erfahrung noch nicht verarbeitet wurde, Folgen haben. Das kann zum Beispiel bedeuten, dass es sich an andere Bezugspersonen klammert, dass es abhängig wird von Liebespartnern, Ersatzeltern ...., auch wenn diese nicht unbedingt gut zu dem Kind waren oder sind. Oder es wird später vielleicht einmal Schwierigkeiten haben, echte Beziehungen zu anderen einzugehen. Dahinter kann unbewusst die Angst stehen, wieder verlassen zu werden."

Marlene nickte erstaunt. –

„Wissen Sie, ich frage mich manchmal auch, warum Frauen es heute immer noch so schwer haben. Manchmal ist trotz Emanzipation nichts davon zu spüren. Frauen verdienen heute im 20. Jahrhundert immer noch weniger, auch wenn sie die gleiche Leistung erbringen oder die gleiche Fachkompetenz haben wie ein Mann.

Für mich stand als junge Frau schon fest, dass ich frei und unabhängig sein will. Dann kamen die Männer dazwischen und meine romantische Vorstellung von Liebe, die man in diesen Hollywood-Schinken vorgelebt bekommt. Das hat doch nichts mit dem wirklichen Leben zu tun! Wenn es etwas ist, wovon ich eine Illusion ärmer geworden bin, dann ist es das. Manchmal kommt es mir so vor, als hätte ein Mann nichts anderes zu tun, als den alten überholten Rollenklischees hinterherzujagen und in einer Frau letztendlich nur die Versorgerin, die Kinderbringerin und die Heimhüterin zu sehen. Warum haben Männer heute immer noch Probleme damit, einer erfolgreichen, selbstständigen Frau auf Augenhöhe zu begegnen?"

„Hm", meinte Frau Sellmayer, „das hat sicherlich mehrere Ursachen. Wir könnten jetzt darüber diskutieren, aber so viel Zeit habe ich leider nicht mehr. Das, was ich Ihnen heute noch mit auf den Weg geben kann, ist, dass wir Menschen, wenn wir als Baby auf die Welt kommen, noch relativ frei sind von fremdem Gedankengut. Das bedeutet, wir sind noch nicht konditioniert. Erst im Laufe des Heranwachsens nehmen wir die Welt genau wahr und übernehmen unbewusst die Rollen, die Erwartungen, die Muster und Projektionen unserer Eltern, Großeltern und der Gesellschaft. Uns wurde sozusagen eine ‚fremde Software' aufgespielt.

Ich gebe Ihnen hierzu noch ein Beispiel: Ein kleines Mädchen sitzt im Wohnzimmer und spielt. Es ist ganz selbstvergessen in seinem Spiel. Es baut mit seinen Holzklötzchen große Türme, es konstruiert wahre Meisterwerke. Vielleicht ist in ihr schon die Architektin angelegt, wofür sie Talent und Fähigkeit mitbekommen hat. Die Puppe, die hinten im Eck liegt, interessiert sie nicht. Die Mutter kommt herein und sieht das. Vielleicht sagt sie: ‚Mein Kind, das ist wunderschön, was du gemacht hast, aber schau doch, deine Puppe liegt ganz traurig herum, ein Mädchen sollte sich doch darum kümmern.‘ Sie hat es vielleicht nicht so gemeint, auch die Mutter reagiert aus ihrer Prägung und Rolle heraus, die sie gelernt hat. Das Mädchen jedoch denkt sich: ‚Oh ja, Mama hat recht, ich sollte mich besser um die Puppe kümmern.‘ Das kleine Mädchen verwirft vielleicht mit der Zeit ihre Leidenschaft für Bauwerke und technische Konstrukte. Sie denkt eventuell sogar, dass ein Mädchen sowieso später einmal heiraten und Kinder kriegen wird, genau wie ihre Mutter und ihre Großmutter.“

Marlene staunte. „Oh mein Gott, stimmt! Die meisten Fähigkeiten und Talente erkennt man wirklich oft schon in der Kindheit. Viele berühmte Frauen wussten bereits als Kind, was sie später einmal werden wollen. Einige mussten jedoch, bevor sie ihren Traum lebten, erst einmal durch ein tiefes Tal gehen und sich mit familiären oder gesellschaftlichen Situationen auseinandersetzen. Das alles hat sie ausgebremst und abgelenkt. Ich habe einiges darüber gelesen, wissen Sie.“

Frau Sellmayer blickte auf die Uhr. Es war mittlerweile über eine Stunde vergangen.
„Ich habe gleich noch einen Anschlusstermin, Frau König. Wenn Sie wollen, können wir gerne noch tiefer gehen und uns anschauen, welche verborgenen Muster und Konditionierungen bei Ihnen am Wirken sind. Bis dahin können Sie sich einmal überlegen und

aufschreiben, in welchen Situationen Sie immer wieder Probleme haben. Was macht Sie wütend oder ärgerlich? Wobei gehen Sie innerlich in den Widerstand und vermeiden bestimmte Personen oder Situationen?"

Marlene war einverstanden. Sie verließ frohen Mutes die Praxis und war sehr glücklich darüber, wieder ein Stückchen weiter gekommen zu sein und neue Erkenntnisse gewonnen zu haben. Der Mittag nahte und heute Nachmittag sollte das Date mit Adrian stattfinden, bevor Simon wieder zurückkam.

Innere Widerstände

Zuhause angekommen, bereitete sie sich schnell eine Kleinigkeit zu, um ihren Hunger zu stillen.

,Ha', dachte Marlene plötzlich, ,da haben wir schon einen Widerstand: Für das Kochen hatte sie eigentlich nicht viel übrig, vor allem, wenn ein Zwang oder ein Muss dahinterstand. Sie musste dabei an ihre Großmutter denken, die jeden Tag für eine ganze Mannschaft Mittagessen zubereitete. Ihre Großeltern hatten einen handwerklichen Betrieb und einen Verkaufsladen. Großmutter versorgte tagtäglich die Arbeiter und die Familie. Nebenbei war sie noch im Geschäft und erledigte die Büroarbeit. Manchmal half Marlene ihrer Großmutter dabei, das Obst zu schälen oder den Salat für das Mittagessen zu putzen.'

In diesem Moment empfand Marlene tiefen Respekt für ihre Großmutter Anna. Sie war eine unglaublich starke Frau. Das hatte sie früher nie so gesehen. Zum einen hatte sie die Flucht aus der Heimat und die Kriegswirren zu verarbeiten. Sie hatte es geschafft, für ihre kleine Familie wieder eine neue Heimat zu finden. Ihr Mann kam damals vom Krieg nicht wieder zurück. Er wurde als vermisst gemeldet wie so viele andere Väter und Großväter in dieser schlimmen Zeit. Ihr Herz muss schwer gewesen sein. Sie hatte erhebliche Verluste zu verbuchen. Es fehlten die nötige Zeit und Ruhe, um die Vergangenheit aufzuarbeiten. Sie hatte in ihrem Leben viel gegeben und Großes geleistet. Leider kam sie selbst dabei zu kurz und auch ihre Mutter bekam wahrscheinlich nicht die Aufmerksamkeit und Liebe, die sie gebraucht hätte.

Marlene war jetzt sehr erstaunt darüber, was ein „innerer Widerstand" doch so alles zutage brachte und was Frau Sellmayer ihr heute zum Thema „alte Software" erzählte. Sie erkannte die Kraft ihrer Großmutter Anna und ihr großes Herz. Vielleicht hatte Marlene etwas von ihrer Kraft geerbt? Das wollte sie auf jeden Fall behalten! Was jedoch das Aufopfern betraf, das durfte weggehen.

Zitronentörtchen

Wenn das Leben dir eine Zitrone gibt, mach Zitronentörtchen draus.

Nach diesem erkenntnisreichen Vormittag freute Marlene sich auf die Begegnung mit Adrian. In einer halben Stunde würde sie ihn treffen. Sie machte sich noch schnell ein wenig frisch und beschloss, zu Fuß zum ausgemachten Treffpunkt zu gehen.

Der 15-minütige Fußmarsch zum Café brachte sie auf andere Gedanken. Sie lief die Allee hinunter, die mit zahlreichen Pappeln am Wegesrand gesäumt war. Ihr gefielen diese hochaufgerichteten Bäume, die so graziös und elegant wirkten. Wie feine Damen standen sie da, ihr Blätterkleid erinnerte an federleichtes, rosarotes Chiffon, das leise im Wind raschelte. Dieses Leichte und Zarte, das von diesen Bäumen ausging, berührte etwas in ihr. Etwas in ihr fiel schlagartig ab und wie durch Zauberhand entwich der letzte Rest an Schwere und Trübsal in ihr.

Sie erreichte das Café. Obwohl es schon fast Ende Oktober war, standen immer noch ein paar Tische und Stühle im Freien für die Sonnenhungrigen. Sie betrat das Café. Adrian schien noch nicht da zu sein und so setzte sie sich an den freien Tisch am Fenster. Sie bestellte sich einen Cappuccino und dazu ein feines Törtchen mit Zitronencreme. Während sie wartete, blickte sie selbstvergessen zum Fenster hinaus. Gedankenversunken nahm sie einen Schluck von dem köstlichen Cappuccino. ‚Es ist herrlich, einfach so dazusitzen und auf einen netten Menschen zu warten. Ich werde das jetzt genießen und heute keine Probleme mehr wälzen.‘

In diesem Augenblick ging die Tür auf und Adrian spazierte herein. Er kam lächelnd auf sie zu. Er sah hinreißend aus in seiner hellblauen Jeans und dem weißen Pulli, der sein leicht gebräuntes Gesicht gut zur Geltung brachte.

Sein typisch feinherbes Eau de Toilette stieg in Marlenes Nase, sie würde ihn mittlerweile unter Hunderten von Männern erkennen.

Marlene stand auf und beide küssten sich links und rechts auf die Wange. „Schön, dich zu sehen, Adrian“, begrüßte sie ihn freundlich.

Adrian erwiderte die Begrüßung, während er sich setzte. In der Zwischenzeit kam die Bedienung an den Tisch.

„Oha“, sagte Adrian ganz erstaunt, „das sieht aber lecker aus. Für mich bitte das gleiche.“

„Bist du etwa auch ein Süßer?“, fragte Marlene kokett.

„Ich muss gestehen, schon ein wenig“, erwiderte er. „Ich liebe die süßen Dinge des Lebens und du scheinbar auch, aber sprich, wie geht es dir, Marlene?“

„Mittlerweile wieder ganz gut, Adrian. Ich habe vorhin beschlossen, heute keine Probleme zu wälzen, sondern den Nachmittag zu genießen.“

„Mit mir?“, seine Augen blitzten sie dabei schelmisch an.

„Ja mit dir.“ Marlene bemerkte, wie sie dabei leicht errötete und nahm schnell einen Schluck Kaffee. „Ich muss aber spätestens bis 17.30 Uhr zuhause sein, da Simon nach Hause kommt.“

Adrian nickte. Sie führten ein sehr anregendes Gespräch. Marlene stellte überrascht fest, dass sie zu bestimmten Themen sehr ähnliche Ansichten hatten. Er sprach sehr ruhig und angenehm. Er liebte die Natur wie sie und sein vielseitiges Interesse, unter anderem auch für Psychologie, Philosophie, Spiritualität und Bücher, gefiel ihr sehr. Ganz besonders fiel ihr auf, dass ihm jegliche Wichtigtuerei oder das Bemühen, sie durch Statussymbole zu beeindrucken, fehlten.

Marlene war sehr angetan. Mittlerweile zeigte die Uhr 17.45. Beide hatten völlig die Zeit vergessen. Der Kaffee war schon längst leergetrunken und die Törtchen verspeist.

„Ich muss mich jetzt aber sputen, Adrian. Ich bin schon viel zu spät." Hektisch winkte sie der Bedienung.

„Lass mal, das mache ich", erwiderte er. „Ich fahre dich, wenn das für dich in Ordnung ist."

Marlene nickte einfach, sie würde es zu Fuß sowieso nicht mehr schaffen. Gleichzeitig überfiel sie ein unangenehmes Gefühl, dass Jan ihr daraus wieder einen Strick drehen würde. Sie hoffte, dass er noch nicht da war.

Als sie bei ihrer Wohnung ankamen, traute Marlene ihren Augen nicht. Jan stand schon vor der Tür, an der Hand Simon. Beide blickten nach oben zum Fenster.

Adrian parkte seinen Wagen und Marlene stieg hastig aus.

„Hallo mein Schatz!", rief sie laut, während sie auf die beiden zuging.

„Da bist du ja endlich!", sagte Jan genervt und blickte sie argwöhnisch an.

Sie bemerkte, wie er zu Adrians Wagen schielte. „Wir warten schon zehn Minuten, du konntest dich wohl nicht trennen?"

Marlene umarmte Simon und küsste ihn. Sie tat so, als hörte sie seine spitze Bemerkung nicht.

„Ich bin ja jetzt da, danke fürs Herbringen", lautete ihre knappe Antwort. Sie sperrte die Wohnungstür auf, Simon winkte seinem Vater noch kurz zu und dann verschwanden sie im Haus. Marlene versuchte, ihre innere Erregung vor Simon zu verbergen.

„Mama, wer war der Mann im Auto?"

„Nicht jetzt, Simon, das erkläre ich dir später. Komm, lass uns nach oben gehen und etwas essen, dabei kannst du mir erzählen, was du alles bei Papa gemacht hast."

Simon zog seine Sachen aus. Währenddessen lief sie zum Küchenfenster, um zu sehen, ob Adrians Wagen noch unten stand. Sie erblickte sein Auto, er schien zu warten. Sie überlegte nicht lange. Sie schlich sich flugs nach draußen und lief zu Adrian. Er stieg aus dem Auto aus.

„Tut mir leid für diesen Auftritt, Adrian, aber ich wollte vor meinem Ex keinen Aufruhr machen."

„Das ist überhaupt kein Problem, Marlene", antwortete er. „Wenn ich dir in irgendeiner Form helfen kann, dann lasse es mich wissen."

„Danke für dein Verständnis, Adrian. Gerne komme ich auf dein Angebot zurück, aber jetzt muss ich schleunigst wieder rein."

In diesem Augenblick ging die Haustür auf und Simon kam heraus. Er ging schnurstracks auf Adrian zu und fragte: „Wer bist du denn?"

Marlene blickte Simon überrascht an, dann schaute sie zu Adrian. Die Röte stieg ihr schlagartig ins Gesicht. Adrian reichte Simon die Hand.

„Hallo Simon, ich bin Adrian, ich habe schon viel von dir gehört. Schön, dass wir uns kennenlernen."

„Woher kennst du meine Mama?", fragte Simon forsch.

Marlene nahm Adrian schnell die Antwort aus dem Mund: „Er ist ein guter Bekannter, Simon. Wir kennen uns schon einige Zeit und er fährt jetzt nach Hause."

Simon beäugte Adrian neugierig, dann sagte er plötzlich: „Warum denn, er kann doch mit uns zu Abend essen."

„Das ist sehr nett von dir, Simon, aber ich glaube nicht, dass es deiner Mama recht sein wird."

Marlene überlegte kurz. „Das ist eine gute Idee! Kommt, lasst uns nach oben gehen, ich bereite uns etwas Leckeres zum Essen."

„Wenn du meinst, Marlene, sehr gerne."

Während Marlene in der Küche alles vorbereitete, zeigte Simon Adrian sein Zimmer. Als das Essen fertig und der Tisch gedeckt war, ging sie zu den beiden. Sie öffnete die Tür zu Simons Zimmer. Beide saßen gemütlich am Boden und spielten mit Simons Lego-Spielsachen.

„Hallo, ihr Zwei, das Essen ist fertig."

„Wir kommen gleich, Mama, nur noch fünf Minuten!"

Adrian zwinkerte Marlene zu. Marlene war immer noch überrascht über Simons Reaktion. Ebenso erstaunt war sie, wie schnell er mit Adrian warm wurde. Ihr Herz machte dabei einen Sprung. Kinder sind sehr feinfühlig und vielleicht erkannte er Adrians positives Wesen.

Als nach zehn Minuten immer noch niemand kam, rief sie laut nach den beiden.

Die zwei platzten herein und setzten sich an den Tisch.

„Guten Appetit", meinte Adrian und nahm sich ein Brötchen aus dem Brotkorb.

„Mama, Adrian hat zuhause eine Lego-Technik-Sammlung. Darf ich die mal anschauen?"

„Wir werden sehen, Simon."

„Ich habe jetzt zwei Mamas und zwei Papas", platzte es aus Simon heraus.

Marlene blickte ihn überrascht an.

„Die Henriette ist jetzt Papas neue Frau und sie hat gesagt, dass sie den Papa heiraten und ihm auch ein Baby schenken will und mir ein Geschwisterchen. Sie hat gesagt, dass wir dann eine richtige Familie sind."

„Das hat sie gesagt? War das die Frau am Telefon, als ich angerufen habe?"

Simon nickte. Adrian bemerkte Marlenes innere Aufruhr und sagte: „Weißt du, Simon, eine richtige Familie ist man auch, wenn man nicht verheiratet ist. Deine Mama ist doch auch deine richtige Familie, meinst du nicht?"

„Ja. Und der Papa hat noch gesagt, dass er sich viel Zeit nimmt für mich und ich dann das schönste und größte Zimmer bekomme – und sogar einen eigenen Fernseher."

„Aha", meinte Marlene und nahm einen Schluck aus dem Wasserglas.

Sie beendeten schweigend das Abendessen. Adrian bemerkte, wie es in Marlene rumorte. Er half Marlene noch beim Abwasch. Dann verabschiedete er sich mit den Worten: „Leider muss ich euch jetzt verlassen, aber ich verspreche dir, Simon, dass ich dir demnächst die Lego-Sammlung zeige, wenn deine Mama es erlaubt, einverstanden?"

„Okay, dann bis bald!", rief Simon. Dann stand er vom Tisch auf und lief in sein Zimmer.

Marlene bedankte sich bei Adrian für seine hilfreiche Geste.

„Wir sehen uns", sagte er und küsste Marlene auf die Wange. Dabei nahm er ihre Hand wieder in seine. „Es war schön heute mit dir – und vor allem, dass ich noch ganz unerwartet deinen Sohn kennenlernen durfte. Er ist ein toller Junge."

Marlene nickte und sagte: „Ich weiß, ich hoffe, du bist nicht entsetzt über das, was Simon vorhin von sich gegeben hat?"

„Nein, ich glaube eher, dass du darüber entsetzt warst. Mache dir nicht so viele Gedanken. Freue dich, dass er wieder da ist." Mit einem Handkuss, den er ihr noch zuwarf, verließ er Marlenes Wohnung.

‚Was für ein unglaublicher Mann', dachte sie, während sie wieder ins Haus ging. Diese Feststellung und das Gefühl, heute so beschenkt worden zu sein, ließen sie Simons Bemerkungen erst einmal vergessen.

Es war mittlerweile 20 Uhr geworden. Simon spielte noch in seinem Zimmer. Sie rief nach ihm, doch er schien sie nicht zu hören.

Sie setzte sich auf den Küchenstuhl und erst jetzt bemerkte sie ihre Erschöpfung. Die heutigen Ereignisse und Eindrücke waren überwältigend und sie brauchte immer ein bisschen länger als andere, um die Geschehnisse zu verarbeiten. Sie beschloss deshalb, heute früher schlafen zu gehen.

Als sie die Tür zu Simons Zimmer öffnete, saß er immer noch auf dem Teppich und bastelte selbstvergessen an seinem Flugzeug herum. Sie setzte sich dazu.

„Simon, mein Schatz, wie geht es dir?"

„Gut." Ohne sie anzublicken, schraubte er weiter an dem Flugzeug.

Marlene kannte ihren Sohn nur zu gut. Wenn er sehr wortkarg wurde, war er entweder müde oder es belastete ihn etwas.

„Ich glaube, du bist müde. Wie wäre es, wenn du dich fürs Bett zurechtmachst, dir deine Zähne putzt und ich dir noch eine Geschichte vorlese?"

Simon war einverstanden. Er stand auf und lief ins Bad. Marlene blieb auf dem Teppich sitzen und blickte nachdenklich vor sich hin. ‚Morgen ist auch noch ein Tag‘, dachte sie und streckte sich entspannt der Länge nach auf dem weichen Teppich aus.

Die Tür ging auf und Simon spazierte in seinem blauen Flanell-Schlafanzug herein, an seinem Kinn klebte noch ein Rest Zahnpasta. Er legte sich neben sie auf den Teppich. Marlene drehte ihren Kopf zur Seite und blickte ihn liebevoll an. Dann entfernte sie mit ihrem Daumen den weißen Fleck am Kinn. Beide lagen jetzt völlig entspannt auf dem Teppich.

Simon verschränkte seine Arme hinter dem Kopf und sagte: „Papa möchte, dass ich Weihnachten bei ihm verbringe."

„Möchtest du das auch, Simon?"

Simon zuckte mit den Schultern. „Ja, eigentlich schon. Papa will mit uns in die Berge zum Skifahren."

Marlene schluckte. Weihnachten ohne ihren Sohn, das konnte sie sich kaum vorstellen. „Du kannst doch gar nicht Skifahren, Schätzchen. Ist denn diese Henriette oder wie sie heißt, auch dabei?"

„Ja. Papa und Henriette möchten, dass ich Skifahren lerne."

„So, möchten sie das", antwortete Marlene etwas sarkastisch.

„Willst du das denn auch?" Marlene blickte ihn fragend an.

Simon zuckte mit den Schultern und gähnte dabei herzhaft.

„Weißt du, Simon, ich möchte natürlich auch gerne mit dir und Oma und Opa Weihnachten feiern. Lass uns das die nächste Zeit nochmals besprechen, außerdem muss Papa ja auch mit mir noch darüber reden. Du bist müde. Ich glaube, es ist besser, wenn du dich ausschläfst, morgen ist auch noch ein Tag."

Simon hüpfte in sein Bett. Marlene deckte ihn zu, gab ihm einen Kuss und strich liebevoll über seinen Kopf.

„Gute Nacht, mein Schatz, träum was Schönes."

„Gute Nacht, Mama."

Als Marlene später in ihrem Bett lag, versuchte sie die Ereignisse des Tages loszulassen, doch immer wieder schlichen sich Gedankenfetzen dazwischen. Sie fühlte ein seltsames Unbehagen. Sie versuchte, es zu ignorieren, doch es war außerordentlich hartnäckig. Während sie sich von einer Seite auf die andere drehte, kroch etwas hoch in ihr, es drückte schwer auf ihre Brust. In ihr rumorte es. Zum einen ärgerte sie sich darüber, dass sie nicht schlafen konnte, zum anderen...

Sie erinnerte sich schlagartig an das Telefongespräch mit der Frau und die seltsame Reaktion ihres Sohnes. Wer war diese Henriette überhaupt und warum benahm sie sich ihr gegenüber so betont freundlich? Es hatte etwas Giftiges und Unechtes an sich. Marlenes Herz klopfte bis zum Ohr, dann kroch etwas in ihrem Hals hoch, es schien ihr die Luft abdrücken zu wollen. Bei dem Gedanken an Jan und diese Frau wurde ihr plötzlich komisch im Bauch. Das Etwas kroch weiter. Plötzlich wurde ihr übel. Schlagartig sprang sie auf, rannte ins Bad und konnte ihren Kopf gerade noch über den Toilettenrand beugen, bevor es explosionsartig aus ihr herausschoss.

Marlene erschrak, sie wusch sich ihr Gesicht mit kaltem Wasser ab. ‚Was war das denn? Hatte sie eine Darminfektion? Das kann ja eine heitere Nacht werden‘, dachte sie.

Sie bereitete sich einen Kamillentee zu. Sie setzte sich zerknirscht auf das Sofa und schlürfte langsam ihren Tee. Die Wut rumorte immer noch in ihr. Marlene seufzte und langsam überfiel sie eine bleierne Müdigkeit, der Tee beruhigte ihren Magen und ihr Gemüt. Sie ließ sich einfach in ihr Bett fallen und schlief ein.

Kapitel 20
Ein halbes Jahr später, eine kurze Zusammenfassung

Simon, inzwischen 7 Jahre alt, kam im Herbst in die Schule. Für Marlene und Simon begann eine neue Epoche. Sie begleitete ihn anfangs zu Fuß in die Schule, bis er so sicher war, dass er den Weg alleine gehen konnte. Mit der Zeit gesellten sich auch andere Kinder aus der Nachbarschaft dazu, auch Simons bester Freund Tom, der ebenfalls in Simons Klasse war. Marlene schaute jeden Morgen aus dem Fenster und winkte ihnen nach, bis sie aus ihrem Blickfeld verschwunden waren. Danach setzte sie sich meistens an ihren Schreibtisch oder fuhr ins Büro.

Ein sehr aufreibendes und belastendes Jahr lag hinter Marlene. Nicht nur, dass sie versuchte ihre Ausbildung weiter voranzutreiben und Simon gerecht zu werden, es kam leider auch zu einigen heftigen Differenzen zwischen Jan und ihr.
Das letzte Weihnachten verbrachte Simon bei seinem Vater und er fuhr mit der neuen Frau von Jan in den Skiurlaub. Marlene hatte nachgegeben, nachdem Simon das Fest bei ihm verbringen wollte. Seitdem die neue Frau von Jan, Henriette, da war, kam es immer häufiger zu grenzüberschreitenden Handlungen gegenüber Marlene und Simon. Er kam oft mit völlig neuer Kleidung vom Aufenthalt beim Vater zurück. Die Sachen, die Marlene ihm gekauft hatte, brachte er zusammengeknüllt in einer Tüte zurück. Als Marlene ihn nach dem Grund fragte, bekam sie zur Antwort, dass die Kleidung, die er von Marlene hatte, billig und nicht schön sei. Marlene wies Simon darauf hin, dass die Kleidung, die sie ihm gekauft hatte, neu und modern war und sie ihm schließlich auch gefallen hatte. Simon meinte nur, er müsse die Kleidung, die sein Vater für ihn gekauft habe, das nächste Mal wieder mitbringen.
Marlene erhielt Briefe von Jans Anwalt, indem ihr Vorwürfe bezüglich des Verhaltens von Simon gemacht wurden. Er schrieb,

dass *Simon seinem Vater erzählen würde, dass sie (Marlene) stän-*
dig schimpfe und ungehalten reagiere und dass er nur noch un-
gern zur Mutter möchte. Zudem hätte sie durch ihre Ausbildung
und ihre Arbeit nicht ausreichend Zeit für ihn.

Es waren an den Haaren herbeigezogene Gründe darin aufge-
führt, die Marlene scheinbar in ein schlechtes Licht rücken und
ihre Kompetenz als Mutter in Frage stellen sollten.
Die neue Frau von Jan war mittlerweile schwanger und sie machten Simon völlig verrückt damit. Beide tauchten einmal unverhohlen an Simons Schule auf. Sie versuchten den Direktor der Schule
auf ihre Seite zu ziehen. Doch damit hatten sie kein Glück, denn
als Marlene einmal mit ihm sprach, erwähnte der Direktor ihr
gegenüber, was für ein unmögliches Verhalten Jan und seine Neue
an den Tag gelegt hatten. Marlene erkannte die Unbestechlichkeit
dieses wunderbaren Mannes, sie wusste auch, wozu Jan und Henriette fähig waren.
Wenn Simon vom Umgangswochenende zurückkam, war er oftmals übermüdet und hatte zu nichts mehr Lust. Er brauchte meistens ein paar Tage, bis er sich gesammelt hatte und beide in ihren
gewohnten Rhythmus kamen. Marlene hatte manchmal Mühe,
Simons mittlerweile sehr materielle Sichtweise in Schach zu halten
und ihm klarzumachen, das Geld, Konsum und teure Designer-
Kleidung nicht das wichtigste im Leben sind. Anfangs machte sie
noch mit und kaufte Simon teure Dinge, bis sie erkannte, was sie
da eigentlich tat. Sie wollte auf keinen Fall in das gleiche Schema
fallen wie Jan, sie wollte sich Simons Liebe und Zuneigung nicht
erkaufen, außerdem konnte sie finanziell sowieso nicht mithalten.
Sie versuchte, ihm eine andere Welt aufzuzeigen, so wie es ihr
Vater mit ihr getan hatte und wie es sich in ihre Seele eingeprägt
hatte. Sie ging mit ihm in den Wald, zeigte ihm die Schönheiten
der Natur und eröffnete ihm einen Zugang zu den Tieren. Sie förderte seine kreativen Impulse und lobte ihn für seine wunder-

schönen Bilder, die er malte. Sie erkannte in Simon ebenso die Liebe zur Natur und zu den Tieren, die sie auch hatte.

Ein weiteres Licht in Marlenes Situation war Adrian. Sie waren inzwischen auch ein Paar geworden. Marlene liebte seine sanfte und liebevolle Art, wie er mit ihr und Simon umging. Immer wieder ließ er ihr kleine Aufmerksamkeiten zukommen. Manchmal, wenn sie von einem Kleidungsstück oder einem Buch schwärmte, das sie gerade entdeckt hatte, lag es ein paar Tage später irgendwo in ihrer Wohnung. Seine magischen Hände besaßen zudem Zauberkraft. Nicht nur, dass sie wunderschön aussahen und ihren Körper oft in helle Verzückung versetzten, nein, er konnte alles, was defekt war, reparieren: ein kaputtes Regal, Simons Fahrrad oder etwas, das Marlene wahrscheinlich in den Müll geworfen hätte. Adrian nahm es einfach in seine Zauber-Hände und verwandelte es wieder in einen funktionstüchtigen Gegenstand.

Sein aufmerksames und feinsinniges Wesen war so ganz anders, als Marlene es bisher von Männern kannte. Er umwarb sie mit einer warmen und sinnlicher Zärtlichkeit und sie spürte, dass er sie respektierte. Manchmal hatte sie den Eindruck, dass ihr mit Adrian ein Engel geschickt wurde. Es gab mit Adrian niemals eine Auseinandersetzung, die sie aus der Fassung gebracht oder verstört hätte. Wenn sie einmal diskutierten, dann auf eine wertschätzende und nicht verletzende Weise. Das war es, was Marlene sich eigentlich immer wünschte: einen Geliebten und gleichzeitig einen Freund und Gefährten an ihrer Seite. Obwohl sie sich geschworen hatte, so schnell keine Beziehung mehr einzugehen, wollte sie mit diesem Mann zusammen sein. Es ergab sich einfach, ohne Kalkül und Berechnung. Natürlich hatte sie anfangs starke Zweifel und Ängste, sich wieder einzulassen. Doch sobald sie in Adrians Nähe war, schmolzen ihre Vorbehalte wie Schnee in der Sonne dahin. Adrian wurde sozusagen zum ausgleichenden Pol dieser kleinen Gemeinschaft.

Er saß oft stundenlang mit Simon im Zimmer und sie konstruierten die tollsten technischen Sachen. Sie unternahmen viel, besuchten Freunde und machten zu dritt oft lange Spaziergänge in der Natur. Simon wirkte dabei glücklich und zufrieden. Marlene war erleichtert, dass er Adrian akzeptierte. Doch das Friedvolle und Harmonische, das Adrian in Marlenes und Simons Leben brachte, sollte immer wieder massiv gestört werden...

Als sie an einem Freitagabend von einem Spaziergang zurückkamen, stand Jans Wagen vor Marlenes Haus. Marlene, Simon und Adrian waren erstaunt über das plötzliche Erscheinen von Jan. Jan erklärte, er sei gerade in der Gegend und würde Simon gerne mitnehmen. Marlene bot Simon an, dass er mit seinem Vater mitfahren könne, wenn er möchte. Zu Marlenes Verwunderung schüttelte er den Kopf. So musste Jan wieder von dannen ziehen. Lag es an dem wunderschönen Tag, den sie miteinander verbracht hatten, dass Simon nicht mit seinem Vater fahren wollte? Marlene spürte innerlich eine vage Angst, dass Jan die „Abfuhr seines Sohnes" nicht so einfach hinnehmen würde.

Der Kampf um Simon

Mittlerweile stand der Frühling vor der Tür. Marlene liebte diese Jahreszeit, wenn es draußen langsam wieder wärmer wurde und überall zarte Knospen und Blüten ihren feinen Duft verströmten. Ihr Herz wurde dabei leicht und froh und sie beschloss, Simon heute zu überraschen und ihn von der Schule abzuholen. Anschließend würden sie ins Einkaufszentrum fahren und dort gleich zu Mittag essen.

Es war 12.15 Uhr. Simon hatte um 12.30 Uhr Schluss. Schnell packte sie ihre Sachen und lief die Treppe hinunter. Sie schaute noch nach der Post und als sie den Briefkasten öffnete, lag ein braunes Kuvert darin, der Absender war vom Familiengericht. Hastig öffnete sie das Kuvert. Sie verstand im ersten Augenblick nicht, worum es ging. Jan hatte einen Antrag bezüglich dem Aufenthaltsbestimmungsrecht von Simon gestellt. Sie wurde deshalb zu einer Anhörung eingeladen.

Sie las es noch einmal und erst jetzt verstand sie, worum es ging. Jan wollte ihr Simon wegnehmen! Immer wieder las sie die Zeilen, doch da stand es schwarz auf weiß. Umgehend lief sie ins Haus, schleuderte ihre Jacke auf den Küchenstuhl und setzte sich ans Telefon, um Adrian anzurufen. Mit zittrigen Händen wählte sie seine Nummer. Sogleich hörte sie seine Stimme.

„Adrian, stell dir vor, soeben habe ich ein Schreiben vom Familiengericht erhalten. Jan hat einen Antrag bezüglich dem Aufenthaltsbestimmungsrecht gestellt, er will mir Simon wegnehmen!" Sie begann zu schluchzen.

„Marlene, beruhige dich, noch ist nicht aller Tage Abend, schließlich hast du dir ja nichts vorzuwerfen."

Jetzt konnte Marlene sich nicht mehr halten, all die zurückgehaltene Wut brach sich Bahn. „Ich traue diesem Egomanen alles zu!", zischte Marlene. „Du weißt doch, wozu er fähig ist! Und außerdem wird ihn Henriette dazu animiert haben."

„Marlene, ich verstehe deine Wut, aber sie ist jetzt völlig fehl am Platz. Du solltest jetzt ruhig bleiben. Du rufst heute noch deinen Anwalt an, er wird sich dann um alles kümmern. – Marlene?" Adrian bekam keine Antwort. „Marlene, geht's dir gut?"

„Wie soll ich da noch ruhig bleiben, Adrian?", schmetterte sie ins Telefon. „Ich lasse mir mein Kind nicht wegnehmen! Das sollen sie erst einmal versuchen! Ein Kind braucht seine Mutter! – Und außerdem: Was will er überhaupt? Er ist doch oft weg und hat überhaupt keine Zeit für Simon." Marlene war außer sich.

„Marlene, rufst du deinen Anwalt an?"

„Ja, Adrian, bitte entschuldige, aber ich musste meine Empörung jetzt rauslassen. Ich rufe ihn nach der Mittagszeit an, er ist jetzt sowieso nicht in der Kanzlei. Außerdem wird Simon gleich da sein." In diesem Augenblick klingelte es an der Tür.

„Ich muss Schluss machen, Adrian, ich melde mich später bei dir." Schnell legte sie den Hörer auf.

Marlene öffnete die Tür und Simon stapfte die Treppe hoch. Sie versuchte, locker zu klingen. „Hallo, mein Schatz."

„Hallo Mama."

„Na, wie war's heute in der Schule, habt ihr Hausaufgaben auf?"

„Ein bisschen", antwortete Simon und blickte Marlene von der Seite aufmerksam an.

„Mama, du schaust irgendwie traurig aus. Ist was?"

„Nein Simon, ist schon gut. Ich hatte gerade ein Telefongespräch, das nicht sehr angenehm war. Hast du Lust, dass wir im Einkaufszentrum Mittag essen? Ich muss sowieso noch einkaufen gehen."

„Ja klar", kam es von Simon, „aber nur, wenn wir zu ‚Mac' gehen."

Marlene war heute sowieso alles egal, also stimmte sie zu. Außerdem kam ihr die Ablenkung gerade recht. Beide fuhren Richtung Einkaufszentrum und spazierten geradewegs in Simons Lieblingsrestaurant.

Marlene mochte diese Augenblicke mit ihrem Sohn. Sie beobachtete ihn heimlich dabei, wie er genussvoll seinen Hamburger mit Pommes verspeiste. Sie liebte sein hübsches Gesicht mit den Sommersprossen über der Nase, sein dickes Haar, das er scheinbar von Marlenes Vater geerbt hatte. Sie liebte es, wie er sich wie „Wickie", der kleine Wikinger, mit seinem Zeigefinger unter der Nase rieb.

Marlene wurde es im Angesicht der Tatsachen schwer ums Herz. Nie, niemals konnte sie sich vorstellen, ohne Simon zu sein. Sie waren eine Einheit, eine Unzertrennlichkeit, ein Herz und eine Seele.

Simon blickte Marlene mit seinen tiefgründigen Augen an.

„Mama, du bist einfach komisch heute", sagte er und schob sich dabei zwei Pommes in den Mund.

„Ach, Simon", seufzte Marlene, „mir geht es heute nicht so besonders. Weißt du, manchmal ist das halt so, nicht jeder Tag ist gleich."

„Aha", meinte Simon und tauchte ein Pommes in die rote Ketchup-Soße, bevor er es in Richtung Mund bewegte. Dabei hinterließ es auf seiner Oberlippe eine feine rote Spur.

Marlene musste plötzlich schmunzeln. Sie nahm die Serviette und wischte ihm die Ketchup-Hinterlassenschaft ab. Ihr Herz wurde dabei schwer, es war voller Liebe für ihren Sohn. „Ich habe dich lieb, Simon, du bist der liebste Mensch in meinem Leben."

„Ich dich auch, Mama", antwortete Simon jetzt zufrieden und satt. „Was machen wir jetzt?"

„Heute ist so ein sonniger Tag", sagte Marlene, „lass uns doch noch in den Park gehen, dort gibt es ein Riesenrad, wir könnten eine Runde drehen."

Simon war einverstanden. Sie verbrachten einen frühlingshaften und schönen Nachmittag und Marlene vergaß dabei für ein paar Stunden ihre Sorgen. Als sie wieder zuhause waren, fiel es Marlene ein, dass sie vergessen hatte, ihren Anwalt anzurufen. Für heute war es schon zu spät. Sie beschloss deshalb, dies gleich am nächsten Tag zu erledigen.

Kapitel 21
Unangenehme Zeitgenossen

Am nächsten Morgen rief sie ihren Anwalt Herrn Bischof an und besprach mit ihm den Vorfall. Marlene wollte wissen, inwiefern dieser Antrag Gültigkeit hat und was man in so einem Fall tun könne. Er beruhigte Marlene, indem er darauf verwies, dass, um das alleinige Aufenthaltsbestimmungsrecht zu bekommen, schwerwiegende Gründe vorliegen müssen, zum Beispiel eine Kindeswohlgefährdung oder Vernachlässigung oder Misshandlung des Kindes oder ähnliches. Außerdem wäre der Termin erst in 4 Wochen, bis dahin könne man vielleicht noch etwas erreichen. Herr Bischof bat um eine Kopie des Schreibens. Alles andere würde er entsprechend veranlassen und ihr dann Bescheid geben.

Als Marlene den Hörer auflegte, war sie immer noch sehr aufgewühlt. Gestern Abend hatte sie noch mit Adrian telefoniert und er versprach, heute vorbeizukommen. Zudem stand das Umgangswochenende bei Jan bevor. Am liebsten würde sie ihre Koffer packen und mit Simon und Adrian ein paar Tage verreisen. Jan würde ihr wahrscheinlich sofort wieder einen Strick daraus drehen. Er wartete nur darauf, dass sie einen Fehler machte, aber diesen Gefallen würde sie ihm nicht tun. Für Marlene hatte es den Anschein, als würde Jan jetzt alle Register ziehen wollen.

Das Schulfest
Marlene erinnerte sich dabei an das Schulfest vor ein paar Wochen. Die Eltern sollten auch dazu beitragen. Marlene hatte extra dafür zwei Kuchen gebacken. Jan würde sicherlich auch da sein, dafür hatte Simon schon gesorgt. Simon freute sich sehr auf das Fest. Als sie dort ankamen, sah sie schon von weitem Jan und Henriette stehen. Henriette winkte Simon sogleich überschwänglich zu: „Hallo, Simon-Schatz, hier sind wir!", rief sie lauthals.

Simon begrüßte seinen Vater und Henriette und lief sogleich eilig in Richtung Flohmarkt. wo sein Freund Tom und die anderen standen. Marlene begab sich zum Kaffeestand und verteilte währenddessen Kuchen und Kaffee an die Gäste. Sie unterhielt sich gerade mit einer Bekannten, die ihr erzählte, dass Simons Vater eine Hüpfburg für die Kinder und Bratwurstsemmeln für alle zur Verfügung gestellt hatte. Als der Direktor dann in der Ansprache Jan anerkennend für seinen Beitrag zum Schulfest dankte, hätte sie am liebsten laut geschrien. Jan hatte es wieder einmal geschafft, vor Simon und den anderen groß und gönnerhaft dazustehen.

Als Marlene mit ihrer Schicht fertig war und die Ablösung kam, schaute sie nach Simon. Er war immer noch beim Flohmarkt-Stand und damit beschäftigt, die großen und kleinen Dinge, die nicht mehr gebraucht wurden, den Vorbeigehenden schmackhaft zu machen. Simon schien die Hüpfburg nicht zu interessieren, er war voll in seinem Element des „Verkaufens". Das war für Marlene zumindest eine kleine Genugtuung.

Jan und Henriette unterhielten sich angeregt mit den Lehrern und Eltern und jeder schien angetan zu sein von Jans großzügiger Unterstützung und seinem Beitrag zum Schulfest.

Er glaubt, mit seinem Geld alles und jeden kaufen zu können', dachte Marlene empört. *,Wahrscheinlich wollte er sich vor dem Direktor wieder in ein besseres Licht rücken.'*

Wenn sie zaubern könnte, dann würde sie Jan jetzt mitsamt Anhang auf eine einsame Insel verbannen, wo ihnen ihr Geld und ihre Bosheit nichts nutzen würde und sie sich dann gegenseitig zerfleischen oder von wilden Tieren gefressen würden.

Marlene und Simon blieben fast bis zum Schluss. Jan und Henriette verzogen sich schon eher. Zum Abschied warf Henriette noch ihre Fangarme nach Simon aus: „Simon, wir sehen uns ja bald wieder."

Marlene und Simon machten sich auf den Weg nach Hause. Draußen hatte es geregnet. Als Marlene zum Himmel blickte, stand über ihnen ein wunderschöner Regenbogen und leuchtete in den kräftigsten Farben.

„Schau, Simon, ein Regenbogen! Er wird uns Glück bringen!", rief sie voller Freude. Für Marlene war es ein gutes Omen. Sie hatte immer noch ein wenig Hoffnung, dass sich doch noch alles zum Guten fügen würde.

Auf dem Nachhauseweg erzählte ihr Simon begeistert, was er heute alles erlebt und verkauft hatte. *‚Wenigstens hatte Simon einen schönen Tag‘*, dachte Marlene und drückte dabei fest seine kleine Hand.

Ein unheilvoller Brief

Es klingelte an der Haustür. Durch die Sprechanlage rief der Postbote: „Ich habe ein Einschreiben für Sie, Frau König!"

Marlene ahnte Unheilvolles. Sie lief nach unten und nahm das Einschreiben entgegen. Auf dem Kuvert stand „Praxis für psychologische Gutachten-Erstellung". Sie öffnete das Kuvert und entnahm das Schreiben, in welchem folgendes stand:

Sehr geehrte Frau König,
das Familiengericht hat uns beauftragt, ein psychologisches Gutachten zur Klärung des Sorgerechts und des Umgangsrechts in Ihrer Familiensache zu erstellen. Wir bitten Sie, uns zu kontaktieren, damit wir einen Termin vereinbaren können.

Marlene legte den Brief teilnahmslos auf den Küchentisch. Plötzlich hatte sie eine Idee. Sie wählte kurzentschlossen die Nummer von Adrian. Sie erzählte ihm die aktuellen Vorkommnisse, dann fragte sie ihn im gleichen Atemzug, ob er nicht Lust auf einen Wochenend-Kurztrip hätte.

„Weißt du, Adrian, ich muss dringend meinen Kopf freikriegen. Ich habe momentan das Gefühl, als würde mich eine Lawine überrollen", äußerte Marlene und seufzte laut.

„Warum eigentlich nicht", meinte Adrian spontan. „Ich glaube, das wird uns beiden guttun, das Wetter könnte auch mitspielen. Was hast du dir denn so vorgestellt?"

Marlene freute sich über seine Zusage. Entschlossen antwortete sie: „Lass uns in die Berge fahren und ein wenig wandern. Ich kenne ein wunderschönes Hotel. Sie werden sicher ein Zimmer für uns haben. – Was meinst du? Ich werde Leni Bescheid geben, vielleicht können wir uns mit ihr und Thomas am Samstagabend zum Essen treffen."

„Ich finde die Idee wunderbar, Marlene. Wir könnten Freitagmittag losfahren und am Sonntag gegen Spätnachmittag wieder da sein."

„Das ist wunderbar!", antwortete Marlene erfreut. „Ich werde alles organisieren und gebe dir dann umgehend Bescheid."

Marlene fühlte sich jetzt viel positiver gestimmt, sie freute sich auf das Wochenende mit Adrian.

Sie war schon immer jemand gewesen, der nach Tiefschlägen wieder aufstand, sich den Staub von den Kleidern schüttelte und weiterging. Diese unerschütterliche Kraft und der starke Glaube an das Gute trieben sie stets weiter. Sie wusste nicht, woher das kam, aber es kam von ganz tief innen. Ihr wurde bewusst, wie viel sie in ihrem Leben schon bewerkstelligt und geschafft hatte. Sie hatte schon viele Herausforderungen bestanden. Einige aus Marlenes Bekanntenkreis bewunderten damals ihren Mut, sich aus dieser Ehe und von einem materiell abgesicherten Leben zu lösen, noch dazu mit einem Kind. Manche hätten wahrscheinlich abgewogen und überlegt, was besser wäre in so einer Situation, mancher hätte sich vielleicht für die Absicherung entschieden. Seltsamerweise kam das für Marlene nie in Frage. Sie konnte damals keine Beziehung weiterführen, die auf Unehrlichkeit und Lieblosigkeit basierte, nicht einen Tag länger.

Sie hasste Unehrlichkeit wie die Pest und Geld und Prestige hatten sie noch nie sonderlich beeindruckt. Während der Ehe mit Jan hatte sie auch viele Menschen kennengelernt. Es waren einige Unternehmer-Frauen dabei. In den Gesprächen ging es nur um Kinder, Männer und Mode. Wenn sie manchmal versuchte Themen anzuschneiden, die mehr in die Tiefe führten, erntete sie meist verständnislose Blicke oder das Thema wurde schnell wieder auf ein „normales Niveau" gewechselt.

Sie hatte anfangs sogar manchmal das Gefühl, als würde sie alles falsch machen und sich nicht wie eine Unternehmer-Frau verhalten. Wenn die Männer zum Beispiel eine frauenverachtende Äußerung machten, lächelten die Damen meistens dazu. Marlene jedoch konnte einfach nicht anders, sie musste manchmal laut und energisch ihre Meinung kundtun. Das kam natürlich nicht gut an. Oftmals versuchte sie sich anzupassen, aber sie fühlte sich nie richtig wohl in dieser Gesellschaft, die so gekünstelt und aufgesetzt wirkte. Mit der Zeit durchschaute sie die Oberflächlichkeit und die falsche Freundlichkeit ihr gegenüber.

Marlene rief umgehend in dem Hotel an und buchte ein Zimmer. Anschließend überlegte sie, was noch alles zu organisieren sei.

Es war bereits Mittwoch. Sie überlegte, ob sie Simon von ihrem Kurztrip erzählen sollte, entschied sich aber dagegen. Warum sollte sie dies tun, Jan würde nur wieder über sie herziehen und aus einer Mücke einen Elefanten machen. Warum also sollte sie schlafende Hunde wecken.

Am nächsten Morgen erledigte sie noch die Dinge, die wichtig waren. Sie rief bei der psychologischen Beratungsstelle an und ließ sich mit der Dame verbinden, die den Brief unterzeichnet hatte.

„Müller", vernahm Marlene am anderen Ende der Leitung.

Marlene brachte ihr Anliegen vor und wollte wissen, warum so ein Gutachten nötig sei. Die Frau erklärte ihr, dass dieses Gutachten vom Familiengericht beauftragt wurde und als Entscheidungshilfe diene, was das weitere Sorge- und Umgangsrecht für Simon betraf. Marlene vereinbarte einen Termin, der in einer Woche zuhause bei Marlene stattfinden sollte. Dort wollte sich die Psychologin ein Bild von der gesamten häuslichen Situation machen.

‚Soll sie kommen und sich ein Bild machen‘, dachte Marlene, als sie den Hörer auflegte. ‚Ich habe mir nichts vorzuwerfen.‘

Der Freitagmorgen war da. Simon und Marlene saßen am Frühstückstisch und besprachen noch einiges. Er freute sich auf das Wochenende mit seinem Vater, er war gut gelaunt und verschlang hastig sein Frühstücksbrötchen.

„Simon, bitte erledige deine Hausaufgaben ordentlich bei Papa“, ermahnte Marlene ihn. Deine Lehrerin hat mich darauf angesprochen, das in letzter Zeit deine Aufgaben nicht ordentlich gemacht wurden.“

„Ja Mama“, antwortete Simon, bevor er aufstand und seinen Schulranzen packte.

Marlene half ihm, sich anzuziehen, dann umarmte sie ihn innig. Sie mochte die Abschiede nicht, wenn er zum Vater ging. Sie hatte dabei oft ein ungutes und vages Gefühl, das sie nicht benennen konnte.

„Mein Schätzchen, pass bitte gut auf dich auf. Ich habe dich so lieb wie die ganze Welt“, sagte Marlene und breitete dabei ihre Arme aus.

„Ich habe dich auch lieb, Mama, bis Sonntag.“ Dann sprang er die Treppe hinunter und lief hinaus. Marlene blickte ihm vom Fenster aus nach. Er winkte ihr zu. Dieses Ritual verfestigte sich mit der Zeit in ihrem Herzen zu einem Bild, das unauslöschlich wurde.

Kapitel 22
In den Bergen

Berge sind stille Meister und machen
schweigsame Schüler.

J.W. Goethe

Marlene und Adrian verbrachten das Wochenende in den Bergen. Das Wetter spielte mit und sie machten eine Wanderung zur „Wildbachklamm". Anschließend belohnten sie sich mit einem Mittagessen auf einer Alm, die einen fantastischen Ausblick in die Bergwelt bot. Den Abschluss bildete ein gemeinsames Abendessen bei Marlenes Freunden Leni und Thomas. Marlene vergaß in diesen Tagen ihre Probleme, sie war froh und glücklich, hier mit Adrian zu sein, umgeben von „erhabenen Gesteinen", wie Adrian die Berge nannte. Sie erzählte Leni kurz von den Schwierigkeiten, die sie mit Jan und seiner neuen Frau hatte und dass sie auf grenzüberschreitende Weise versuchen würden, ihr Simon wegzunehmen. Sie berichtete, dass Jan einen Antrag bezüglich dem Aufenthaltsbestimmungsrecht gestellt hatte.

Leni war darüber sehr bestürzt und meinte: „Kein Mensch, der ein Herz hat, tut so etwas. Ich kann es einfach nicht glauben, dass Jan seinem Sohn die Mutter nehmen will. Ich bewundere deine Kraft, Marlene. Ich weiß nicht, was ich solchen Menschen antun würde. Er hat doch jetzt wieder eine Frau, die schwanger ist und mit der er noch ein weiteres Dutzend Kinder machen kann. Ich habe ihn wohl falsch eingeschätzt."

Gemeinsam verbrachten sie noch einen entspannten Abend, an dem viel gelacht und geredet wurde. Marlene bemerkte, wie Adrian die Zeit mit ihr genoss. Sie bemerkte auch, dass er die Berge ebenso sehr liebte wie sie. Doch leider war die Zeit viel zu kurz und Marlene und Adrian machten sich am Sonntag wieder auf die

Heimreise. Sie versprachen Leni und Thomas, im Winter mit Simon zum Skilaufen zu kommen.

Unschönes Erwachen

Als sie am Spätnachmittag wieder zuhause ankamen, ließen sie den Kurzurlaub bei Kaffee und Kuchen entspannt ausklingen.

„Bleibst du noch, bis Simon da ist? Wir könnten noch zusammen zu Abend essen", wollte Marlene wissen und blickte Adrian dabei liebevoll an.

„Gerne würde ich das", antwortete Adrian.

„Gut, dann räume ich noch schnell meine Sachen aus und schaffe ein wenig Ordnung."

Gegen 18 Uhr hörte sie Jans Auto herfahren. Sie lief zum Fenster und beobachtete, wie Simon sich von seinem Vater verabschiedete. Henriette war ebenfalls dabei und stieg aus dem Auto aus. Das Fenster war gekippt, so dass Marlene die Unterhaltung mithören konnte.

„Pass bitte auf dich auf, Simon, wir brauchen dich noch. Und Lilly-Fee braucht dich auch. Wenn etwas sein sollte, hast du ja unsere Nummer", zwitscherte Henriette und drückte ihn an ihren mittlerweile wuchtigen Bauch, so dass Simons Gesicht darin völlig verschwand.

Marlene traute ihren Ohren nicht. Was erzählte diese Frau da ihrem Sohn?

Es klingelte an der Tür. „Hey, mein kleiner Schatz", begrüßte Marlene Simon. Sie blickte ihn prüfend an und erschrak. Er sah seltsam blass aus und seine Begrüßung war sehr verhalten.

„Was ist los, Simon, geht es dir nicht gut?"

Jetzt kam auch Adrian hinzu. „Hallo Kumpel, schön, dich zu sehen!" Er klopfte ihm sanft auf die Schulter.

„Ich bin nur müde", war Simons knappe Antwort, während er seinen Beutel auspackte.

Marlene gefiel das ganz und gar nicht. Sie blickte verständnislos zu Adrian.

„Simon, setz dich mal mit Adrian ins Wohnzimmer, ich bereite währenddessen das Abendessen vor."

Simon nickte erleichtert. Er verzog sich mit Adrian ins Wohnzimmer.

Während Marlene in der Küche alles verrichtete, überfiel sie eine nie gekannte Wut auf Jan und diese Frau, die ihre Grenzen scheinbar nicht kannte.

Der Zauber des Kurztrips war wie weggeblasen. Da waren sie wieder, die unschönen Dinge, die sie für ein paar Tage in die hinterste Ecke geschoben hatte. Alles holte sie wieder ein: der Ärger, der Frust und die Auseinandersetzungen.

Sie aßen gemeinsam zu Abend. Es lag eine eigenartige Stimmung in der Luft. Es fühlte sich an, als wäre Simon noch in die Energie seines Vaters und dieser Frau eingehüllt, die sich wie eine dunkle Wolke über alle legte. Marlene schickte Simon noch unter die Dusche, bevor er ins Bett ging und bald einschlief.

Kapitel 23
Dame in Grau

Es dauerte ein paar Tage, bis wieder Normalität in Marlenes und Simons Alltag einkehrte. Marlene versuchte es deshalb zu vermeiden, über seinen Vater und Henriette zu sprechen, obwohl sie gerne gewusst hätte, wie Simon sich wirklich fühlte. Er selbst redete in letzter Zeit kaum oder nur sehr wenig darüber. Sie kannte ihren Sohn nur zu gut und deshalb ahnte sie intuitiv, dass irgendetwas faul war.

Sie saß an ihrem Schreibtisch und versuchte, sich zu konzentrieren. Das Gespräch mit der Gutachterin, das morgen stattfinden sollte, schob sich dabei immer wieder in ihre Gedanken, insbesondere die Frage, wie sie das Simon beibringen sollte. Allein die Tatsache, ihren Sohn einer solchen Situation aussetzen zu müssen, bereitete ihr Magenschmerzen.
Marlene war in ihrem Leben noch nie mit einer solchen Situation konfrontiert worden. Sie hoffte auf einen guten und ehrlichen Ausgang. Schließlich konnte man ihr nichts vorwerfen. Und außerdem nimmt man einer Mutter nicht einfach so ihr Kind weg.

Als Simon von der Schule kam, bereitete sie ihn vorsichtig auf das Gespräch mit der Psychologin vor. Sie erklärte ihm, er solle sich einfach ganz normal verhalten und ihre Fragen beantworten.
Langsam wurde sie ein wenig nervös. Sie beruhigte sich mit dem Gedanken, dass schon alles gut werden würde.
Es klingelte an der Tür. Durch die Sprechanlage meldete sich die Gutachterin Frau Müller an.
Herauf kam eine Frau mittleren Alters. Sie hatte dunkelblonde Haare, trug einen grauen Hosenanzug mit einer weißen Bluse. Marlene schätzte sie auf 40 bis 45 Jahre. Marlene begrüßte sie freundlich und führte sie hinein.

„Möchten Sie Kaffee oder ein Glas Wasser?", fragte sie die Frau.

„Nein danke", kam es von ihr zurück.

Marlene führte sie in die Küche und stellte ihr Simon vor. Simon sprang vom Stuhl auf und gab ihr höflich die Hand.

„Frau König, ich möchte zuerst mit Ihnen allein sprechen, geht das?"

„Natürlich, gerne", antwortete Marlene. Sie forderte Simon auf, einstweilen in sein Zimmer zu gehen.

Frau Müller setzte sich auf den Küchenstuhl und holte ihre Unterlagen hervor. Sie blickte Marlene über ihren Brillenrand hinweg an und stellte ihre Fragen. Sie wollte so allerlei wissen: über Marlenes Alltag mit Simon, über ihre Arbeit und ihr Studium. Sie stellte sogar Fragen über Marlenes Kindheit und ob sie schön war. Dann wollte sie natürlich auch wissen, ob es Simon hier in diesem Umfeld auch gefiele und ob er Schwierigkeiten in der Schule hätte. Marlene beantwortete gewissenhaft alle Fragen. Sie erzählte ihr auch von den Schwierigkeiten mit Jan, dass er es ihr und Simon nicht leicht machen würde. Sie berichtete, was in letzter Zeit alles vorgefallen war und dass Jan von Anfang an nicht kooperativ gewesen sei, obwohl sie alles versucht habe, einen Weg zu finden und eine Einigung zu erzielen. Sie erwähnte Jans Frau, die massiv versuchen würde, Marlene als Mutter zu verdrängen und Jan in seinem Vorgehen gegen sie unterstütze. Simon käme zudem in letzter Zeit erschöpft und durcheinander von den Umgangswochenenden zurück.

Die Gutachterin machte sich nebenbei Notizen. Es entstand eine kurze Pause, dann fragte sie: „Frau König, warum haben Sie diesen Mann geheiratet?"

Marlene war etwas erstaunt über diese Frage. Sie überlegte kurz und antwortete: „Wissen Sie, anfangs lief ja alles ganz gut. Ich dachte, er ist der Richtige. Als ich dann schwanger wurde, war das Glück perfekt. Das Seltsame war, als wir geheiratet haben, wurde plötzlich alles anders. Natürlich ist der Alltag mit einem Baby ein ganz anderer als ohne Baby. Aber ich glaube, dass allein war es nicht. Mein Exmann stürzte sich mehr und mehr in seine Arbeit und war viel unterwegs. Er kam meistens erst spät abends heim. Ich war in diesem einsamen Haus mit Simon die meiste Zeit alleine.

Mein Exmann und ich haben viel gestritten und es kam zu heftigen Auseinandersetzungen, die zu nichts führten. Zudem besprach er wichtige Dinge, die nur uns etwas angingen, stets mit seiner Mutter. Als ich dann schließlich rausgefunden hatte, dass er mit seiner Sekretärin ein Verhältnis hat, war für mich klar, dass es für uns keine Zukunft mehr gab. Simon hat in dieser Zeit sehr oft nach seinem Vater gefragt. Das, was mich eben jetzt am meisten verwundert, ist, dass er seit der Trennung plötzlich den treusorgenden Vater spielt und Simon und mich kontrolliert. Ich werde mit Anwaltsbriefen bombardiert, in denen mir Vorwürfe gemacht werden, ich würde mich zum Beispiel nicht ausreichend um meinen Sohn kümmern. Das ist einfach nicht wahr."

Marlenes Wangen glühten, als sie der Gutachterin die Geschichte erzählte. Die Frau schrieb fleißig alles mit. Das Gespräch näherte sich allmählich dem Ende. Sie klappte ihre Mappe zu und wollte jetzt noch kurz mit Simon sprechen.

Marlene führte sie in sein Zimmer. In der Zwischenzeit ging Marlene zurück in die Küche und wartete. Sie war nervös und überlegte: ‚Sollte ich vielleicht an der Tür lauschen? Was für Fragen stellte sie ihm? Hatte ich auch alles gesagt, was wichtig ist? Hatte ich vielleicht sogar etwas gesagt, was man mir ankreiden könnte?'

Marlene war nervös und fühlte sich in diesem Moment wieder wie ein kleines Mädchen, das etwas Schlimmes verbrochen hat. Sie konnte diese Frau schlecht einschätzen, sie wirkte eher kühl und distanziert wie eine undurchdringliche Mauer. Wahrscheinlich musste sie in ihrem Beruf so sein, Emotionen waren hier fehl am Platz. Marlene fiel auf, dass sie während des Gespräches kaum lächelte. ‚Vor Menschen, die nicht lachen, sei auf der Hut‘, das hatte ihre Großmutter ihr einmal gesagt.

Das Gespräch mit Simon dauerte 20 Minuten. Die Frau im grauen Hosenanzug bedankte sich bei Marlene für die Zeit und teilte ihr noch mit, dass in einer Woche die Befragung von Simon und Jan sei. Anschließend würde sie das Gutachten erstellen und dieses sei dann eine Entscheidungsgrundlage für den Richter beim Familiengericht. Marlene nickte und gab ihr die Hand.
„Auf Wiedersehen, Frau König.“
‚Hoffentlich Nie-Wiedersehen‘, dachte Marlene, als sie die Tür hinter ihr schloss.
Simon war noch in seinem Zimmer, sie öffnete vorsichtig die Tür.
„Na, war's schlimm, mein Schatz?“ Marlene setzte sich zu ihm.
„Nö.“
„Aber Mama, bitte, ich will jetzt nicht erzählen, was sie mich alles gefragt hat.“
„Okay, dann lass ich dich jetzt in Ruhe.“
Sie ging wieder hinaus und überlegte, ob sie Adrian anrufen sollte. Sie entschloss sich, bis zum Abend zu warten, wenn Simon im Bett lag. Sie hätte nur zu gerne gewusst, was die Gutachterin Simon gefragt hatte. Manchmal wäre es von Vorteil, ein Mäuschen zu sein.
Trotz des unangenehmen Besuches am Nachmittag verlief der Rest des Tages ruhig. Simon verhielt sich normal, als wäre nichts geschehen. Er wusste noch nichts davon, dass er am nächsten Wochenende bei seinem Vater die gleiche Prozedur noch einmal erleben sollte.
Am Abend berichtete Marlene Adrian vom Besuch der Gutachterin und dass sie nicht besonders sympathisch wirkte.

„Weißt du, Adrian, ich mache mir schon Sorgen um Simon, das alles macht mich sehr traurig und wütend."

„Wir warten jetzt ab, Marlene, was die Gutachterin sich für ein Bild gemacht hat. Ich denke, du hast gute Karten", beruhigte Adrian sie.

„Wir werden sehen", antwortete Marlene. „Ich kann nur hoffen, dass sie erkennt, was Simon wirklich braucht. Es kann nicht sein, dass Jan glaubt, mit Geld alles kaufen zu können. Und überhaupt: Das ständige, übertriebene Getue von den beiden, als wäre ich nicht ganz zurechnungsfähig, nervt. Jan ruft in letzter Zeit zu den unmöglichsten Zeiten an, vor kurzem sogar schon um 7 Uhr morgens, bevor Simon zur Schule musste. Ich finde, seine Kontrolle geht schon ein bisschen zu weit."

„Du könntest doch so ein Telefonat mit Jan und Simon einmal aufnehmen, vielleicht hast du damit einen Beweis für das Gericht", meinte Adrian.

„Das ist eine gute Idee, ich denke darüber nach", meinte Marlene, sichtlich erstaunt über diesen Vorschlag.

„Wir sehen uns ja morgen", sagte Adrian. „Schlaf schön und träume davon, wie ihr beide mit einem Schiff in den Sonnenaufgang segelt."

„Ja, aber du musst auch mit dabei sein", erwiderte Marlene.

Eine Woche später

Das Wochenende bei Simons Vater stand an. Sie musste Simon schonend darauf vorbereiten, dass er dieser Psychologin noch einmal Rede und Antwort stehen musste. Sie wollte auf keinen Fall, dass Simon damit überrascht wurde. Vorsichtig erzählte sie Simon am Nachmittag, was ihm bei seinem Vater bevorstand.

„Nicht schon wieder die komische Frau", war Simons genervter Kommentar.

„Ich weiß, mein Schatz", antwortete Marlene besorgt. „Das alles ist momentan bestimmt nicht einfach für dich. Wenn es nach mir ginge, würde das alles nicht stattfinden. – Warum magst du diese Frau nicht?"

„Sie stellt so komische Fragen."

Marlene bohrte nicht weiter nach. Sie hatte einfach keine Lust, Simon weiter zu beunruhigen und ihm den Nachmittag zu verderben. Um ihn abzulenken, machte sie ihm einen Vorschlag: „Wir fahren heute noch zu Oma und Opa. Sie haben dich schon eine Weile nicht mehr gesehen und sie freuen sich bestimmt."

„Nur, wenn Opa mir endlich den Gameboy kauft, er hat es mir versprochen."

„Simon, die ‚Nur wenn'-Antworten finde ich nicht angebracht. Man erweist Menschen seine Zuneigung oder Aufmerksamkeit nicht durch Bedingungen, vor allem materielle. Ich sage ja auch nicht zu dir: ‚Nur wenn du dein Zimmer aufräumst oder dies oder das machst, dann habe ich dich lieb. Ich habe dich immer lieb, auch wenn du diese Dinge nicht immer erfüllst."

„Wenn du meinst", antwortete Simon.

„Ja, das meine ich so. Wie würdest du dich fühlen, wenn Tom zu dir sagt, dass er nur mit dir zusammen ist, weil du so ein cooles Fahrrad hast?"

Simon blickte sie etwas verständnislos an. „Schon gut, Mama", meinte er jetzt sichtlich genervt.

„Ich möchte nur nicht, Simon, dass du Menschen nach dem beurteilst, was sie haben oder nicht haben, oder was sie dir geben oder nicht geben."

Marlene spürte in letzter Zeit deutlich, wie Jans Weltanschauung schon auf Simon abgefärbt hatte. Natürlich konnte sie ihm momentan nicht das bieten, was Jan ihm bieten konnte, aber dafür hatte sie andere Qualitäten. Es ist doch wunderbar, dass er sich aus zwei verschiedenen Welten das herauspicken konnte, was ihm gefiel.

Bauchgefühle

Marlene und Adrian verbrachten ein ruhiges Wochenende zuhause. Sie fühlte sich wohl, wenn Adrian um sie war, seine Art hatte etwas Balsamisches. So empfand sie es auch dieses Mal, als sie sich Sorgen machte, als sie an Simon und die Befragung mit der Psychologin dachte.

Sie saßen gerade gemütlich auf dem Sofa und sahen sich gemeinsam einen Film an, als es aus ihr herausplatzte: „Sie werden Simon sicher beeinflussen und ihm die Worte in den Mund gelegt haben, die er zu dieser Gutachterin sagen soll."

„Mach dir nicht so viele Gedanken, es wird schon alles gut gehen", meinte Adrian beschwichtigend. „Schließlich weiß die Psychologin sicherlich, dass so etwas geschehen kann. Sie wird die richtigen Fragen stellen."

Marlene nickte. Innerlich jedoch wusste sie, dass Simon manipuliert werden würde, dies sagte ihr einfach ihr mütterliches Bauchgefühl. Es kam ihr plötzlich die Frage der Gutachterin in den Sinn, warum sie Jan geheiratet habe.

Während Adrian sichtlich entspannt den Film anschaute, saß sie daneben und ihre Gedanken schweiften unwillkürlich zurück zum Anfang, als sie Jan kennenlernte. Sie dachte dabei an das seltsame Gefühl, das sie hatte, als sie das Haus besichtigten. Ihr fielen die vielen Geschenke und Schmeicheleien ein, mit denen er sie regelrecht bombardierte, und seine ständigen Anrufe, sogar mehrmals am Tag. Als sie ihm dann ins Netz ging, wurde die Schlinge um sie enger. Marlene erkannte, dass er bei Simon jetzt genauso vorging, um ihn zu ködern.

Marlene fand diese Vorstellung mehr als schrecklich, ihr wurde regelrecht übel bei diesem Gedanken.

„Hallo, Marlene, wo bist du denn mit deinen Gedanken?", hörte sie plötzlich Adrian fragen. „Du bekommst ja vom Film überhaupt nichts mit."

Marlene zuckte zusammen. „Sorry, Adrian, ich bin gerade ganz woanders."

Adrian schaltete den Fernseher aus. „Lass uns ein wenig spazieren gehen und später noch irgendwo was essen, vielleicht italienisch?"

„Oh ja, eine gute Idee! Ich ziehe mich noch schnell um und dann können wir los."

Sie fuhren mit dem Auto in Richtung Stadt. Marlene kannte einen sehr schönen Park mit alten und sehr ungewöhnlichen Bäumen sowie einem zauberhaften Rosengarten und einem Palais aus der Jahrhundertwende. Immer wenn sie dort war, hatte sie das Gefühl, in einer anderen Welt zu sein.

Der Spaziergang durch den Park entspannte sie zunehmend und beide entwickelten eine fröhliche Heiterkeit und ließen sich vom Duft der vielen bunten Rosen betören.

Als sie wieder zum Auto zurückkehrten, meinte Adrian: „Das ist wirklich ein besonderer Park, Marlene. Wir müssen uns unbedingt öfter dort aufhalten, er tut dir sehr gut."

„Stimmt, Adrian, ich denke dort immer, das gleich Mr. Darcy um die Ecke kommt, ein Dutzend Verehrerinnen im Schlepptau."

Marlene schmunzelte dabei, umarmte ihn und gab ihm einen Kuss.

Kapitel 24
Schlechtwetterfront

Simon war in der Schule und Marlene hatte heute ihren freien Tag. Sie räumte gerade ein wenig in Simons Zimmer auf. Dabei entdeckte sie in seinem Schrank ein kleines blaues Büchlein. Neugierig schlug sie es auf. Dort hatte er in seiner noch krakeligen Handschrift einige Freizeitaktivitäten vermerkt, die sie und Adrian mit ihm unternommen hatten. Sie blätterte weiter. Dann kam eine Seite, auf der mit rotem Stift gekritzelt stand: *,Ich gehe zu Papa, weil ich dort ein großes Zimmer bekomme mit eigenem Fernseher und ein Geschwisterchen, mit dem ich dann spielen kann.'*
Marlene starrte auf die rote Schrift. Ihre Hände zitterten, als sie weiterblätterte, aber außer ein paar belanglosen Kritzeleien fand sie nichts. Sie war erschüttert. Sie setzte sich auf sein Bett und sagte laut: „So weit ist es also schon."
In Marlene rumorte es. Als Simon vom letzten Umgangswochenende zurückkam, vermied sie es, ihn über die Gutachterin zu befragen. Sie wollte ihn nicht noch zusätzlich mir ihrer Neugierde und ihren Fragen belasten. Er verhielt sich, bis auf seine Umstellungsschwierigkeiten, normal. Das Einzige, was er von selbst dazu äußerte, war, dass sie sich sehr lange dort aufgehalten und alles genau inspiziert hat. Marlene stand auf und holte das Telefon. Sie musste diese kleine Bombe sofort loswerden. Adrian war nicht zu erreichen. Sie wählte die Nummer von Sophie.
„Gott sei Dank, du bist da", schnaubte Marlene ins Telefon.
„Hallo, meine Liebe", erwiderte Sophie erstaunt.
Marlene erzählte Sophie, was sie soeben in Simons Büchlein entdeckt hatte.
„Was hast du von Jan erwartet, Marlene? Er hat nichts anderes als sein Geld zu bieten, um die Leute zu kaufen."
„Das ist so erbärmlich und abscheulich, Sophie. Ich habe Angst, Simon zu verlieren. Soll ich Simon auf die Notiz ansprechen?"

„Nein, das würde ich nicht tun", antwortete Sophie. „Du kannst ihn vielleicht einmal fragen, was er sich von dir und Jan wünscht und was ihm bei dir gefällt und was bei seinem Vater."

„Meinst du? Es steht in seinem Buch, als wäre das alles schon eine abgemachte Tatsache."

„Frag ihn einfach, du wirst es schon rausfinden", erwiderte Sophie.

„Das Schlimme ist, in drei Wochen ist der Termin beim Familiengericht und das Gutachten ist noch nicht da. Ich weiß gar nicht, was diese Psychologin sich für ein Bild gemacht hat von der ganzen Sache. Ich weiß nicht, wofür sie plädiert."

„Oh Marlene, du Arme", kam es von Sophie. „Du hast es wahrlich nicht leicht momentan. – Wie hat Simon das mit der Psychologin eigentlich verarbeitet?"

„Das kann ich schlecht sagen, er verschließt sich meistens."

„Du solltest das alles dem Richter erklären."

„Das mache ich, Sophie", kam es etwas entmutigend. „Aber du weißt ja, wie Jan die Tatsachen immer verdreht."

„Das sind die Machenschaften von narzisstischen Persönlichkeiten, Marlene. Narzissten sind sehr schlau. Sie spielen Gefühle vor und sie sind Meister im Verdrehen der Tatsachen. Sie verwirren das Opfer so, dass es letztendlich glaubt, es sei an allem schuld und sie hätten das Problem und nicht er."

„Ja, genau so ist es", schoss es aus Marlene heraus.

„Kämpfe, Marlene, kämpfe um deinen Sohn", kam es jetzt eindringlich von Sophie. „Sammle alles, was du an Beweisen hast und lege sie dem Richter vor."

Die Frage nach der Wahrheit

Nach dem Gespräch mit Sophie und Simons Vermerk in seinem Büchlein wurde Marlene erst so richtig bewusst, wie ernst die Sache mittlerweile war. Zuvor war sie sich noch einigermaßen sicher, dass man ohne schwerwiegende Gründe einer Mutter nicht einfach das Kind wegnimmt. Simon hing an ihr und sie an ihm. Dieses Band trennt man nicht so einfach. Aber Jan war es offensichtlich egal, zwischen Simon und seine Mutter einen Keil zu treiben. Marlene hielt plötzlich inne bei diesem Gedanken.

‚Kann es denn wirklich sein, dass Eltern ihren Kindern so etwas antun, ohne an die Folgen zu denken?‘

In ihr meldete sich plötzlich eine andere Instanz:

‚Du dummes Ding, wach auf aus deiner Traumwelt! Reicht dir nicht, was du bisher gesehen und erlebt hast?‘

‚Ich will es einfach nicht glauben, dass Menschen so etwas tun. Es geht, verdammt nochmal, nicht in meinen Kopf hinein!‘, dachte Marlene zornig.

‚Nur weil du so etwas nicht tun würdest und selbst so etwas nicht erlebt hast, heißt es noch lange nicht, dass es so etwas nicht gibt.‘

‚Ja, das stimmt. In meinem Universum gibt es sowas nicht. Was kann ich also tun?‘

‚Bleibe bei deiner Wahrheit, nur bei deiner Wahrheit, kämpfe für sie und bete.‘

‚Wahrheit tut manchmal sehr weh. – Und was ist überhaupt die Wahrheit? Ich habe mich von diesem Mann getrennt und meinen Sohn dabei mit hineingerissen in diese schreckliche Situation. Ich war mir stets sicher, dass Simon bei mir bleibt und Jan und ich uns einigen würden, dem Kind zuliebe. Er hat doch überhaupt keine Zeit für ihn. Dass dies so kommt, wie es jetzt ist, das hätte ich nie für möglich gehalten. Ich fühle mich mitschuldig und ich stehe vor der Frage, ob es in diesem Fall nicht besser gewesen wäre, bei Jan zu bleiben, dann hätte ich meinem Sohn dieses Schicksal ersparen können.‘

‚Die Wahrheit ist, Marlene, dass du dich geopfert hättest. – Ist das vielleicht deine Wahrheit und eine erstrebenswerte Option? Deinem Sohn wäre vielleicht momentan geholfen, aber was wäre aus dir geworden, Marlene? Kinder spüren sehr wohl, ob zwischen den Eltern Liebe und Harmonie ist. Du hättest dich klein gemacht.

Wäre das ein erstrebenswertes Vorbild für deinen Sohn? Vielleicht hätte er dir sogar später Vorwürfe gemacht.'

Vorbeben

Marlene wurde durch das Klingeln des Telefons aus ihrem inneren Zwiegespräch gerissen. Am anderen Ende der Leitung war ihr Anwalt, Herr Bischof.

„Guten Tag, Frau König. Ich habe heute das Gutachten der gerichtlichen Sachverständigen erhalten."

„Was schreibt sie, was ist ihre Empfehlung?", platzte es aus Marlene heraus.

„Ich will Sie nur vorbereiten, dass es leider nicht unbedingt für Sie spricht, Frau König."

„Wieso, warum denn?" Marlene stockte augenblicklich der Atem.

„Sie plädiert dafür, das Aufenthaltsbestimmungsrecht auf Ihren Exmann zu übertragen, mit Beibehaltung der gemeinsamen elterlichen Sorge."

Als würde ihr jemand die Luft abdrücken, stotterte sie: „Mit welcher Begründung? Das kann doch nicht sein, das darf einfach nicht sein!"

„Frau König, ich schicke Ihnen das Gutachten am besten zu, lesen Sie es durch und wir telefonieren die nächsten Tage miteinander."

Wie betäubt legte sie den Hörer auf. Die Nachricht kam über sie wie ein Erdbeben. Sie hatte keine Kontrolle mehr und fing hemmungslos an zu schluchzen. Die Tränen kullerten über ihre Wangen und tropften auf den Boden. In ihr machte sich ein Gefühl der Niederlage und der Schmach breit. Sie fühlte sich klein und maßlos enttäuscht.

‚Wie konnte diese Frau so etwas tun? Wie konnte sie dafür plädieren, dass ihr Sohn zu Jan kommt?'

Am liebsten hätte sie sich augenblicklich in Luft aufgelöst, doch gleich würde Simon aus der Schule kommen. Sie musste sich jetzt zusammenreißen. Sie holte aus dem Schrank die pflanzlichen Beruhigungstropfen. Sie kippte die doppelte Dosis in ein Glas Wasser und trank es hastig aus, dann machte sie sich im Bad ein wenig frisch. Sie setzte sich auf den Badewannenrand und nahm ein paar tiefe Atemzüge. In diesem Augenblick wuchs in ihr eine Kraft. Es fühlte sich an, als hätte jemand Feenstaub über sie geblasen. Ihre innere Kriegerin stand hinter ihr, sie zückte ihr Schwert: ,Noch ist nicht aller Tage Abend. Marlene. Noch ist dein Sohn bei dir. Du wirst den Richter überzeugen, dass Simon bei dir am besten aufgehoben ist und dass dieses Gutachten nicht rechtens ist.' Diese Kampfansage beruhigte sie und es schien, als wäre die Kriegerin sehr zufrieden mit ihr.

Als Simon heimkam, versuchte sie, sich von ihm nichts anmerken zu lassen. Seltsamerweise schien er jedoch immer ganz genau zu spüren, wenn etwas im Argen lag. Sie merkte es an seinem Verhalten ihr gegenüber, man konnte ihm einfach nichts vormachen.
„Mama, warum bist du schlecht gelaunt?", lautete seine Frage, während sie gemeinsam am Küchentisch saßen und die Spaghetti verspeisten.
„Nein, mein Schatz, wenn du bei mir bist, kann ich nicht schlecht gelaunt sein. Ich hoffe, dir geht es auch so, Simon?" Marlene biss sich sofort auf die Lippen. ,Was für eine blöde Frage?', dachte sie. Doch dann erinnerte sie sich an das heutige Gespräch mit Sophie, die ihr riet, ihn doch einmal zu diesem Thema zu befragen.
„Das heißt natürlich nicht, dass du nicht schlecht gelaunt sein darfst, so habe ich das nicht gemeint, Simon. Ich wollte damit nur fragen, ob es dir so ergeht wie mir und du auch gerne mit mir zusammen bist?"
Simon blickte sie irritiert an. „Mama, warum fragst du? Der Papa und die Henriette stellen auch immer so komische Fragen."
Marlene hätte sich ohrfeigen können, aber sie wurde hellhörig.
„Was stellen denn der Papa und die Henriette für Fragen?"

„Der Papa fragt mich ständig, wo ich lieber sein möchte. Er meint, dass er nicht mehr so viel Zeit für mich haben wird, wenn ich bei dir bleibe, da ja dann Lilly-Fee da ist, um die er sich kümmern muss."

„Ich denke, Simon, dass die Henriette sich um ihr Baby kümmert, so wie ich das auch bei dir getan habe."

„Die Henriette sagt aber, dass es viel schöner wäre, wenn ich beim Papa wohnen würde und dass ich mit Lilly-Fee dann spielen kann."

Marlene kochte innerlich. ‚Lilly-Fee, was für ein süßlicher Name‘, dachte sie verärgert. „Weißt du, Simon, zum einen ist es ja nur deine Halb-Schwester und zum anderen ist das Baby ja noch viel zu klein, um mit dir zu spielen."

„Nein, ist es nicht!", warf Simon jetzt trotzig ein. „Der Papa sagt, dass Lilly-Fee ihren großen Bruder braucht und wir dann eine richtige Familie sind."

„Simon, ich bin doch auch deine Familie und ich habe dich lieb."

„Mama, ich mag jetzt nicht mehr reden."

„Okay, lass uns über etwas anderes sprechen", lenkte Marlene ein, als sie Simons Aufruhr bemerkte. „Wie wäre es, wenn du jetzt deine Hausaufgaben machst?"

Marlene fühlte sich in diesem Augenblick ohnmächtig, weil sie bemerkte, dass ihr kleiner Sohn zwischen den Stühlen saß. Ihr Zorn auf Jan und diese Frau wuchs in ungeahnte Höhen. Beide, sie und Simon, befanden sich in einem unausweichlichen Konflikt, für den Marlene momentan keine Lösung fand. Sie hatte das Gefühl, als würde er ihr langsam entgleiten.

Pippi Langstrumpf und die seltsamen Kräfte der Frau

Am nächsten Tag studierte Marlene gerade ihre Lernunterlagen, es ging um das Thema „Symbiose Mutter und Kind während der Schwangerschaft und frühen Kindheit". Während sie die Unterlagen durchblätterte und las, lehnte sie sich zurück und tauchte gedanklich in die Vergangenheit ein.

Ihre Schwangerschaft verlief ohne Komplikationen und war sehr schön. Sie freute sich auf das Kind und beobachtete die Veränderungen ihres Körpers mit großem Interesse. Bis auf ein paar Tage Übelkeit und Aversionen gegenüber bestimmten Nahrungsmitteln hatte sie keine großartigen Beschwerden. Mit viel Liebe bereitete sie die Ankunft ihres Sohnes vor und dekorierte hingebungsvoll sein Zimmer. Sie hörte klassische Musik und sprach regelmäßig mit ihm. Schon vor der Geburt bestand ein inniger Kontakt. Als ihr Sohn schließlich das Licht der Welt erblickte, war dies einer der schönsten Momente ihres bisherigen Lebens. Seitdem waren sie unzertrennlich, sie waren eine Einheit wie Messer und Gabel, ein Paar Schuhe oder Pippi Langstrumpfs rote Zöpfe. Es gab eine Vertrautheit, wie sie nur zwischen Mutter und Kind sein kann. Einen Augenblick lang spürte sie dieser Innigkeit nach, sie versuchte ein kleines Stückchen davon zu erhaschen und sie einzufangen wie einen Schmetterling. Sie konnte sie einen Moment lang tatsächlich wieder fühlen wie eine zarte Seifenblase, die sanft hin und her schwebte und jäh zerplatzte, als die Realität sich plötzlich wieder in ihre Gedanken drängte.

Ihr Blick fiel dabei auf die Kommode, ein antikes Prachtstück, das sie von ihrer Großmutter geerbt hatte. Darauf stand ein Bild von Pippi Langstrumpf. Wie ein wilder Derwisch sprang sie von ihrer Veranda der Villa Kunterbunt auf ihr Pferd. Dieses Bild sollte sie stets daran erinnern, wie wichtig Lebensfreude und Unbekümmertheit im Leben sind.

„Ich mache mir die Welt, wie sie mir gefällt…" Vor ihrem inneren Auge sah sie dieses fröhliche Mädchen mit den roten Zöpfen breitbeinig dastehen, die Hände in die Hüften gestemmt und jeglicher Beschränkung oder Verbote, die man versuchte, ihr aufzuerlegen, trotzend. Diese Freiheit und Unbekümmertheit wünschte sie sich auch für Simon. Er sollte sich genauso frei entwickeln dürfen, ohne Zensur seiner kreativen Impulse und ohne Begrenzungen, die man ihm aufzwang, wie das Leben zu sein hat. Er sollte lernen dürfen, dass es sich lohnt, zu sich selbst zu stehen, wahrhaftig zu sein und seinen eigenen Weg zu gehen.

Es sollte ihm nicht so ergehen wie ihr. Klar, er war ein Junge und Jungen wurden von jeher anders erzogen als Mädchen. Sie hatte die gleiche Erziehung genossen wie viele andere Mädchen zu ihrer Zeit, mit dem Ziel im Hintergrund, einen Mann zu finden, der sie erlöst und beglückt. Sie hatte ihm dafür eine Schar Kinder zu schenken.

Sie selbst hatte schon als kleines Mädchen ihren eigenen Kopf und eine unerschütterliche Neugierde und Abenteuerlust wie Pippi. Doch leider lebte sie nicht im „Taka-Tuka-Land", sondern in einer Zeit, in der Aufmüpfigkeit und Gefühlsausbrüche nicht gerne gesehen und sofort unterbunden wurden. Logischerweise lässt sich jedoch die Unterdrückung wichtiger Lebensimpulse auf längere Sicht nicht beherrschen, also machte sich dies als rebellisches Verhalten in der Pubertät Luft. Dies brachte Marlene den Ruf einer schwierigen und eigensinnigen Persönlichkeit ein. In unserer Gesellschaft sieht man es nicht gerne, wenn man seine eigenen Regeln aufstellt und sich den Gesetzen und Konformitäten nicht beugen will, noch dazu als Frau.

Die seltsamen Kräfte der Frau waren einem Mann schon immer etwas unheimlich. Eine Frau hat die unglaubliche Kraft der Intuition und der Kreativität. Sie ist nicht an Logik gebunden. Sie kann sich in der Welt des Unsichtbaren und Nichtfassbaren aufhalten, zwischen Bewusstem und Unbewusstem. Sie nutzt ihre Logik, um Dinge zu erfassen und Entscheidungen zu treffen. Durch ihre Gabe des Empfangens und der Hingabe ist sie dem Himmel nahe. *C.G. Jung* nannte dies eines der größten Geheimnisse der Anima.

Wer wäre Pippi Langstrumpf heute als Erwachsene? Diese Gedanken beschäftigen Marlene. Vielleicht wäre sie mittlerweile auch gebrochen worden, abgestumpft und dahinvegetiert, in einer freudlosen Ehe, die Flügel ihrer Seele gestutzt, eingesperrt in einen Käfig voller Pflichten und Überforderung? Oder wäre sie vielleicht vielen Frauen ein Vorbild für Authentizität, Kreativität und grenzenlose Lebensfreude geworden?

Pippi hatte keine Eltern, die liebevoll für sie hätten sorgen können, sie sorgte für sich selbst. Ist es nicht das, was die Frauen wieder lernen sollten: für sich selbst zu sorgen und sich liebevoll anzunehmen, so wie sie mit ihrem ganzen Sein sind? Erst dann wird es vielleicht möglich, einen Partner zu finden, auf den sie ihre unbewusste, unerfüllte Sehnsucht nach Liebe und Geborgenheit nicht mehr projizieren müssen. Erst dann, wenn wir beginnen, uns selbst anzuerkennen, können wir geben und empfangen. Erst dann sind wir wirklich interessant für andere und werden respektvoll behandelt.

Marlene holte sich aus ihren tiefschürfenden Gedanken zurück. Woher hatte sie nur diesen Drang, ständig alles zu hinterfragen? Jemand hatte einmal zu ihr gesagt: *„Marlene, du musst mehr schlucken."* Der Satz traf sie wie eine Bombe. Diese „Empfehlung" kam von einer Frau, die ihr Leben gelebt, aber nicht ausgeschöpft hatte. Sie spürte keine Wut oder Empörung über diese Äußerung. Alles, was sie in diesem Augenblick für diese Frau empfand, war Mitgefühl.

Marlene nahm sich einen Stift, schnappte sich ihr Notizbuch und schrieb ihre Gedankengänge und Einsichten hinein.

Das Telefongespräch
Marlene und Simon hatten für den heutigen Samstag geplant, am Nachmittag mit Adrian einen kleinen Ausflug zu machen.

Das Telefon klingelte, Simon sprang auf und nahm das Gespräch entgegen.

„Hallo, Papa!", hörte Marlene ihn sagen. Er verzog sich mit dem Telefon in sein Zimmer.

Marlenes Alarmglocken klingelten. Rasch lief sie zur Telefon-Station und drückte den Aufnahmeknopf. Sie kam sich dabei vor wie jemand, der an der Tür heimlich lauscht. Sie beruhigte sich mit dem Gedanken, dass Jan nach der Trennung einen Detektiv auf sie angesetzt hatte, um zu erfahren, was sie den ganzen Tag so trieb. Diese Tatsache hatte sie völlig vergessen und eigentlich noch nie jemandem erzählt, nur ihren Eltern und ihrer Schwester. Aber gerade jetzt fiel es ihr wieder ein. Sie hatte es damals zufällig her-ausgefunden, weil sie ein Auto bemerkt hatte, das sie zu verfolgen schien. Das Kennzeichen dieses Wagens war aus der Stadt, in der Jan lebte. Es stand auf dem gleichen Parkplatz, wo sie ihr Auto parkte, einmal sogar direkt vor ihrem Büro. Erst da verfestigte sich ihre Vermutung, dass Jan sie beobachten ließ. Marlene fand dies eher sehr amüsant und überlegte, wie sie ihrem Verfolger eins auswischen könnte. Eines Tages jedoch war der Verfolger dann verschwunden.

Simon kam wieder aus seinem Zimmer. Er legte das Telefon auf den Tisch und setzte sich auf die Couch.

„Was wollte Papa denn?", fragte Marlene vorsichtig.

„Nichts, darf ich jetzt fernsehen?", kam es leicht gereizt von Simon zurück.

Marlene spürte sofort, dass etwas nicht stimmte.

„Ist irgendetwas, Simon, hattest du Ärger mit Papa?"

„Mama, nein. Darf ich jetzt fernsehen?"

„Gut, Simon, bis das Mittagessen fertig ist. Du weißt, wir wollen heute noch mit Adrian etwas unternehmen."

Einige Zeit später klingelte es an der Tür.

„Simon, machst du bitte auf, das wird Adrian sein!", rief ihm Marlene aus der Küche zu.

Simon sprang auf und öffnete die Tür.

„Hallo, Kumpel!", begrüßte ihn Adrian fröhlich.

„Hallo", war Simons knappe Antwort, dann drehte er sich um und lief schnurstracks wieder ins Wohnzimmer zurück.

Marlene steckte ihren Kopf zur Küchentür hinaus. „Hallo Adrian, schön, dass du da bist!"

Adrian kam hinein, umarmte sie und flüsterte: „Was ist denn mit Simon los, es scheint, als hätte er schlechte Laune."

Marlene verdrehte die Augen und meinte: „Ja, scheinbar hat ihm sein Vater wieder zugesetzt. Gerade vorhin haben sie miteinander telefoniert, seitdem ist er etwas verstimmt."

Sie neigte ihren Kopf noch etwas näher zu Adrian und flüsterte ihm ins Ohr: „Ich habe das Gespräch aufgenommen, wir werden es uns anhören, wenn Simon schläft."

Adrian nickte erstaunt und ging dann ins Wohnzimmer, er wollte Simon ein wenig aufheitern. Das war eine seiner großen Stärken, dass er andere aufmuntern konnte. Oder er brachte die Menschen dazu, die Dinge in einem anderen Licht zu betrachten. Diese besondere Eigenschaft hatte Marlene sehr schnell an ihm erkannt.

Das Mittagessen war fertig und sie saßen gemeinsam am Tisch und verspeisten die köstliche Mahlzeit, die Marlene zubereitet hatte.

Simons Stimmung schien sich mittlerweile wieder gebessert zu haben, dank Adrian, der es sich einfach nicht verkneifen konnte, seinen Humor und seine lustigen Anekdoten zwischen Hauptgang und Nachtisch zu servieren.

Sie verbrachten den Nachmittag mit einer Spazierfahrt zu einem See in der Nähe und beendeten den Tag mit einem köstlichen Eisbecher.

Am Abend, als Simon im Bett lag und schlief, hörten sich Adrian und Marlene das Telefonat zwischen Jan und Simon an.

Jan: „Hallo Simon, wie geht es dir? Mama Henriette, Lilly-Fee und ich vermissen dich sehr und wir freuen uns schon, wenn du wieder nach Hause kommst. Freust du dich auch so wie wir?"

Es entstand eine kurze Pause.

Simon: „Ja."

Jan: „Was hast du denn so gemacht die letzte Zeit?"

Simon: „Och, nichts Besonderes."

Jan: „So, nichts Besonderes, das hört sich aber sehr langweilig an."

Simon: „Nein, mir war nicht langweilig. Ich war beim Skaten mit Tom und bei Oma und in der Schule."

Jan: „Warst du wieder allein bei Oma?"

Simon: „Nein."

Jan: „So, du warst allein. Wenn ich gewusst hätte, dass Marlene keine Zeit hat für dich, dann hätten Mama (Henriette) und ich dich doch holen können."

Simon: „Papa, ich war nicht allein, ich war bei Oma und mir hat es dort gefallen. Ich habe mit Opa was Schönes gebastelt."

Jan: „Wenn du das nächste Mal wieder alleine bist, Simon, dann rufst du uns an. Ist die Mama eigentlich da? Mich wundert es, dass du so lange telefonieren darfst?"

Simon: „Ja, Mama ist in der Küche."

Jan: „Pass auf, Simon, dass du nicht ausgetrickst wirst, ja? Sei tapfer, bald bist du ja wieder daheim."

Marlene drückte entrüstet auf den Ende-Schalter der Telefonanlage und blickte Adrian entgeistert an. Sie schnappte nach Luft. „Hast du das gehört, Adrian? Hast du gehört, wie er mit Simon spricht? Ist der noch ganz bei Sinnen?"

„Ja, das ist schon sehr auffällig, wie er den Jungen durcheinanderbringt", meinte Adrian mit besorgtem Blick.

Marlene spürte eine Woge, gemischt aus Empörung und Wut, in sich hochsteigen. Sie fühlte sich an wie ein Gewitter kurz vor der Entladung. Sie ballte ihre Fäuste, stand auf und rannte wie ein

Tiger im Käfig auf und ab. „Ich verstehe einfach nicht, wie man so einem Elternteil ein Kind zusprechen will! Sieht denn niemand, was hier gespielt wird?"

„Beruhige dich, Marlene, du könntest deinen Anwalt fragen, ob das Gespräch als Beweisstück vor Gericht gilt", meinte Adrian beschwichtigend.

„Darauf kannst du Gift nehmen", zischte sie wie ein feuerspeiender Drache. „Ich kann nicht zulassen, dass mein Sohn so zerrissen wird. Es ist doch mehr als offensichtlich, das Simon beeinflusst wird! Und niemand will mir glauben."

„Ich glaube dir, Marlene, und deine Freundinnen auch."

Marlene spürte in diesem Moment etwas Unausweichliches, Bohrendes, Stechendes, das sie förmlich lähmte. Es war etwas Vages, Beklemmendes, das sich wie ein Schatten auf ihre Seele legte. Sie fühlte sich ausgeliefert und machtlos, ihren Sohn dieser Situation aussetzen zu müssen, ihn nicht davor bewahren zu können.

,Hatte sie versagt? Hatte sie auch wirklich alles getan?'

Adrian bemerkte Marlenes innere Aufruhr.

„Entspanne dich, Marlene, du rufst deinen Anwalt an und fragst ihn. Du solltest dich jetzt nicht mehr weiter aufregen, sonst kannst du nicht schlafen." Adrian zog Marlene zu sich und hielt sie fest.

„Ach, Adrian", schniefte sie und drückte ihren Kopf dabei an seine Brust. Sie ergab sich und ließ sich einfach fallen, hinein in seine tröstende Wärme, die sich wie eine warme Decke um sie legte. Sie entließ einen tiefen Seufzer und ihr Adrenalin-Spiegel senkte sich langsam. „Bleibst du heute Nacht bei mir? Wenn du bei mir bist, dann kann ich bestimmt schlafen."

„Wenn du möchtest, gerne, aber nur, wenn wir uns jetzt noch einen ruhigen Abend mit einem Schlummertrunk machen."

Marlene blickte ihn dankbar an. Sie konnte wieder einmal nicht glauben, dass sie diesem wunderbaren Mann begegnen durfte, der wie Medizin für ihre aufgewühlte Seele war.

*Die Entwurzelung ist bei weitem die gefährlichste Krankheit
der menschlichen Gesellschaft.
Wer entwurzelt ist, entwurzelt. Wer verwurzelt ist,
entwurzelt nicht.
Die Verwurzelung ist vielleicht das wichtigste und meistverkannte
Bedürfnis der menschlichen Seele.*

Simone Weil

Kapitel 25
Märchenfamilie

Den heutigen Bürotag verbrachte ihr Chef auswärts und so ließ Marlene sich Zeit. Die Kaffeemaschine blubberte im Hintergrund und es roch im ganzen Raum nach frisch gebrühtem Kaffee. Sie entspannte sich sofort bei diesem Aroma, es fühlte sich so vertraut an, so heimelig. Das glucksende, gurgelnde Geräusch, das die Maschine machte, während der Kaffee durchlief, war nicht irgendein Geräusch, es war etwas Existenzielles für Marlene. Es erinnerte sie an den Morgen ihrer Kindheit und frühen Jugend. Ihre Mutter stand meistens zuerst auf und bereitete den Kaffee zu. Der Duft des Kaffees schlich sich wie feine zarte Fäden durch das Schlüsselloch in ihr Zimmer und läutete das Aufstehen ein. Sie liebte diesen Duft, er verbreitete eine gewisse Vertrautheit und gab ihr jeden Morgen das Gefühl, das die Welt noch in Ordnung war.

Wenn sie heute so darüber nachdachte, war sie dankbar für ihre behütete Kinderzeit. Ihre Eltern gaben ihr Bestes, auch wenn sie Fehler gemacht hatten. Sie war dankbar dafür, dass ihre Mutter sich stets um sie und ihre Schwester gekümmert hat. Sie war auch ihrem Vater dankbar. Er hatte dafür gesorgt, dass es der Familie nie an etwas fehlte. Er war abenteuerlustig, belesen und zeigte Marlene und Nora die Natur und die Berge. Er war stets für die Familie da. Auch wenn sie mit den Schwächen ihrer Eltern manchmal haderte, so konnte sie heute auch die guten Seiten erkennen und schätzen. Es gibt keine Märchenfamilie, die gibt es eben nur im Märchen.

Sie nahm genussvoll einen Schluck aus der großen Tasse, mit rosa und grünen Blumenranken verziert, auf welcher „Für meine beste Freundin" stand, ein Geschenk von ihrer Freundin Leni.

Während sie gemächlich vor sich hinarbeitete, dachte sie an das bevorstehende Umgangswochenende bei Jan. Ein mulmiges Gefühl machte sich wieder in ihr breit. Sie machte sich Sorgen, dass Simon wieder nervös, müde und mit Schlafstörungen zurückkam.

Simons Klassenlehrerin erklärte ihr vor einigen Tagen in einem Gespräch, dass Simons Verhalten in der Schule auffällig sei und der Unterricht dadurch gestört würde. Zudem hätte er nach dem Umgangswochenende mit dem Vater oftmals seine Hausaufgaben nur unvollständig erledigt. Sie bat Marlene, etwas zu unternehmen, ansonsten müsste sie den Vorfall melden.

Marlene erläuterte der Lehrerin die Zusammenhänge und erklärte, dass ihr Exmann an einer Kooperation nicht interessiert sei und das Ganze eher boykottiert. Sie würde aber trotzdem nochmals das Gespräch mit Simons Vater suchen. Die Lehrerin schüttelte nur verständnislos den Kopf und meinte, dass schließlich beide Eltern verantwortlich seien und bestrebt sein sollten, an einer konstruktiven Lösung zu arbeiten.

Alice im Wunderland

Marlene wurde nach diesem Gespräch wieder einmal klar, dass die Lehrerin nicht verstand, um was es hier tatsächlich ging. Manchmal haderte sie mit all den Menschen, die sich in ihrem Umfeld befanden, außer Adrian natürlich. Sie fühlte sich manchmal wie „Alice im Wunderland". In der Welt, in der sie sich befand, lief sie ständig gegen eine Mauer. Instinktiv ahnte sie, dass hinter dieser Mauer etwas sein musste, das auf sie wartete, etwas, das entdeckt werden wollte: eine magische, zauberhafte Welt, in der alles leicht und friedlich war, in der sich die Menschen verstehen und niemandem mehr etwas Böses wollen, weil sie erkannt haben, dass sie in der Vergangenheit nur aus ihrem verletzten Kind heraus gehandelt haben wie die böse Königin aus „Alice im Wunderland." Die Königin war im Grunde nicht wirklich böse, sie war nur ein verletztes, ängstliches und nicht beachtetes Kind.

Marlene rief Jan an und berichtete von dem Gespräch mit der Lehrerin und Simons auffälligem Verhalten sowie den teilweise unerledigten Hausaufgaben. Sie forderte ihn auf, hier mehr Sorgfalt walten zu lassen.

Jans meinte dazu, dass das schließlich die Pflicht der Lehrerin sei, dass sie meldet, wenn es Simon nicht gut ginge, denn das müsse ja einen Grund haben. Außerdem würde Simons auffälliges Verhalten sicherlich nicht an ihm liegen, sondern eher daran, dass sie (Marlene) scheinbar nicht in der Lage sei, für sein Wohlbefinden zu sorgen. Was die Hausaufgaben betrifft, so könne er dies überhaupt nicht nachvollziehen.

Jans Argumente waren verdreht, suspekt und entsprachen schlicht und einfach nicht der Wahrheit. Er wollte einfach nicht sehen, dass Simon in einen Loyalitätskonflikt hineingedrängt wurde, der ihn durcheinanderbrachte. Marlene kämpfte mit ihren Gefühlen. Niemand in ihrem Umfeld schien zu erkennen, was sich da tatsächlich abspielte. Selbst Simons Klassenlehrerin verstand nicht, was hier wirklich ablief. Das Ganze lief so diffus und geschickt unter dem Radar der Öffentlichkeit ab, dass es für Außenstehende schwer nachvollziehbar war.

Jan schien genau zu wissen, wie er seine Position ausspielen konnte, und das nutzte er schamlos und mit allen Mitteln aus. Marlene hatte nichts in der Hand, außer dem, was sie wahrnahm. Scheinbar glaubte ihr niemand, selbst die Anwälte, die Psychologen und die Familienämter nicht. Sie konnte sich sehr gut vorstellen, wie Jan und Henriette der Gutachterin eine Märchenfamilie präsentiert und sie mit Äußerlichkeiten beeindruckt hatten. Welche Chancen hatte sie als alleinerziehende Mutter, die noch in einer Ausbildung steckte, gegenüber dem scheinbar gefestigten Unternehmer Jan, der gerade dabei war, wieder eine neue Familie zu gründen?

Marlene versuchte so viel Normalität wie möglich in Simons Alltag zu bringen und ihm all ihre Liebe zu geben. Manchmal fühlte sie sich überfordert mit dieser ganzen Situation. Sie reagierte Simon gegenüber ungehalten, wenn er versuchte, sie aus der Reserve zu locken oder wenn er ihre Nerven wieder einmal überstrapazierte. Sie fühlte sich dann wie in der Wüste, allein und nur mit wenig Wasser als Reserve. Die Wüste, das waren all die nervigen und verständnislosen Mitmenschen, die Gesellschaft, der Staat, das Rechtssystem und die alten, überholten und starren Regeln, gegen die sie schon ihr ganzes Leben lang ankämpfte.

Was bringt Menschen wie Jan dazu, seinem Sohn das zu nehmen, was er braucht, um körperlich und geistig zu gedeihen, seine Mutter, seine Wurzeln? Was war es, das ihn dazu brachte, so zu handeln? War es vielleicht die Entfremdung zu seiner eigenen Mutter, zu seiner Familie insgesamt? Der Kontakt zu seinen Eltern war stets oberflächlich und distanziert. Sie hatte dort nie Wärme oder echte Zuneigung gespürt. Alles, wovon gesprochen wurde, waren Leistung, Ansehen, Geld und Prestige.
Marlene kam dabei der Spruch „*Der Apfel fällt nicht weit vom Stamm*" in den Sinn.
Jan schien von seiner Mutter (und von seinem Vater) emotional nicht das bekommen zu haben, was er brauchte. Das Unerlöste und nicht Geheilte wird also von Generation zu Generation weitergegeben, wenn der Kreislauf nicht unterbrochen wird.

Als Marlene an die Szenen und Auseinandersetzungen mit Jan sowie an ihre heftigen Gefühle und Emotionen dabei dachte, wurde ihr plötzlich schlagartig klar, was dieser Mann eigentlich in ihr hervorgebracht hatte. Sie entwickelte sich in dieser Ehe zur nörgelnden, unzufriedenen und einsamen Hausfrau mit Kind. Jan wollte etwas aus ihr machen, was sie eigentlich nicht war. Er erwartete einfach, dass sie die Rolle, die man ihr zugeteilt hatte, ohne Murren erfüllte. Eigentlich konnte Jan nichts dafür, denn er agierte so, wie man es ihm beigebracht hatte. Er selbst hatte als Kind nichts anderes kennengelernt, als das Leistung und Prestige erstrebenswerte Dinge im Leben sind, die es zu erreichen galt. Für Selbstreflexion sowie Wahrnehmung und Heilung der verletzten Gefühle war kein Platz, im Gegenteil, sie wurden ins Lächerliche gezogen und als „Gefühlsduselei" abgetan. Schnell wurde man als Frau in die Ecke der Hysterie gestellt.

Natürlich war da noch Simon und sie tat alles, damit es ihm gut ging. Und sie machte auch Fehler. Selbstverständlich wurde ihr manchmal alles zu viel und sie hatte keine Geduld mit Simon. Sie war schließlich ein Mensch und sie hatte vorher kein Studium absolviert, wie man eine gute Mutter und Ehefrau wird, das hatte ihr niemand beigebracht. Sie war auch kein Engel, was das Austeilen betraf. Sie wehrte sich auf ihre Art gegen Jans Gefühlskälte, sein Unverständnis und wie er versuchte, sie in seine Welt hineinzupressen. Sie erkannte erst viel später, dass er sie nur brauchte, damit seine Vision vom Leben wahr wurde.

Dann gab es noch eine weitere Schachfigur, die neue Frau in seinem Leben, Henriette. Wie schnell er sie gefunden hatte, vielleicht kannte er sie sogar schon, während sie noch mit ihm zusammen war? Sie traute ihm mittlerweile alles zu. Sicher hatte er die gleichen Mittel eingesetzt wie bei ihr. In ihr schien er allerdings die Richtige gefunden zu haben. Anfangs dachte Marlene tatsächlich, sie wäre loyal ihr gegenüber, schließlich würde sie ja selbst bald Mutter sein. Marlene erkannte jedoch recht schnell, dass diese Frau letztendlich aus eigennützigen Motiven und Gefühlen heraus handelte. Wie sonst konnte es geschehen, dass sie sich nicht nur einen unverzeihlichen Fehler gegenüber Marlene und Simon erlaubte. Nicht nur, dass sie ohne mit der Wimper zu zucken versuchte, einen Keil zwischen Simon und Marlene zu treiben, sie erfuhr durch Bekannte, dass sie von Simon mit „Mama" angeredet werden wollte und dass Jan das wohlwollend unterstützte. Der einzige Trost für Marlene bestand darin, dass es dieser Henriette einmal ebenso ergehen würde wie ihr, darin war sie sich ziemlich sicher. Jan würde sie ebenso belügen und betrügen. Und das wahrscheinlich nicht nur einmal. Ein Mann wie Jan würde seine „Gepflogenheiten" nicht aufgeben, schon gar nicht wegen einer Frau.

Marlene blickte auf die Uhr. Es war fast Mittag, sie räumte alles zusammen und verließ das Büro. Als sie zuhause ankam und den Briefkasten öffnete, lag neben den üblichen Rechnungen und Werbungszetteln ein Schreiben ihres Anwalts dabei. Sie stellte die Einkaufstüten im Flur ab und öffnete das Schreiben. Wie sie vermutete, enthielt es die Kopie des Sachverständigen-Gutachtens. Sie überflog hastig die Zeilen. Die Gutachterin befürwortete eine Übertragung des Aufenthaltsbestimmungsrechts auf den Vater, mit Beibehaltung der gemeinsamen elterlichen Sorge. Laut ihrer Aussage hätte sich der Sohn auch positiv zu der Frage der Sachverständigen geäußert, ob er sich vorstellen könne, beim Vater zu leben. Weiter stand darin, dass sie dringend eine gemeinsame Mediation für die Eltern empfehle, um das Konfliktpotential zu reduzieren und die Elternkooperation zu erhöhen.

Marlene spürte eine Wut auf die Gutachterin in sich hochkriechen. Sie verstand die Welt nicht mehr. Seit Simons Geburt war sie rund um die Uhr, bis auf ein paar Ausnahmen, für ihn da. Wie kann diese Person sich also in zwei Besuchen ein Urteil bilden und erkennen, zu wem ihr Sohn die bessere Bindungsfähigkeit hat? Dachte sie dabei nur an seine materielle Versorgung? Was war mit Simons emotionaler Versorgung? Die Gedanken schossen wie Pfeile durch ihren Kopf.

Was hatte sich diese Frau nur dabei gedacht? Wie kann jemand eine Situation in so kurzer Zeit beurteilen? Wie kann sie behaupten, das Kind wäre beim Vater besser aufgehoben? Sie könnten Simon schließlich vorher eingetrichtert haben, was er sagen soll. Und was meinte sie mit Mediation? Sie hatte ihr doch erzählt, dass Jan den Termin für die Mediation nicht wahrgenommen hat. Wütend schleuderte sie das Schreiben von sich, bis es zu Boden fiel.

Entschlossen griff sie zum Telefonhörer und wählte die Nummer von ihrem Anwalt. Als Herr Bischof am Apparat war, machte sie sich erst einmal Luft und wollte anschließend wissen, wie man das Gutachten anfechten könne.

„Liebe Frau König, leider können wir momentan nichts machen, wir warten den Gerichtstermin nächste Woche ab. Der Richter wird das Gutachten als Entscheidungshilfe nehmen, in diesem Fall kann ich Ihnen leider nichts anderes sagen."

Marlene Herz krampfte sich zusammen. „Na toll", ärgerte sie sich. „Kennen Sie den Richter, was ist das für ein Typ?"

„Ich warne Sie gleich einmal vor, er ist bekannt dafür, Frauen gegenüber nicht immer sehr wohlgesonnen zu sein", antwortete ihr Anwalt etwas kleinlaut.

„Auch das noch! Gut, dass Sie mir das sagen, dann kann ich mich ja auf eine angenehme Besprechung einstellen", meinte Marlene jetzt völlig ernüchtert.

„Keine Angst, Frau König, er strebt dennoch immer faire Urteile an."

„Na, da bin ich ja gespannt. Er muss doch einsehen, dass man ein Kind nicht einfach der Mutter und aus seinem sozialen Umfeld entreißen kann. Ich bin weder gemeingefährlich noch alkohol- oder drogenabhängig." Marlene hatte das Gefühl, gleich überzuschnappen.

„Eben", meinte Herr Bischof beschwichtigend, „deshalb lassen Sie uns so verbleiben, wir sehen uns dann nächste Woche bei Gericht. Machen Sie sich nicht so viele Gedanken." Mit diesen Worten verabschiedete sich ihr Anwalt.

Marlene knallte den Telefonhörer auf den Tisch. ‚Der hat gut reden! Ich soll mir nicht so viele Gedanken machen! Wie, bitte schön, soll das gehen, wenn man davorsteht, sein Kind zu verlieren?'

Es klingelte an der Tür. Marlene erschrak, sie hatte völlig die Zeit vergessen. Das wird Simon sein, sie drückte auf den Türöffner. Sie hörte seine vertrauten Schritte.

„Mama, was gibt's zum Essen?", rief er, während er die Treppe hinaufstapfte.

„Hallo, mein Schatz, heute gibt's was Schnelles, ich habe noch Pizza."

„Lecker, aber mit viel Käse drauf bitte, ich habe so einen Hunger!", rief er.

Marlene öffnete den Eisschrank und holte schnell zwei Pizzen heraus. Im Kühlschrank befanden sich noch Käse, ein paar Karotten und rote Paprika für den Belag.

Sie schob die Pizza in den Ofen, während Simon sich an den Küchentisch setzte. Er öffnete seinen Schulranzen und zog ein paar Hefte hervor.

„Na, habt ihr heute Hausaufgaben aufbekommen?"

„Ein bisschen", war Simons knappe Antwort, während er sein blaues Federmäppchen öffnete und seinen Füller herauszog.

„Nur Deutsch-Hausi", sagte er und kritzelte dabei in sein Heft.

Als Marlenes Blick auf das offene Federmäppchen fiel, entdeckte sie ein kleines weißes Kuvert mit einem roten Herz darauf. „Oh, was ist das denn?", fragte sie neugierig und deutete auf das kleine Herzkuvert. „Hast du etwa einen Liebesbrief bekommen?"

Simon errötete. „Nö, der ist von Papa und Henriette", meinte er und schrieb fleißig weiter.

„Darf ich das mal anschauen?"

Simon nickte, jedoch ohne aufzublicken. Marlene öffnete das Kuvert und heraus fiel ein weißer Zettel mit rot bemalten Herzen, auf welchem stand:

‚An unseren lieben Simon und großen Bruder, wir vermissen dich jetzt schon. Wir freuen uns, dass du bald wieder nach Hause kommst. Wir brauchen dich. Dein Papa, Mama Henriette und Schwesterlein Lilly-Fee.'

Marlene spürte, wie ihre Gesichtsfarbe in ein tiefes Rot wechselte. Sie konnte nicht anders, es schoss aus ihr heraus: „Was hat die denn da wieder für einen Quatsch geschrieben? Was heißt hier nach Hause kommen? Du bist zuhause, Simon, das hier ist auch dein Zuhause."

Wütend schmiss sie den Zettel auf den Tisch.

Simon blickte erschrocken auf. Marlenes Reaktion brachte ihn aus seinem Konzept.

„Mama, das weiß ich nicht. Außerdem kann ich mich jetzt überhaupt nicht mehr konzentrieren." Simons Füller flog in hohem Bogen durch die Luft.

Marlene wurde schlagartig klar, dass sie jetzt zu weit gegangen war, sie hatte völlig die Kontrolle verloren. Der ganze Zorn und die Anspannung der letzten Wochen schienen sich genau in diesem Augenblick zu entladen und dieser Zettel brachte das Fass zum Überlaufen.

Sie ging zu Simon, nahm seine Hand in ihre und entschuldigte sich.

„Es tut mir sehr leid, Simon, ich wollte dich nicht aus dem Konzept bringen. Ich weiß, du hast es nicht leicht. Ich kann es nur immer wieder sagen, ich wünschte, ich könnte dir das alles ersparen. Es ist auch für mich nicht einfach, weißt du, ich bin auch nur ein Mensch. Manchmal machen Menschen Fehler, weil sie eben Menschen sind. Kannst du mir noch einmal verzeihen?" Sie umklammerte dabei seine Hand wie einen rettenden Anker.

„Ja Mama", sagte Simon, „aber jetzt habe ich Hunger, ist die Pizza fertig?"

„Ja, sie ist bestimmt schon fertig." Sie stand auf und ging zum Ofen. „Wasch dir noch schnell die Hände."

Sie deckte in der Zwischenzeit den Tisch. Während dieser alltäglichen und fast schon belanglosen Tätigkeit stieg plötzlich ein wehmütiges Gefühl in ihr hoch. Es griff mit einer eisernen Hand nach ihrem Herzen. Wie oft schon hatte sie für sich und Simon den Tisch gedeckt. Wie oft schon saßen sie hier am Tisch und hatten Späße gemacht, gelacht und manchmal einfach nur schweigend dagesessen.

Plötzlich erschien ihr dieser Augenblick mit Simon in der Küche wie etwas sehr Kostbares, etwas, das man festhalten und aufbewahren musste wie einen Schatz. Fast stiegen ihr die Tränen in die Augen. Schnell wischte sie mit einer Hand über ihr Gesicht. In diesem Augenblick kam Simon wieder herein.

Der köstliche Pizzaduft verteilte sich in der Küche und Simon machte sich sofort über die Pizza her. Beide saßen am Tisch, schweigend. Es war, als wüsste jeder von ihnen, dass sich ihre heile Welt, ihre Verschmelzung bald vor ihren Augen auflösen würde. Es war etwas Vages, etwas, was man nicht benennen konnte, aber dennoch deutlich spürbar war.

Sie saß da und beobachtete Simon, wie er genussvoll in die Pizza hineinbiss und sich mit seinem Hemdsärmel über den Mund wischte, so als gäbe es jetzt in diesem Augenblick nur diese Pizza, die seinen Hunger stillte. Marlene stand auf und brachte ihm eine Serviette.

‚Wie klug und tapfer er doch ist', dachte sie. ‚Er versuchte trotz dieser Situation jedem gerecht zu werden, seiner Mutter, seinem Vater und allen anderen. Sein kindliches Herz, seine Sensibilität

oder auch seine kindliche Unschuld versuchten zu retten, was viel-
leicht in seinen Augen noch zu retten war. War er nicht derjenige,
der in dieser ganzen schrecklichen Geschichte klug und besonnen
handelte? Er tat es aus seiner kindlichen Liebe heraus, aus dem,
was die ganze Welt zusammenhält.

Marlene fühlte sich in diesem Moment ganz klein, sie schämte sich
unendlich dafür, von ihrem Sohn zu erwarten, dass er sich entscheiden und benehmen sollte wie ein Erwachsener. Wie kann
man von einem Kind erwarten, sich zwischen Mutter oder Vater
zu entscheiden, das ist etwas zutiefst Unmenschliches und Grausames. Diese Erkenntnis und das Gefühl, in dieser unwürdigen
Situation gefangen zu sein, warf sie unweigerlich in den Kerker
der Ausweglosigkeit.
Wie könnte hier eine Lösung aussehen? Wie konnte sie ihr Kind
nur vor weiterer Qual schützen? Sollte sie einfach zu allem Ja und
Amen sagen? Die Wut und die Angst, die plötzlich in ihr hochstiegen, als sie an Jan und dessen Gefolgschaft und an Simon, der all
dem ausgesetzt war, dachte, brachten sie schier um den Verstand.
Sie fühlte sich wie in einer Nussschale auf dem großen Ozean, hin-
und hergeworfen von den tosenden Wellen, die gnadenlos über
sie hereinbrachen und sie herumschleuderten. Manchmal schaffte
sie es, wieder auf Kurs zu kommen, bis die nächste Welle anrollte
und sie zu übermannen drohte. Obwohl sie Adrian an ihrer Seite
wusste, fühlte sie sich oft allein und als ob niemand für sie da war,
der ihr helfen konnte, niemand, der sie und ihr Kind vor dem
Ertrinken bewahren konnte.

Anmerkung
Marlene war eine Gefangene ihrer Emotionen und ihrer Ängste,
die verhinderten, dass sich eine Lösung in ihr abzeichnen konnte.
Die Angst um den Verlust ihres geliebten Sohnes trübte ihren
Blick, verschloss ihr Herz und ihre Seele. Sie war in einen unaus-

weichlichen Konflikt geraten, der sich zuspitzte und der jetzt im Äußeren nach einer Lösung verlangte. Die äußere Lösung erschien in Form des (äußeren) Richters, der scheinbar über Leben und Tod entschied. Marlene ahnte damals noch nicht, dass sie den Schlüssel für eine gute **(innere)** Lösung eigentlich die ganze Zeit in ihren Händen hielt. Sie wusste noch nichts davon, wie sehr sie von ihren tiefverwurzelten Anschauungen und Prägungen gesteuert wurde und dass diese auch ihr Denken, Fühlen und Handeln bestimmten. Sie hatte keine Ahnung davon, dass sie sich eigentlich selbst von einer guten Lösung abhielt. Ihr Denken, Fühlen und Handeln basierte auf Angst, Schmerz und negativen Gefühlen gegenüber Jans Verhalten und dem Verhalten ihres Umfeldes. Sie war in eine Welt hineingeraten, die vor ihren Augen zusammenbrach.

Kapitel 26
Ein alter Freund

„Hallo, Marlene."

Marlene drehte sich überrascht um. Sie war gerade in der Stadt und wollte für Simon noch eine Jeans und ein paar T-Shirts besorgen und ein wenig durch die Geschäfte bummeln. Hinter ihr stand Jonas, mit dem sie vor langer Zeit einmal kurz zusammen war. Sie hatten sich dann irgendwann aus den Augen verloren, als Jonas nach Paris ging, um seine Kochkünste zu verfeinern.

„Oh, Jonas, schön, dich zu sehen", entgegnete Marlene völlig perplex.

„Du siehst immer noch so gut aus wie früher! Du hast dich überhaupt nicht verändert", meinte Jonas und grinste sie unverblümt an.

„Du Charmeur, immer noch der gleiche", entgegnete Marlene geschmeichelt. „Du bist immer noch der Sunny-Boy von damals. Und bis auf deine Frisur hast du dich kaum verändert."

Jonas blickte sie mit seinen stahlblauen Augen an. Mit seinem gebräunten Gesicht und seinen mit einem braunen Gummiband zusammengehaltenen dunkelblonden Haaren sah er aus wie einer von den Surfer-Jungs aus Kalifornien. Marlene hatte schon immer eine Schwäche für diese sportlichen Typen, die nichts anderes im Sinn hatten, als auf die perfekte Welle zu warten.

„Wie geht es dir so? Ich habe gehört, du hast irgendwann geheiratet", meinte er und blickte sie neugierig an.

Marlene errötete. „Ja, habe ich, aber ich muss leider gestehen, dass mir das nicht unbedingt gutgetan hat. Ich bin für so etwas scheinbar nicht geschaffen. Inzwischen habe ich mich von meinem Mann getrennt, ich habe einen Sohn aus dieser Ehe."

„Nun, das ist ja heute so üblich, dass man heiratet und sich dann wieder trennt", meinte Jonas trocken und lachte.

Marlene fühlte sich unwohl bei diesem Thema. Schnell lenkte sie das Gespräch auf eine andere Sache. „Was machst du denn jetzt so?"

„Oh lala, ich habe inzwischen mein eigenes Restaurant. Ich habe die Kochlehre damals zu Ende gemacht, bin dann nach Frankreich gegangen, wie du ja noch weißt, und bei einigen sehr renommierten Betrieben untergekommen. Ich wollte mich erst einmal umsehen. Irgendwann hatte ich die Idee, etwas Eigenes auf die Beine zu stellen. Voilà! Und jetzt bin ich Restaurantbesitzer und erfreue Menschen, die die französische Küche lieben, mon Cherie."

„Das freut mich für dich", sagte Marlene. „Hast Du eine Familie?"

„Jetzt nicht mehr, ich hatte eine, sogar ein Töchterlein, meine kleine Chloé."

Marlene blickte ihn verdutzt an. „Was meinst du, du hattest eine? Bist du auch geschieden?"

„Mon dieu, was soll ich sagen. Ich hatte damals in Frankreich eine Französin kennengelernt und sie hat mir völlig den Kopf verdreht, sie war so ein typischer ‚Vanessa Paradis'-Verschnitt."

„Kenn ich leider nicht", antwortete Marlene.

„Na, die Frau von Johnny Depp, dem Schauspieler. Ja und dann kam sehr bald unsere gemeinsame Tochter Chloé zur Welt. Sie ist jetzt zehn Jahre alt. Charlotte und Chloé sind damals mit nach Deutschland umgezogen, als ich das Restaurant übernahm. Mit der Zeit lebten wir uns auseinander und es kam immer öfter zu Auseinandersetzungen, bis wir uns dann letztendlich trennten."

Marlene blickte ihn mitleidig an. „Oh je, du Armer, willkommen im Club. Was ist mit deiner Tochter?"

„Ich sehe sie kaum noch", sagte er leise und blickte dabei auf den Boden. „Eigentlich sehe ich sie überhaupt nicht mehr, Charlotte ging mit Chloé nach Frankreich zurück. Charlotte meine Exfrau, hat da die Hand drauf. Als ich kurz nach der Scheidung eine andere Frau kennenlernte, hat sie nach und nach den Kontakt zu meiner Tochter unterbunden."

„Hast du nichts dagegen unternommen?"

„Oh doch, sehr viel, aber mit der Zeit wollte Chloé von sich aus nicht mehr zu mir. Sie warf mir vor, dass ich an allem schuld sei. Und außerdem habe sie jetzt einen neuen Papa. Das hat mich, ehrlich gesagt, ziemlich umgehauen."

„Das tut mir sehr leid, Jonas", sagte Marlene mitfühlend. „Ich kann dich so gut verstehen, da ich mittlerweile mit meinem Sohn in einer ähnlichen Situation stecke." Sie erzählte Jonas kurz von ihrer Situation.

„Habt ihr das gemeinsame Sorgerecht?", wollte Marlene wissen.

„Ja, das haben wir, doch trotz allem nützt es nichts. Was soll ich machen, wenn mich Chloé nicht sehen möchte und ich jetzt als der böse Papa hingestellt werde und sich der Lebensgefährte meiner Ex als neuer Vater aufspielt. Ich habe, ehrlich gesagt, aufgegeben. Vielleicht wird sie sich irgendwann ihr eigenes Urteil bilden."

Marlene nickte wissend. „Das kommt mir so bekannt vor, Jonas. Aber du solltest trotzdem nicht aufgeben, sondern um deine Tochter kämpfen", sagte sie ergriffen.

Jonas nickte, er blickte auf seine Uhr. „Ich muss mich jetzt verabschieden. Ich wünsche dir viel Glück, Marlene! Ich hoffe, dass es für dich besser ausgeht als für mich. Wenn du willst, können wir uns irgendwann gerne mal auf einen Kaffee treffen. Ruf mich an, wenn du das Bedürfnis hast." Er überreichte Marlene seine Visitenkarte.

„Danke Jonas, aber ich bin momentan in einer Beziehung."

„Das bin ich auch, Marlene. Keine Angst, ich habe keine Absichten, aber vielleicht hast du einfach mal Lust, dich mit mir auszutauschen oder nur zu plaudern."

Marlene nickte erleichtert. „Das machen wir, Jonas." Sie reichte ihm die Hand zum Abschied und ihre Wege trennten sich wieder.

Sie blickte auf die Uhr, sie musste nach Hause, da Simon bald von der Schule zurück sein würde. In Gedanken über das soeben geführte Gespräch mit Jonas ging sie zum Auto zurück.

Als sie die Tür aufsperrte, hörte sie das Telefon klingeln. Rasch lief sie zum Telefon und nahm den Hörer ab. Es war Adrian.

„Hallo Marlene! Schön, deine Stimme zu hören. Störe ich dich gerade bei irgendetwas?"

„Hallo Adrian! Nein, ich komme gerade aus der Stadt." Sie erzählte ihm von der Begegnung mit Jonas und dem Schicksal mit seiner Tochter.

„Oh je, das tut mir leid, aber leider trifft es ja meistens die Väter nach einer Trennung, dass sie ihre Kinder nicht mehr sehen", meinte Adrian mit besorgtem Ton.

„Ja, das stimmt leider. Aber weißt du was, Adrian, ich vermute, die Dunkelziffer der Mütter, die ihre Kinder nicht mehr sehen können, ist sehr hoch. Sie trauen sich aus Scham und Schuldgefühlen heraus sicher nicht, darüber zu sprechen. Sie leiden lieber still vor sich hin", meinte Marlene. „Aber darum geht es nicht Adrian, es geht darum, dass die Kinder nicht dafür benutzt werden dürfen, um sich am Partner oder der Partnerin zu rächen, oder aus sonstigen Gründen heraus. Kinder brauchen beide Eltern, beide, verstehst du."

„Ja, du hast vollkommen recht, das sehe ich auch so", stimmte Adrian ihr zu.

„Was hältst du davon, wenn du Samstagabend zu mir kommst? Wir machen uns einen gemütlichen Abend, das Wetter soll ja nicht so toll werden und Simon ist bei seinem Vater", schlug Marlene vor, um das Thema zu wechseln.

„Gerne" erwiderte er. „Was treibt Simon, geht es ihm gut?"

In der Zwischenzeit klingelte es an der Tür. Marlene sprang auf, um zu öffnen.

„Ja, er kommt gerade von der Schule. Wir werden jetzt noch was essen und dann wird er seine Hausaufgaben machen."

„Richte ihm schöne Grüße aus, dann bis zum Wochenende, Marlene."

Simon kam zur Tür herein und ließ seinen Schulranzen auf den Boden fallen.

„Was gibt's zum Futtern, Mama?", fragte er laut.

„Hallo, mein Schatz, wir haben noch was von gestern."

Simon rümpfte die Nase und verzog sich in sein Zimmer.

Während Marlene das Essen herrichtete, überlegte sie fieberhaft, wie sie Simon den Termin beim Familiengericht beibringen sollte.

Während des Essens erzählte Simon eifrig, dass er mit seinem Freund Tom vorhabe, heute ein Modellauto zusammenzubauen, um es dann in den nächsten Tagen draußen fahren zu lassen. Marlene nickte, sie stocherte mit ihrer Gabel etwas lustlos im Essen herum.

„Du weißt ja, dass ich nächste Woche den Termin beim Familiengericht habe. Es ist der Termin, bei dem es darum gehen wird, wo du zukünftig leben wirst."

Marlene wunderte sich, dass ihr dieser Satz einfach so aus dem Mund flutschte, so, als ginge es um etwas Alltägliches, Belangloses.

„Ja Mama. Und was willst du jetzt hören?"

„Nichts, Simon. Ich mache mir halt Sorgen, dass du dich vielleicht wieder aufregen musst, wenn du am Wochenende beim Papa bist. Ich bin etwas besorgt, dass dir Dinge erzählt werden, die dir nicht guttun. Ich habe ehrlich gesagt Angst, dass du mir weggenommen wirst."

Jetzt war es raus! Marlene war erleichtert und erschrocken zugleich. Was tat sie da, wurde sie gerade vom Teufel geritten? Sie wollte ihn auf keinen Fall wie Jan unter Druck setzen oder ihn verwirren. Simon saß da und sagte nichts.

„Simon, ich will damit nur sagen, egal was geschieht, ich habe dich lieb."

„Ich dich auch, Mama", erwiderte er und stand auf. „Ich muss jetzt meine Hausaufgaben machen."

„Mach nur, mein Schatz."

Marlene ließ ihn ziehen. Sollte sie ihm was vormachen und so tun, als wäre nichts? Das konnte sie einfach nicht. Sie musste irgendetwas dazu sagen. Außerdem vertragen Kinder die Wahrheit besser als eine Lüge, die aus falsch verstandener Rücksicht geäußert wurde.

Kapitel 27
Türen, die zufallen

Am Freitagmorgen frühstückten sie noch gemeinsam, bevor Simon zur Schule aufbrach. Die Tage, an denen Simon zu seinem Vater fuhr, erzeugten meist ein flaues Gefühl in Marlene, es schwankte zwischen Abschied nehmen müssen und einer bangen Ungewissheit. Dieses Mal drückte sie ihren Sohn besonders fest an sich.

„Mama, du erdrückst mich", sagte er, verdutzt über Marlenes überschwänglichen Abschied.

„Ich muss das einfach tun, mein Schatz. Ich wünsche dir eine gute Zeit und ich freue mich, dich bald wieder zu drücken", antwortete sie überspielt heiter, in der Hoffnung, dass er ihre Traurigkeit nicht bemerkte.

Er lächelte sein lausbubenhaftes Lächeln und seine Sommersprossen über der Nase und an den Wangen sprangen dabei noch deutlicher hervor. Dann drehte er sich um und ließ die Tür zufallen. Dieses mittlerweile vertraute Schnappgeräusch, dass die Tür beim Schließen machte, ließ sie zusammenzucken. Es erinnerte sie stets an Simons Abschied. Egal ob er zur Schule, zum Spielen oder zu seinem Vater ging – irgendwie mochte sie keine zufallenden Türen mehr.

Wie immer lief sie zum Küchenfenster und blickte ihm nach, wie er mit seinen Schulkameraden in Richtung Kurve ging, bevor er aus ihrem Blickfeld verschwand. Meistens drehte er sich nochmals zu ihr um und winkte ihr zu, doch dieses Mal ging er ohne eine Reaktion weiter. Er wusste wahrscheinlich, dass er ihren Kummer nur noch mehr verstärken würde, wenn er sich jetzt umdrehen würde.

Marlene sammelte sich und atmete tief durch. Heute war Bürotag und sie musste sich beeilen. Sie freute sich über die willkommene Ablenkung, danach würde sie noch für das bevorstehende Wochenende mit Adrian einkaufen. Am Abend wollte sie das Alleinsein nutzen, vielleicht mit einem heißen Bad und einem schönen Buch.

Mohnblumenrot

Am nächsten Morgen wälzte sich Marlene noch ein wenig im Bett herum, bevor sie beschloss aufzustehen. Sie lag einfach da und ließ die Gedanken, die wie alte Freunde schon in den Startlöchern saßen und darauf warteten, sie endlich zu besuchen, vorüberziehen. Sie versuchte, keinen davon festzuhalten. In Gedanken ging sie den heutigen Tag durch. Sie beschloss, heute Vormittag zu lernen und später noch eine Runde zu joggen. Dann sprang sie voller Tatendrang aus dem Bett.

Inzwischen wurde es Mittag, sie saß bereits seit zwei Stunden am Schreibtisch und lernte. Sie klappte ihre Bücher zu. Sie hatte das dringende Bedürfnis nach frischer Luft. Schnell zog sie ihre Laufsachen an und lief hinaus in die endlose Weite der Felder und Wiesen. Hinter den Wolken blitzte immer wieder die Sonne hervor. Sie joggte in einem langsamen, gleichmäßigen Tempo. Das tiefe Rot der Mohnblumen, die am Rande des Feldes standen, zog ihre Aufmerksamkeit an. Mohnblumen waren die Lieblingsblumen ihres Sohnes. Die kräftige Farbe signalisierte Stärke, Freude und Standhaftigkeit, doch ihre zarten und filigranen Blütenblätter fallen schnell ab, sobald man sie pflückt. Sie lassen es nicht zu, dass man sie einfach so herausreißt, in eine Vase steckt und einsperrt. Sie leuchten und strahlen und zeigen jedem ihre Schönheit, wenn man sie einfach dort lässt, wo sie sind. Sie lief eine Stunde lang im gleichmäßigen Tempo. Es war wie eine Meditation, ihre Gefühle und Gedanken ordneten sich wieder neu.

Zuhause angekommen, sprang sie schnell unter die Dusche, in einer halben Stunde würde Adrian da sein. Sie hatte also noch ein wenig Zeit, um sich hübsch zu machen. Sie freute sich auf die gemeinsame Zeit mit ihm.

Adrian kam pünktlich. Sie aßen gemeinsam eine Kleinigkeit und jeder erzählte, was er so in der Zwischenzeit erlebt hatte. Während Adrian begeistert von seinen Erlebnissen berichtete, wurde Marlene wieder schlagartig bewusst, welches Geschenk ihr der Himmel mit diesem Mann gemacht hatte. Sie hatte sich noch bei keinem Mann so wohl gefühlt. Sein Wesen war von einer Sanftheit und Natürlichkeit, die nichts Berechnendes hatte. Tief berührt über diese Erkenntnis stand sie auf, umarmte ihn zärtlich und flüsterte ihm ins Ohr: „Schön, dass du in mein Leben gekommen bist, Adrian."

Fight oder Flight

Am nächsten Morgen beschlossen sie, nach einem ausgiebigen Sonntags-Frühstück einen Waldspaziergang zu unternehmen. Sie fuhren mit dem Auto zu einem gern besuchten Ort mitten im Wald, zu einer kleinen Wirtschaft, wo Wanderer und Spaziergänger sich stärken konnten. Dort wollten sie Mittag essen und anschließend zu einem Spaziergang aufbrechen.

Als sie am späteren Nachmittag wieder zurückkamen, erblickte Marlene sofort den blinkenden Anrufbeantworter und sogleich beschlich sie ein ungutes Gefühl. Sie drückte auf die Taste, um die Nachricht abzuhören. Simons Stimme erklang.

„Hallo Mama, ich wollte dir bloß sagen, dass ich krank bin und deshalb bei Papa bleibe." Marlene erstarrte innerlich, als sie das hörte.

„Adrian!", rief sie mit erregter Stimme. Er kam sogleich und sah ihren völlig verdutzten Blick.

„Was ist denn los"?

„Simon kommt heute nicht zurück, er ist angeblich krank und bleibt deshalb bei seinem Vater. Ich weiß gar nicht, was mit ihm los ist, er hörte sich überhaupt nicht krank an."

Adrian nahm Marlene in den Arm. „Am besten ist, du rufst dort an."

„Da bekomme ich doch nur wieder faule Ausreden und ein Theater vorgespielt", sagte sie erbost. „Aber ich will wissen, was mit Simon los ist, also muss ich es tun."

Marlene drückte nochmals auf den Anrufbeantworter, um den Zeitpunkt des Anrufs zu erfahren. 14 Uhr zeigte das Gerät, jetzt war es 17 Uhr.

Sie überlegte kurz und ging gedanklich alle Eventualitäten durch, die Jan ihr wieder entgegensetzen könnte. Sie ließ das Telefon längere Zeit läuten, aber niemand hob ab. Marlene legte auf.

„Das hätte ich mir denken können", murmelte sie. „Das alles ist doch nur wieder ein abgekartetes Spiel."

„Versuche es später noch einmal", meinte Adrian beschwichtigend. „Jan kann sich kaum erlauben, dir über Simon keine Auskunft zu geben, noch dazu vor dem Gerichtstermin nächste Woche."

„Da kennst du aber Jan nicht!", warf sie Adrian entgegen. „Er ist ein Trickser und er weiß, wie man andere am besten an der Nase herumführt. Ich habe schließlich mit ihm gelebt und lange gebraucht, ihn zu durchschauen. Das Schlimmste bei der ganzen Sache ist doch, dass mein Kind dieser unguten Situation ausgesetzt ist. Er ist noch so klein und kann sich nicht dagegen wehren."

Marlene war jetzt sehr aufgebracht. Plötzlich kam ihr eine Idee.

„Lass uns hinfahren", sagte sie plötzlich zu Adrian.

„Ich weiß nicht, ob das so gut wäre", antwortete er.

„Warum nicht? Dann kann ich mir selbst ein Bild machen und schauen, wie es Simon geht. Gegebenenfalls kann ich ihn gleich mitnehmen."

„Willst du dir das heute wirklich noch antun, Marlene?"

„Verdammt ja, es geht hier um mein Kind!"

„Bevor wir das machen, ruf erst noch einmal dort an."

„Ja, gut. In einer halben Stunde werde ich es nochmal versuchen, aber wenn ich Jan nicht ans Telefon bekomme, hole ich mein Kind."

Nach einer halben Stunde wählte sie nochmals die Nummer von Jan. Am Apparat war Simon.

„Simon, mein Schatz, was ist denn los?", sprudelte es aus Marlene heraus.

„Ich habe Halsweh, ich bin krank", antwortete er. Seine Stimme klang irgendwie aufgesetzt.

„Ja, aber deswegen musst du doch nicht bei Papa bleiben, er hat doch überhaupt keine Zeit, sich um dich zu kümmern."

„Nein, ich bleibe bei Papa und Henriette", antwortete Simon störrisch.

„Gib mir mal bitte deinen Vater."

Simon übergab den Hörer. Am Telefon war nicht Jan, sondern Henriette.

„Tut mir leid, Jan ist leider nicht da", hörte sie Henriette sagen.

„Er soll mich bitte umgehend anrufen, wenn er zurückkommt", bat Marlene.

„Das richte ich gerne aus", antwortete sie zuckersüß.

Marlene legte auf. Sie spürte, wie sich in ihr etwas zusammenbraute.

In der Zwischenzeit kam Adrian ins Zimmer. „Und was war?", wollte er wissen.

„Oh, ich könnte Jan den Hals umdrehen", zischte sie. „Ich glaube das alles nicht, das ist wieder eines seiner manipulativen Spielchen. Und Simon steht dazwischen."

„Komm, setz dich", versuchte Adrian sie zu beruhigen. „Soll ich dir einen Tee machen?"

„Ich kann mich jetzt nicht setzen und einen Tee brauche ich auch nicht. Das, was ich jetzt brauche, ist jemand, der Jan einmal richtig die Meinung geigt und ihm klarmacht, was er unserem Sohn antut." Marlene redete sich jetzt förmlich in Rage.

„Komm, Marlene, das hat doch jetzt überhaupt keinen Sinn, dass du dich über diesen Typen aufregst, das ist er nicht wert."

„Ja, schon, aber mir geht es einzig und allein um Simon."

Zwei Stunden vergingen, ohne dass Jans sich meldete. Es war bereits 20 Uhr. Sie saß mit Adrian auf der Wohnzimmer-Couch, die Nachrichten liefen gerade im Fernsehen. Marlene, geistig abwesend, schaute zwar in den Fernseher hinein, aber durch ihn hindurch. In den Nachrichten kam sowieso nichts Positives, so dass sie es sich abgewöhnt hatte, ihr Gehirn damit zu füttern. Heute würde sie wohl kaum noch zu ihrem Sohn fahren, dafür war es bereits zu spät. Adrian saß entspannt da und blickte wie gebannt in die flimmernde Röhre.

Marlene sprang auf, schnappte sich den Telefonhörer und ging damit in ihr Schlafzimmer. Sie versuchte nochmals, Jan zu erreichen, doch niemand hob ab.

,Was habe ich nur erwartet?', dachte sie empört. ,Wenn ich bis morgen früh nichts höre, werde ich meinen Anwalt kontaktieren.'

Sie ging zurück ins Wohnzimmer und kuschelte sich an Adrian. Seine Anwesenheit beruhigte sie. Schweren Herzens beschloss sie loszulassen und es auf den morgigen Tag zu verschieben.

Am nächsten Morgen fühlte sich Marlene wie gerädert. Benommen stand sie auf und ließ sich erst einmal eine Ladung eiskaltes Wasser über das Gesicht laufen. Adrian war schon weg, er hinterließ Marlene auf dem Küchentisch noch eine kleine Botschaft: ,Ich denke an dich, mein Engel, bis später.' Marlene war gerührt.

Während sie sich auf den Tag vorbereitete, kamen ihr tausend Gedanken in den Sinn. Sie musste zuallererst wissen, was mit Simon los ist.

Das Telefon klingelte, sie trocknete ihr Gesicht ab und lief zum Telefon.

Am Apparat war Jan, er redete sofort drauflos: „Simon hat immer noch Halsschmerzen und hat heute Nacht kaum geschlafen. Ich werde ihn deshalb hierbehalten, damit er sich erholen kann. Ich hoffe, dass siehst du auch so."

„Ist das jetzt eine Frage, Jan? Warum hast du mich gestern nicht mehr zurückgerufen, ich habe mir Sorgen um Simon gemacht. Außerdem kann sich Simon auch bei mir erholen, du hast doch gar keine Zeit, dich um ihn zu kümmern."

„Ich weiß gar nicht, Marlene, was du meinst. Du wirst doch nicht erwarten, dass ich ein krankes Kind durch die Gegend kutschiere? Du kannst doch nicht so egoistisch sein und wollen, dass ich Simon zu dir fahre, wenn er krank ist? Aber, was rede ich, du denkst ja sowieso immer nur an dich. Du kannst gerne morgen noch einmal anrufen und dich nach seinem Befinden erkundigen."

Marlene musste sich jetzt augenblicklich beherrschen, um nicht die Fassung zu verlieren. „Ich möchte bitte noch mit Simon sprechen, kannst du ihn bitte ans Telefon holen?"

„Das tut mir sehr leid, Marlene", antwortete er gekünstelt freundlich. „Henriette kümmert sich gerade um ihn, schließlich braucht er jetzt liebevolle Zuwendung." Jan wusste ganz genau, welche Knöpfe er bedienen musste.

„Bitte gib mir sofort Simon ans Telefon!", fauchte Marlene ihn an.

„Nein, Marlene! Du weißt ja jetzt Bescheid und wie schon gesagt, wenn du so besorgt um Simons Befinden bist, kannst du ja wieder anrufen." Dann legte er auf.

„Das darf doch alles nicht wahr sein!", sagte sie aufgebracht.

Sie blickte auf die Uhr, es war schon viel zu spät und sie musste ins Büro. Sie kam eine Viertelstunde zu spät und ihr Chef blickte sie missmutig an.

„Guten Morgen, Frau König, na, hatten wir ein ausschweifendes Wochenende?"

Das fehlte ihr gerade noch, ein übelgelaunter Chef, der heute auch noch an ihr rummäkelte.

„Guten Morgen, Chef", sagte sie betont freundlich. „Nein, der Verkehr heute, Sie wissen schon, Montag..."

Er blickte noch missmutiger drein und Marlene verzog sich schnell in ihr Büro.

‚*Was für ein stimmungsvoller Wochenbeginn*‘, dachte sie sich. Aber heute Vormittag ließ sie sich trotz der Ärgernisse nicht aus der Ruhe bringen. Sie schwor sich in diesem Augenblick, egal, was kommen mag und wie viele Jans auf dieser Welt sich ihr noch in den Weg stellen würden, sie würde ihr Leben rocken und was Schönes daraus machen, denn so steht es in Gottes Plan.

Kapitel 28
Im Auge des Hurrikans

Es war Donnerstag, der Tag bei Gericht. Simon war immer noch bei Jan. Er hatte zwar nur eine leichte Erkältung, aber er wollte die Tage noch bei seinem Vater bleiben. Marlene fand sich damit ab. Sie hatte keine Lust mehr, mit Simon oder Jan zu diskutieren. Sie nutzte die Zeit für sich, um zu lernen. Adrian und sie verbrachten jeden Abend gemeinsam. Marlene genoss es sehr und er unterstützte sie dabei, etwas Abstand von der angespannten Situation zu bekommen. Die Sache hatte also auch etwas Gutes. Wenn Simon hier gewesen wäre, hätte sie sich nur noch mehr gesorgt und wäre sicherlich nicht so entspannt gewesen, wie sie es jetzt ist.

Der Termin beim Familiengericht war für 11 Uhr angesetzt. Sie und ihr Anwalt vereinbarten, sich 10.30 Uhr vor dem Sitzungssaal zu treffen, um gewisse Dinge vorab noch zu besprechen. Mit einem flauen Gefühl stand Marlene vor dem großen braunen Gerichtsgebäude. Sie nahm einen tiefen Atemzug, öffnete die schwere Holztür und betrat mit klopfendem Herzen die große Aula. Sie blickte sich um. Rechts neben der großen geschwungenen Treppe stand eine aus Bronze gegossene „Justitia", die zwei Waagschalen in der Hand hielt.
‚Bring mir Glück‘, dachte sie.
Festen Schrittes stieg sie die Treppe nach oben. Der Sitzungssaal befand sich in der ersten Etage. Sie lief einen langen Gang entlang, von dem links und rechts viele Türen abgingen. Das grelle Neonlicht verlieh jedem, der Marlene begegnete, ein fahles Aussehen. Wie Gespenster huschten die Menschen an ihr vorbei. Sie bog rechts ab, dann stand sie vor dem Raum, in dem gleich ihr und Simons Schicksal beschlossen werden sollte. Sie blickte sich um, es war noch niemand zu sehen. Sie setzte sich auf einen der Stühle,

die auf der gegenüberliegenden Seite standen. 10.40 zeigte die Uhr, als ihr Anwalt endlich um die Ecke kam.

„Guten Tag, Frau König", begrüßte er sie mit einem Lächeln und reichte ihr die Hand. „Wie geht es Ihnen? Machen Sie sich keine Sorgen, wir werden das Kind schon schaukeln."

„Das Kind schaukeln, wie treffend", antwortete Marlene und lächelte gequält.

„Keine Bange, Frau König! Wichtig ist, dass Sie nur reden, wenn Sie gefragt werden. Der Richter mag es nicht, wenn man ihn unterbricht, gegebenenfalls überlassen Sie das mir", erklärte er.

Marlene nickte und meinte: „Aha, so ist das."

Nun erschien auch Jan mit seinen Anwalt im Gefolge. Jan trug ein graues Sakko und eine schwarze Stoffhose, natürlich durfte auch die Krawatte nicht fehlen. Er wusste stets, wie man einen gediegenen Eindruck machte.

Der Anwalt von Jan nickte Marlenes Anwalt und ihr kurz zu. Sie mochte ihn nicht. Er hatte etwas an sich, das ihr nicht behagte. Er erinnerte sie an einen Mafioso aus „Der Pate".

Jan und er standen etwas entfernt, sie unterhielten sich. Sie beobachtete die beiden aus den Augenwinkeln und bemerkte Jans Unsicherheit und Nervosität. Sie erkannte es daran, dass er nervös lachte. – Warum tat er ihr plötzlich leid? Was ihr dabei in den Sinn kam, war ein Gefühl des gemeinsamen Versagens nicht nur als Paar, sondern auch und gerade als Eltern.

Um 11.05 Uhr ging die Tür des Sitzungsraumes auf. Heraus kamen ein Mann und eine Frau mit deren Anwälten. ‚Wahrscheinlich eine Scheidung‘, dachte Marlene. ‚Wieder zwei Menschen mit zerstörten Träumen und Hoffnungen.‘

Nach einer gefühlten Ewigkeit wurden sie endlich hineingelassen. Beide Parteien nahmen gegenüber Platz. Auf einem kleinen Podest saßen der Richter und eine andere männliche Person. Der Richter, ein kleiner und etwas molliger Typ, stand kurz auf. Unter seiner schwarzen Robe konnte Marlene eine braune Cordhose sowie weiße Socken, die in braunen Leinenschuhen steckten, erkennen. Auf den ersten Blick konnte sie ihn schwer einschätzen. Der Richter nahm wieder Platz. Die Tür wurde geschlossen und er schlug seine Mappe auf. Mit monotoner Stimme eröffnete er die Sitzung.

„Es geht um die elterliche Sorge der Parteien König und Völlmer, vertreten durch deren Rechtsanwälte, sowie das Aufenthaltsbestimmungsrecht für den gemeinsamen Sohn, Simon Völlmer."
Marlene spürte jetzt eine leichte Nervosität in sich aufsteigen. Wie gebannt starrte sie auf den Mann in der schwarzen Robe, sie fühlte sich plötzlich wie in einem falschen Film.
Der Richter erklärte zuerst die Sachlage und berief sich auf das Sachverständigen-Gutachten der Gutachterin Frau Müller. Er führte anschließend alle Für und Wider auf, die für Marlene sprachen, dann alle Für und Wider für Jan.
Jans Anwalt hob die Hand und erklärte dem Richter, dass Marlene momentan noch in einer Ausbildung stecke und arbeiten gehen müsse und somit auch wenig Zeit für Simon hätte. Simon wäre unter diesen Gesichtspunkten in der Familie von Jan besser aufgehoben, da er dort mehr Stabilität sowie ein geordnetes Familienleben habe. Zudem sei die Stiefmutter auch bereit, sich um Simon ausreichend zu kümmern.

In Marlene regte sich heftiger Widerstand, als sie das hörte. Sie hob spontan die Hand und redete drauflos, um sich zu verteidigen. Der Richter würdigte sie keines Blickes und wies sie scharf zurecht, sie solle bitte nicht dazwischenreden.
Ihr Anwalt flüsterte ihr ins Ohr, sie solle bitte ruhig bleiben und ihn reden lassen.
Dann legte Marlenes Anwalt Einspruch ein.
Er erklärte, dass man ein Kind nicht einfach aus seinem gewohnten Umfeld (Schule, Freunde, Familie) und aus einer seit der Ge-

burt des Kindes sicheren Bindung zur Mutter reißen sollte. Das Herausnehmen aus dieser Bindung würde für Simon zusätzlich eine schwere Belastung bedeuten, im Sinne eines seelischen Traumas, mit unvorhersehbaren Folgen für seine weitere Entwicklung. Dies würde dem Kind nicht helfen. Sollte das Aufenthaltsbestimmungsrecht auf den Vater übertragen werden, würde sich auch an der Problematik zwischen den Eltern nichts ändern. Zudem hatte der Vater als Unternehmer während der Ehe kaum Zeit für seine Familie und dies würde sicherlich auch zukünftig so sein. Man sollte hier weiter überlegen, ob es sinnvoll wäre, das Kind von einer fremden Frau, statt von der eigenen Mutter beaufsichtigen zu lassen. Die leibliche Mutter kann nicht einfach ersetzt werden. Der Vorschlag der gerichtlichen Sachverständigen würde deshalb an der Situation überhaupt nichts verbessern, sondern, im Gegenteil, die Situation des Kindes nur verschlechtern.

Marlene hoffte inbrünstig, dass diese schlagkräftigen Argumente den Richter überzeugen müssten. Sie empfand die ganze Szenerie unwirklich und irreal. Noch nie war sie in einem Gerichtssaal und nie hätte sie gedacht, vor Gericht um ihr Kind kämpfen zu müssen. Das alles hatte sie Jan zu verdanken, seiner Uneinsichtigkeit und seiner Rachsucht. Sie hätte am liebsten laut geschrien.

Sie mochte die Art nicht, wie Jans Anwalt mit ihr sprach und argumentierte. Es war dieselbe Art, wie Jan mit ihr redete, so, als wäre sie nicht ganz zurechnungsfähig.

Sie blickte zu Jan. Er saß da und sah aus, als könne er kein Wässerchen trüben. Sein Gesicht zeigte keine Emotion, er hatte seine Gefühle im Griff. Das war ja schon während der Ehe so gewesen. Marlene war die Temperamentvolle, die manchmal über das Ziel hinausschoss, wenn die Gefühle mit ihr durchgingen wie wilde

Pferde. Jan war jemand, der auf Marlenes Ausbrüche passiv-aggressiv reagierte und heimlich Rachepläne schmiedete.

Der Richter redete und zeigte, wie Jan, keine Emotion dabei. Marlene hatte das Gefühl, als wolle er die Angelegenheit schnell vom Tisch haben, damit er sein Mittagessen nicht verpasste. Für ihn war das nur eine tägliche Routineangelegenheit. Für Marlene jedoch bedeutete es das Schwert des Damokles, das über ihr hing und jeden Augenblick herunterfallen und ihrem bisherigen Leben ein Ende setzen konnte.

Marlene spürte ihre innere Anspannung stärker werden, sie wandte sich zu ihrem Anwalt. „Können Sie nicht etwas tun, das den Richter überzeugt?", flüsterte sie ihm zu. Er nickte besonnen und legte beruhigend die Hand auf ihren Arm. Marlene glaubte fast, innerlich zu platzen. Sie beobachtete den Richter, wie er in seinen Unterlagen blätterte. Dann richtete er sein Augenmerk auf Marlene und Jan. Er ordnete eine Mediation für beide an, damit, egal bei wem das Kind zukünftig leben sollte, eine bessere Verständigung auf der Elternebene erreicht werden konnte. Marlene stupste ihren Anwalt unauffällig in die Seite. Der Anwalt wusste, was sie meinte.

Er hob die Hand und erklärte, dass seine Mandantin in der Vergangenheit zahlreiche Stellen zur Vermittlung des Elternkonfliktes kontaktiert hatte, der Antragsgegner jedoch darauf überhaupt nicht reagiert und keinen Termin davon wahrgenommen habe.

Der Richter vernahm es kommentarlos und machte sich Notizen.

Es wurden noch einige Punkte diskutiert. Aus dieser ganzen Situation war für Marlene jedoch nicht ersichtlich, in welche Richtung sich das Ergebnis bewegte. Sie hatte immer noch die Hoffnung, dass sich das Blatt zu ihren Gunsten wenden würde.

Der Richter ließ in dieser Hinsicht nichts erkennen, bis er dann irgendwann sagte, er wolle allmählich zum Ende kommen und hinsichtlich der Tatsachen und des Sachverständigen-Gutachtens würde folgender Beschluss ergehen.

Marlene ballte die Fäuste zusammen, ihre Kehle war trocken und ihr Herz war kurz davor, aus ihrer Brust zu springen.

Mit monotoner Stimme sprach der Richter folgende Worte: „Das Aufenthaltsbestimmungsrecht für das Kind Simon Völlmer wird auf den Antragsteller Herrn Jan Völlmer übertragen. Die gemeinsame elterliche Sorge wird beiden Parteien belassen. Dieser Beschluss fußt auf den Feststellungen im Gutachten der Sachverständigen Frau Müller. Positiv für das Kind sei, das die Sachverständige beiden Eltern Erziehungsqualität bescheinigen konnte. Den Eltern sei dringend anzuraten, das regelmäßige Umgangsrecht einzuhalten und zu fördern und sich darüber auch zu verständigen. Beiden Parteien geht in den nächsten Tagen der Beschluss in schriftlicher Form zu. Die Sitzung ist hiermit beendet."

Der Richter klopfte mit seinem Hammer auf den Tisch und schlug die Mappe zu. Marlene blickte voller Fassungslosigkeit zuerst den Richter und dann ihren Anwalt an. Der Anwalt klappte ebenfalls seine Unterlagen zu und sein Blick war ebenso verständnislos. Der Schlag des Hammers hallte wie ein Paukenschlag in ihrem Kopf nach. Dieser Hammerschlag zerstörte Marlenes Leben ein zweites Mal.

Völlig ernüchtert und wie betäubt stand sie auf und ging mit ihrem Anwalt nach draußen. Sie wollte schnellstens hier weg. Aus den Augenwinkeln sah sie Jan selbstzufrieden neben seinem Anwalt sitzen. Alles, was er wollte, hatte er nun erreicht. Er wagte es nicht, Marlene anzublicken, als sie an ihm vorbeiging.

Sie spürte instinktiv, dass Jan genau wusste, tief in seinem Inneren, in seinem Herzen, dass er etwas getan hatte, was nicht rechtens ist. Er hatte in diesem Augenblick seinem Sohn die Mutter genommen.

Draußen vor dem Gerichtsgebäude konnte sie sich nicht mehr halten. Die Tränen liefen über ihr Gesicht, sie schluchzte. Mit zitternden Händen kramte sie in ihrer Handtasche nach einem Taschentuch, doch sie fand keines. Der Anwalt überreichte ihr seines. Sie schnäuzte laut hinein. Dann nahm sie ihren Anwalt beim Arm und ging mit ihm in Richtung Parkplatz. Jan sollte sie nicht so sehen, er sollte sich nicht noch in ihrer Niederlage baden. Sie liefen die Straße hinunter zu ihrem Auto.

Mitfühlend sagte er: „Frau König, es tut mir so leid, ich verstehe das leider auch nicht. Aber meistens ist es so, dass sich die Richter bei ihrer Entscheidung auf das Gutachten stützen, wenn die Sache nicht eindeutig zu klären ist."

„Das hilft mir jetzt auch nichts mehr, verdammt." Marlene schnäuzte dabei laut in das Taschentuch. „Sie müssen mir helfen, ich will das so nicht hinnehmen, was haben wir noch für Möglichkeiten?"

Der Anwalt blickte betreten zu Boden. „Was wir tun können, Frau König, ist, in die zweite Instanz beim Oberlandesgericht zu gehen."

„Ja?" Marlene wurde sofort hellwach, ein leichter Hoffnungsschimmer machte sich in ihr breit.

„Ja, das können wir, Frau König. Wir warten jetzt den schriftlichen Beschluss ab und dann reichen wir diesen mit einer Beschwerde beim Oberlandesgericht ein."

Marlene atmete jetzt durch und nickte. „Das gibt mir ein wenig Hoffnung, vielleicht können wir die Situation doch noch abwenden. Es kann doch nicht sein, dass man einer Mutter so mir nichts dir nichts einfach das Kind wegnimmt, nur weil eine Psychologin das so sieht und der Richter mich nicht einmal richtig angehört hat. Ich liebe meinen Sohn und ich habe mir nie etwas zuschulden kommen lassen."

Sie weinte, während sie bemüht war, ihre Tränen, die unaufhörlich über das Gesicht liefen, mit dem Taschentuch zu trocknen.

„Versprechen kann ich nichts, Frau König, aber einen Versuch ist es auf jeden Fall wert. Nun fahren Sie nach Hause und erholen sich von diesem Stress."

Mit diesen Worten verabschiedete sich ihr Anwalt und Marlene stieg in ihr Auto. Sie kramte im Handschuhfach nach einer Zigarette. Sie brauchte jetzt eine, dringend. Sie zündete sich die Zigarette an und nahm einen tiefen Zug. Sie lehnte sich zurück und blickte geistesabwesend nach draußen.

,Warum tust du mir das an, Gott? Warum nimmst du mir mein Kind weg? Was soll der Sinn darin sein, ich sehe keinen.'

Über Marlenes Gesicht kullerten unaufhörlich die Tränen, während sie den Rauch aus dem Autofenster blies. Das Einzige, was sie jetzt fühlen konnte, waren Schmerz, Wut und das Gefühl der Demütigung. Sie warf die Zigarette aus dem Fenster und startete den Wagen. Sie beschloss, zu ihren Eltern zu fahren, sie warteten sicherlich schon.

Als sie dort ankam, sah sie ihre Mutter schon aus dem Fenster schauen, sie winkte ihr zu. Ihre Mutter öffnete die Tür und Marlene stand wie ein Häufchen Elend vor ihr. Ihr Vater kam herbei und schaute sie fragend an.

„Was war?", fragte er.

Marlene blickte beide an und meinte: „Ich glaube, ich brauche nicht viel zu erklären. Wie ihr ja seht, gibt es nichts Gutes zu berichten. Der Richter hat Jan das Aufenthaltsbestimmungsrecht zugesprochen." Sie warf sich schluchzend in die Arme ihrer Mutter.

„Jetzt beruhige dich, Marlene", sagte ihre Mutter beschwichtigend.

Ihr Vater schüttelte nur den Kopf und murmelte etwas von: „Das verstehe ich nicht. Was will der denn überhaupt, der hat doch für das Kind überhaupt keine Zeit. Ich werde mir Jan mal vorknöpfen, du hättest dir diesen Kerl besser anschauen sollen, bevor du ihn heiratest."

„Henry, das bringt doch jetzt nichts", warf ihre Mutter ein.

„Ach ja?", antwortete Marlene jetzt aufgebracht. „Ihr habt ihn doch auch so toll gefunden, oder nicht? Außerdem ist es beschlossene Sache. Mein Anwalt meinte, wir können noch in die zweite Instanz gehen und gegen das Urteil Beschwerde einreichen."

Marlenes Mutter nickte. „Ja, mach das, Kind", sagte sie. „Fahr jetzt nach Hause und komme erst einmal zur Ruhe. Das ist jetzt eben so und wir können es momentan nicht ändern."

Ihre Mutter war wie immer diejenige, die den Tatsachen ins Auge blickte und nüchtern und sachlich die Lage betrachtete. Ihr Vater hingegen war wie sie, emotionsgeladen, zornig und die ganze Situation nicht hinnehmend.

Marlene nickte stumm zu der Aufforderung ihrer Mutter. Sie umarmte ihre Eltern und verabschiedete sich. Während sie zum Auto ging, registrierte sie, wie ihre Eltern am Fenster standen und ihr nachschauten. Sie spürte ihren besorgten Blick im Rücken.

Als sie daheim ihre Schuhe auszog und ihre Jacke an die Garderobe hängte, bemerkte sie eine aufdringliche Stille, die sich immer mehr aufbaute. Sie war gern allein, aber dann war es wieder schön, wenn Kinderlachen und Leben durch das Haus zog. Selbstquälende Gedanken zermarterten sie, sie fing zu weinen an, das alles war zu viel für sie. Sie wollte jetzt nicht allein sein. Sie nahm den Telefonhörer in die Hand und wählte Adrians Nummer.

Marlene erzählte ihm, was sie heute erlebt hatte. Adrian war tief erschüttert, ihm fehlten die Worte. Was soll man einer Mutter sagen, die ihr Kind gerade durch eine gerichtliche Bestimmung verloren hat und es nur noch alle 14 Tage und in den Ferien sehen darf? Dafür gibt es keine Worte und egal, welche Worte man benutzt, die Dimension, die dahintersteht und einem noch gar nicht bewusst ist, erfährt man erst viel später. Es ist wie bei einem Hurrikan oder einem Tsunami, die Welle rollt mit einer Wucht an, überschwemmt das ganze Land und reißt vieles fort, was nicht sicher ist. Dann zieht sie sich zurück, es folgt eine kurze Stille, ein Aufatmen, ein langsames Erwachen aus der Starre. Man begreift noch nicht, was da gerade passiert ist, bis man langsam realisiert, was es hinterlassen hat: zerstörte Heimat, zerstörte Seelen, Tod und Verwüstung.

„Marlene, mir fehlen die Worte, das hätte ich einfach nicht erwartet. Ich hätte nie geglaubt, dass Simon dem Vater zugesprochen wird. Das tut mir so unendlich leid für dich", sagte Adrian betroffen.

„Ist schon gut, Adrian", erwiderte Marlene und schniefte.

„Ich möchte dir gerne etwas Gutes tun, Marlene. Ich komme später vorbei und bringe was vom Italiener mit. Ich möchte dich jetzt nicht alleine lassen."

Marlene nickte nur, sie merkte nicht, dass Adrian auf eine Antwort wartete.

„Marlene?", fragte Adrian.

„Ja, Adrian, ich habe dich gehört. Ich wäre sehr froh und dankbar, wenn du vorbeikommst."

Nach dem Telefongespräch fühlte sich Marlene völlig ermattet. Ihr Körper und ihre Glieder schmerzten. Alles, was sie wollte, war, aus diesem Alptraum aufzuwachen.

Marlene hatte diesen Kampf heute verloren, doch es blieb noch eine kleine Hoffnung. Sie hoffte darauf, dass in einem weiteren Verfahren vor dem Oberlandesgericht beseelte Richter waren, die erkennen konnten, wo ihr Kind am besten aufgehoben ist.

Kapitel 29
Die Zeit danach (zusammengefasst)

Marlene stand unter Schock. Sie konnte nicht begreifen, dass ihr Kind, das von Anfang an bei ihr gelebt hat und das sie liebte, plötzlich nicht mehr in ihrem Leben sein sollte. Was war da falsch gelaufen?
Auch ihre besten Freundinnen Leni und Sophie waren zutiefst erschüttert über das Urteil. Sie sprachen Marlene Mut zu, sie solle den Kopf nicht hängen lassen und auf jeden Fall einen zweiten Versuch beim Oberlandesgericht anstreben.

Die folgende Zeit mit Simon wurde für Marlene zum Hindernislauf. Simon begriff noch nicht, was auf ihn zukam, doch er spürte Marlenes innere Verzweiflung und Zerrissenheit. Marlene versuchte, so gut es ging, ein normales Leben zu führen und Simon so wenig wie möglich mit ihrem Kummer zu belasten. Manchmal gelang es ihr auch, doch oft kam der kleine Teufel über die Hintertür herein, wenn ihr schmerzlich bewusst wurde, dass sich ihr und Simons Leben bald radikal ändern würde.

Ein nochmaliger Versuch
Der Versuch vor dem Oberlandesgericht, doch noch eine Wende zugunsten Marlene zu erreichen, scheiterte ebenso. Es war im Grunde ein müder Abklatsch der ersten Verhandlung. Ihr Anwalt setzte sich mit schlagkräftigen Argumenten ein, doch die Richter beriefen sich nach längerem Hin und Her ebenfalls auf das Sachverständigen-Gutachten und den Beschluss der ersten Verhandlung. Das gemeinsame Sorgerecht wurde beibehalten und es erging eine Aufforderung an den Vater, das 14-tägige Umgangsrecht zu fördern und einzuhalten, ebenso die Aufteilung der Ferien. Simon sollte nach den Sommerferien zum Vater übergehen.

Marlene war völlig am Boden zerstört. Ihr wurde schlagartig klar, dass es kein Zurück mehr gab. Es blieben nur noch wenige Wochen, bis Simon weg war und sie ihn nur noch aller 14 Tage sehen konnte. Sie zermarterte sich unentwegt den Kopf darüber, ob sie alles richtig gemacht hatte. Vielleicht hatte sie etwas Wichtiges übersehen oder es waren sogar die falschen Leute, die sie beauftragt hatte, um für sie und Simon eine gute Lösung auszuhandeln.

The Winner takes it all?
Nach außen hin schien Jan der Gewinner in diesem Prozess zu sein, aber in dieser Situation gibt es keinen Sieger. Hier von Sieg zu sprechen, wären reiner Hohn und pure Egomanie. Verloren hatten alle Beteiligten: Jan, Marlene und vor allem ihr Sohn Simon, der sich in eine Situation fügen musste, in der er kein Mitspracherecht hatte. Natürlich wurde Simon auch vom Richter befragt. Aber jeder, der schon in so einer Lage war, weiß, dass Kindern die Worte in den Mund gelegt werden, so auch bei Simon. Allein die Tatsache, dass sich ein Kind zwischen Mutter und Vater entscheiden soll, ist unglaublich grausam. Was soll ein Kind in diesem Fall anderes sagen als das, was man ihm eingeredet hat. Es ist wahrscheinlich eher eine große Erleichterung für das Kind, darüber nicht nachdenken zu müssen, sondern wie eine Maschine das auszuspucken, was ihm einprogrammiert wurde.

Der Tag X und die Moral der Geschichte
Irgendwann war er da, der Tag X, an dem Simon zum Vater übersiedelte. Marlene schaltete an diesem Tag ihre Gefühle ab. Was sollte sie sonst tun? Vor Simon weinen und jammern? Niemals! Er sollte sie an diesem denkwürdigen Tag nicht so in Erinnerung behalten. Marlene fühlte nichts und sie wollte schweigen.

Im ersten Vierteljahr nach Simons Umzug zu seinem Vater besuchte er Marlene noch regelmäßig. Er zeigte seine Freude offen, wenn er bei ihr war, doch nach und nach wurde Simon systematisch von der Mutter entfremdet. Es folgten mit der Zeit immer mehr Absagen zu Marlenes Wochenenden und auch zu den Ferien. Meist waren es irgendwelche dahergebrachten Gründe. Marlene versuchte per Anwalt, Jugendamt und Gericht zu erreichen, dass Jan das Umgangsrecht und die Ferienregelung einhält und den Kontakt zur Mutter unterstützt. Das wohl übliche Argument, das viele entsorgte Eltern wahrscheinlich kennen, hieß: *Das Kind wolle nicht zur Mutter beziehungsweise zum Vater und es hätte keine Lust, schließlich könne man das Kind nicht zwingen.*

Simon war während dieser Zeit einem unglaublichen Druck ausgesetzt. Richter, Anwälte, Ämter und so weiter, die Marlene verzweifelt um Hilfe bat, einen unproblematischen Kontakt zwischen Simon und seiner Mutter herzustellen, haben kläglich versagt.
Marlene gab jedoch nicht auf. Sie fuhr in regelmäßigen Abständen in die 100 km entfernte Schule, um Simon nach Schulschluss zu sehen und um den Kontakt aufrecht zu erhalten. Oft hatte er nur zehn bis fünfzehn Minuten Zeit. Marlene erkannte dabei deutlich, wie sehr er unter Druck stand. Sie bemerkte seine Zerrissenheit und seine Angst. Er entglitt ihr mehr und mehr.
Schulzeugnisse und andere wichtige Unterlagen wurden ihr meistens vorenthalten und oftmals nur nach ihrer Aufforderung oder per Anwalt an sie geschickt. Jan hielt sich auch sonst an keine Absprachen. Er unterschlug Marlene wichtige Informationen zur Gesundheit oder wichtige Termine, die Simon betrafen. Die Lehrer sowie die Schuldirektion verhielten sich gegenüber Marlene unkooperativ und abweisend, wenn sie höflich um Auskünfte bat, was ihren Sohn betraf. Hier wurde scheinbar gute Vorarbeit geleistet.
Dieser Prozess zog sich über mehrere Jahre. Von Bekannten erfuhr Marlene zudem, dass sich die Stiefmutter Henriette in der Öffentlichkeit als Simons Mutter ausgab. Respektlos nahm sie einen Platz ein, der ihr in keiner Weise zustand.

Marlenes Kontakt zu Simon fand irgendwann nur noch per E-Mail statt. Hier konnten sie sich ein wenig austauschen. Simon berichtete ihr oft von seinen Erlebnissen. Während dieser Zeit musste Marlene schmerzlich erkennen, wie sich die Persönlichkeit ihres Sohnes veränderte. Seine Unfähigkeit Gefühle auszudrücken und seine vorsichtige Argumentation ihr gegenüber nahmen zu.

Auf die Frage nach seiner Handynummer verweigerte er die Antwort. Je älter Simon wurde, desto weniger schrieb er ihr. Seine Kommentare zu ihren Fragen wurden mit der Zeit sehr spärlich oder es kam überhaupt keine Antwort mehr.

Simon ist heute 32 Jahre alt. Marlene hat zu Simon, bis auf einige sehr wenige kurze Momente, seit über 20 Jahren keinen persönlichen Kontakt mehr. Man hat ihm das Wichtigste geraubt, was ein Kind für eine gesunde Entwicklung braucht, seine Wurzeln. Simon ist eines der vielen tausend Opfer von PAS (Parental Alienation Syndrom = Eltern-Kind-Entfremdung) geworden.

Die Zeit heilt nicht alle Wunden, sie lehrt uns,
mit dem Unbegreiflichen umzugehen.

Rainer Maria Rilke

Nachwort

Marlenes Freunde, Adrian und ihre Familie gaben ihr in dieser schweren Zeit Halt und Unterstützung. Marlene traf eine neue Wahl für ihr Leben. Sie baute sich im Laufe der Jahre eine eigene selbstständige Existenz als Lebensberaterin und Coach auf. Der Abnabelungsprozess von ihrem Sohn war ein langer und schmerzvoller Weg, doch letztendlich liegt im Loslassen die einzige Möglichkeit zur Heilung.

Ob man sein Kind wirklich jemals loslassen kann, ist eine andere Frage. Wir sind letztendlich Menschen und mit unseren Wurzeln tief verbunden, ob wir wollen oder nicht. Die Traurigkeit darüber, sein Kind auf diese Art und Weise verloren zu haben, nicht miterlebt zu haben, wie es aufwächst, darf sein. Sie hat einen festen Platz im Herzen jener, die ein solches Schicksal getroffen hat. Diese Traurigkeit jedoch ist es, die unser Herz offenhält und uns weich macht, die uns erlaubt, die tiefe Dimension dahinter zu fühlen. Es ist die sanfte und tröstende Gewissheit, dass es die Liebe ist, die heilt.

Die Dimension dahinter

Marlenes Geschichte beschreibt, wie veraltete Sichtweisen, persönliche und kollektive Ansichten und verletzte und unverarbeitete Gefühle aus der Vergangenheit Trennung und Entfremdung den Boden bereiten können. Es ist ein zutiefst verwurzeltes Problem in einer vom Verstand und Materialismus geprägten Gesellschaft, das nur darlegt, was wir schon längst versäumt haben: **Wir haben verlernt zu fühlen und in uns hineinzuhorchen.** Wir stehen nach wie vor im Dienst des Egos, das uns weismachen will, dass es sich nicht lohnt, auf die innere Stimme zu hören und unser Herz sprechen zu lassen.

Verbindung

In unserem Leben geht es immer um Verbindung(en). Erfolg im Leben hat ganz viel mit Beziehungen zu tun. In einer guten Beziehung mit anderen Menschen kann Wachstum und Heilung entstehen. Aus einer destruktiven Beziehung resultiert meistens Zerstörung und Leid.

Die Frage ist letztendlich: Was treibt uns in gute oder schlechte Beziehungen? Es sind nicht irgendwelche glücklichen oder unglücklichen Zufälle, es sind immer wir selbst mit unseren Konditionierungen, Prägungen, Überzeugungen und Denkmustern. Die eigenen Bindungserfahrungen spielen hier eine wesentliche Rolle.

In meiner langjährigen therapeutischen Erfahrung mit Menschen stellte ich immer wieder fest, dass das Leid, der Kummer und der Schmerz aus nicht geheilten Prägungen und Glaubenssätzen bestehen, also aus Traumata, durch die wir das, was wir ganz früh in unserem Leben erfahren haben, uns zu eigen gemacht haben. Wir glauben tatsächlich, dass die Welt so funktioniert, wie es uns vorgelebt und vermittelt wurde. Doch ist das tatsächlich wahr? Sind Sie das, der/die so denkt und handelt, oder ist es etwas Fremdes, das sich da in Ihnen ausdrückt, etwas, das gar nicht zu Ihnen gehört? Haben Sie sich jemals die Frage gestellt, ob all das, was Sie Ihr Leben nennen, auch Ihr eigenes Leben ist? Ist es das, was Sie sich wirklich wünschen und erträumen?

Ein gelingendes Leben hat viel mit Authentizität, Wahrheit und Integrität zu tun. Es wurde uns schlicht und einfach nicht beigebracht zu hinterfragen und zu entdecken, wer wir selbst sind, wie wir ticken und fühlen. Wir sind „programmiert", „identifiziert" und „konditioniert". Das zu erkennen, ist oft ein mühsamer und leidvoller Weg, ein Netz aus Verstrickungen und Täuschungen, aus welchem wir uns befreien müssen/sollten, wenn das Schwert des

Damokles über uns niedergegangen ist. Es ist jedoch der einzige Weg zur Heilung und zu einem glücklichen Leben.

Ich möchte Ihnen hiermit vorschlagen, dass Sie sich mit Ihrer eigenen Heilung beschäftigen sollten, statt sich im Kampf und Streit um die Kinder körperlich und seelisch zu verausgaben. Nur wenn Sie sich nach innen wenden und Ihrer Seele einmal richtig zuhören und das anschauen, was Sie vielleicht jahre- oder jahrzehntelang verdrängt und unter den Teppich der Verschwiegenheit gekehrt haben, wird sich mit der Zeit auch Ihre Welt im Außen verändern. Wenn Sie wissen, wer Sie selbst sind und sich annehmen können, mit Ihren Stärken und Schwächen, können Sie auch andere annehmen und lieben.

Aus der Sicht der Kinder
Heute wird jede dritte Ehe geschieden. Bei vielen Paaren sind Kinder mit im Spiel, die durch die Trennung betroffen sind. Die Kinder werden dabei nicht gefragt, viele sind noch zu klein und die älteren Kinder werden meist vor vollendete Tatsachen gestellt. Ich spreche hier nicht von Trennungen aus Missbrauchsfamilien o.ä., wo diese Maßnahme eine Notwendigkeit darstellt.

Eine Trennung bereitet meistens Unbehagen oder beklemmende Gefühle, die nicht gebraucht werden, weil momentan andere Dinge wichtiger sind und daher schnell auf die Seite geschoben werden. Die Eltern spüren es unbewusst und sie haben eine leise Ahnung davon, dass sie ihren Kindern etwas Fundamentales, etwas Unentbehrliches wegnehmen, das die Kinder brauchen, um sicher und geborgen aufzuwachsen, nämlich den „heiligen Raum der gemeinsamen Verbundenheit (Verbindung)". Da nützt es auch nichts, ihnen eine „Ersatzmami" oder einen „Ersatzpapi" vor die Nase zu setzen. Es bringt auch wenig, vor den Kindern in eine ängstliche Vermeidungshaltung zu gehen oder es gar in vorgetäuschter Lockerheit und allen möglichen Bespaßungs- und Ablenkungsprogrammen zu überspielen. Kinder merken sehr wohl, was wahr und unwahr ist. Daher schafft so ein Verhalten nur noch mehr Unsicherheit und Vertrauensverlust. Es braucht viel Mut und Offenheit, den Kindern gegenüber ehrlich zu sein und ihre Gefühle und Emotionen sowie ihre Vorwürfe, die sie uns gegenüber machen, auszuhalten. Kinder erleben die Trennung der Eltern meistens als etwas, das ihre Grundfesten im tiefsten erschüttert. Vater und Mutter werden zukünftig nicht mehr in der gewohnten Verbundenheit und Verfügbarkeit erlebt. Wenn sie dann noch in einen Interessens- oder Loyalitätskonflikt hineingezogen werden, so hat das fatale Folgen.

Was passiert in einem Kind, das fortan ohne „elterliche Verbundenheit" leben und auskommen muss? Für sie bedeutet es einen unwiederbringlichen und schweren Verlust. Insgeheim und unbewusst spüren die Eltern das. Sie wollen sich selbst und dem Kind alles so angenehm wie möglich gestalten, indem sie versuchen, über einen verdorbenen Kuchen „Zuckerguss" zu streuen. In der Hoffnung, dass es von alleine wieder weggeht, kleben wir schnell ein Pflaster darüber.

Ich erinnere mich an einen Vorfall aus meiner eigenen Kindheit. Ich war ein sensibles Kind und konnte die Spannungen und Gefühle aus der Umgebung stark wahrnehmen (wie übrigens die meisten Kinder). Als meine Eltern einmal einen heftigen Streit hatten, glaubte ich zu vernehmen, dass sie sich trennen wollten. Deshalb hatte ich von nun an die Überzeugung und das Gefühl, ohne sie weiterleben zu müssen. Die Ohnmacht und der tiefe Schrecken, den ich dabei erfuhr, waren für mich zutiefst verstörend. Ich konnte mich nur schwer beruhigen. Fortan beobachtete ich mit Argusaugen, wie meine Eltern miteinander umgingen. Ich wollte den Beweis, dass sie sich nicht trennen werden. Ich wollte mich einfach wieder sicher fühlen. Diese tiefgreifende Erkenntnis und Erinnerung an diese Episode in meinem noch kindlichen Leben kam mir allerdings erst sehr viel später in mein Bewusstsein. Ob es tatsächlich so war oder nur Einbildung, kann ich nicht mehr sagen, meine Eltern trennten sich Gott sei Dank nicht. Ich bin ihnen sehr dankbar dafür, dass sie den Stürmen einer langjährigen Beziehung und Ehe standgehalten haben, was mitunter sicher viel Kraft gekostet haben muss. Es lohnt sich allemal, die Kraft dafür aufzubringen. Erst wenn wir lernen, nicht mehr vor uns selbst davonzulaufen, wenn es unangenehm wird, erst wenn wir lernen, Konflikte auszutragen, indem wir uns unserer eigenen Gefühle gewahr werden und sie wirklich fühlen, haben wir eine Chance für eine wirklich tiefe und erfüllende Beziehung.

In meinen Augen, und sicher auch in den Augen vieler anderer Menschen, haben die Kinder das absolute Recht, zornig, trotzig und abweisend zu sein. Sie haben das Recht, sich auf ihre eigene Weise über den Verlust der elterlichen Einheit und den unwiederbringlichen Einbruch in ihr weiteres Leben Luft zu machen. Die bedrückenden Erfahrungen, die viele Kinder bei einer Trennung durchmachen, können durchaus traumatisierend und mit ambivalenten Gefühlen verbunden sein.

Wir sollten also viel Geduld und Liebe aufbringen und warten können, bis sich die Kinder zu gegebener Zeit wieder von selbst einem Elternteil oder beiden Elternteilen annähern wollen. Auch sollten sie sich abgrenzen dürfen, wenn sie es für notwendig halten. Das ist die bitterste Pille, die man hier schlucken muss. In der Zwischenzeit haben Sie aber die Möglichkeit, sich um sich selbst zu kümmern (Was für eine Chance, endlich aufzuräumen!), statt sich im Elend der Verzweiflung aufzuhalten oder sich aus Gram und verletzten Gefühlen von ihrem Kind oder ihren Kindern zurückzuziehen oder gar den Kontakt von sich aus abzubrechen.

Im Leid liegt die Chance zur Heilung

Es entsteht sehr viel Leid und Schmerz, wenn ein Elternteil sein Kind durch Entfremdung verliert. Natürlich entsteht auch für das Kind selbst ein Schmerz, das von nun an seinen anderen Elternteil, bei dem es nicht mehr lebt, nicht mehr sehen darf. Es ist vielleicht sogar eines der schlimmsten Erlebnisse in Beziehungen, die einstmals geschlossen wurden, um gemeinsam durchs Leben zu gehen. Was bleibt da noch?

Was kann man tun, um aus dieser Ohnmacht, dem Gefühl versagt zu haben, der Scham, der Angst, der Verzweiflung und Ausweglosigkeit herauszukommen? Es ist ein Teufelskreis, der einem den Atem nimmt und der einen, wenn man nicht aufpasst, in den tiefsten Abgrund stürzen kann, aus dem man nicht mehr herausfindet.

Es bleibt als Einziges, das Loslassen zu lernen und sich seinen inneren Abgründen zu stellen. Sie finden die Antworten nicht im Außen, Sie finden sie nur in sich selbst. Wenn es Ihnen gelingt, aus Ihren bisherigen Prägungen, Verhaltensweisen und übernommenen Ansichten auszusteigen, dann erhalten Sie die Möglichkeit, Ihr Leben in eine ganz neue und erfüllende Richtung zu bewegen. Wenn Sie Ihren Schmerz heilen und ihm mutig ins Auge blicken, dann wachsen Sie über sich hinaus und Sie entdecken Ihre wahre Großartigkeit. Sie werden vielleicht eine leise Ahnung davon bekommen, dass Ihr Leben einzigartig und wertvoll ist. Es will entdeckt werden! Es ist egal, ob Sie verheiratet, allein, getrennt, verwitwet oder geschieden sind, ob Sie Kinder haben oder nicht.

Das salomonische Urteil

König Salomon war nach Darstellung der Bibel im 10. Jahrhundert vor Christi Herrscher des vereinigten Königreichs Israel. Er war ein weiser Herrscher. Das bekannteste Urteil fällte er im Streit zwischen zwei Frauen, die beide behaupteten, die Mutter des ein und desselben Kindes zu sein. Er gab daraufhin die Anweisung, das Kind mit dem Schwert zu teilen, so dass jede eine Hälfte bekomme. Die wahre Mutter verzichtete darauf und bat Salomon inbrünstig, es nicht zu tun, sie gebe es lieber der anderen, damit es am Leben bliebe. (Quelle: Wikipedia)

Ein neues Verständnis

Die Entfremdung eines Kindes wird heute mittlerweile als signifikante, *emotionale und psychologische Schädigung anerkannt sowie als Akt des Kindesmissbrauchs.*
(Quelle: Europäischer Gerichtshof für Menschenrechte/siehe Artikel „Entscheidung Pisica./.Moldavien 23641/17 vom 29.10.2019/
www.hochstrittig.org)

Die Entfremdung ist zudem ein schleichender und zerstörerischer Prozess, welcher tiefe und oft lebenslange traumatische Spuren beim Kind und auch beim entsorgten Elternteil hinterlassen kann. Man hat herausgefunden, dass der Kontaktabbruch des Kindes zum anderen Elternteil, im Zuge der elterlichen Trennung, nachhaltiger schädigt als der Verlust eines Elternteils durch Tod. Dies betrifft vor allem die kleinen Kinder bis ca. 5./6. Lebensjahr.
Es gibt mittlerweile ca. 170.000 Kinder, die ihre Väter nach einem Jahr nicht mehr sehen und 3,2 Millionen Kinder, die ohne ihren Vater aufwachsen. Die Mütter haben mittlerweile rasant aufgeholt und trauten sich in den letzten Jahren mehr und mehr aus ihrem Schattendasein in die Öffentlichkeit. (Mehr zu PAS auf Seite 281)

Der Stempel der Stigmatisierung

Laut Statistischem Bundesamt sind ca. 10 % der entsorgten Elternteile in Deutschland Mütter. (nach heutigem Stand hat Deutschland 83 Millionen Einwohner, davon 10 % = 8.300.000).
Leider sind gewisse Meinungen, wenn Mütter von PAS betroffen sind, in der Öffentlichkeit immer noch weit verbreitet, zum Beispiel: *‚das wird schon einen Grund haben, warum sie ihr Kind nicht mehr sieht'* oder *‚mit der muss was nicht stimmen'* ...
Zudem passt es nicht in das Bild einer perfekten Mutter, das in vielen Köpfen und in unserer Gesellschaft verankert ist. Das sind Aspekte, warum betroffene Mütter sich bisher nicht oder kaum

mit ihrem Problem an die Öffentlichkeit wagten, auch die Angst, von der Gesellschaft argwöhnisch betrachtet oder in Schubladen eingeordnet zu werden, sind meiner Meinung nach sehr wesentliche Gründe dafür. Hinzu kommen noch Schuld- und Versagens-Gefühle sowie die Auswirkungen dieses belastenden Traumas, die es einer entfremdeten Mutter erschweren, sich solch einem Kraftakt im Außen auszusetzen.

Damals gab es noch sehr wenig Verständnis und Aufklärung zu diesem Thema. Marlene wusste damals gar nicht, dass es so etwas wie „Eltern-Kind-Entfremdung" überhaupt gibt. Nicht im Traum hatte sie an so etwas gedacht. Sie war nach der Trennung von ihrem Mann stets bestrebt, im Sinne ihres Sohnes zu handeln und ihm den Kontakt zu seinem Vater selbstverständlich zu ermöglichen. Sie war sich auch bewusst, dass ein Kind beide Eltern braucht. **Es ist sein absolutes Recht und niemand darf es ihm nehmen.** Sie erklärte ihrem Sohn immer wieder, dass er keine Schuld trägt und dass Mama und Papa jetzt zwar nicht mehr zusammen sind, aber dass sie immer für ihn da sein werden und ihn lieben.

Das alles geschah vor mehr als 20 Jahren. Marlene fühlte sich damals mutterseelenallein. Sie war eine Mutter, der man versuchte, das Kind zu stehlen, es ihr wegzunehmen, auf eine schändliche Art und Weise. Das alles lief im Verborgenen ab, unter dem Radar der Öffentlichkeit. Es gab keinen offensichtlichen Täter, der ihr oder ihrem Sohn körperlichen Schaden zufügte, denn es geschah auf der psychischen Ebene. Niemand außer ihr schien zu begreifen, was da vor ihren Augen passierte. Selbst im engsten Verwandtenkreis erfuhr sie nur Kopfschütteln und Hilflosigkeit.

Marlene befand sich in einer Wüste von Unverständnis, Intoleranz, verletzten Gefühlen und Machtlosigkeit. Alles, was sie versuchte, um ihren Sohn vor weiterem Schaden zu bewahren, wurde nicht gehört, nicht wahrgenommen, zurückgewiesen und boykottiert. Sie war gefangen in einem maroden Sumpf, in welchem sie Gefahr lief, immer weiter nach unten gezogen zu werden, je mehr sie sich anstrengte, um herauszukommen.

Sie suchte nach Stellen, die sich mit dieser Thematik auseinandersetzten. Zu dieser Zeit gab es nur sehr wenige. Schließlich fand sie einen Verein in ihrer Nähe, doch das waren alles Väter, die ihre Kinder nach der Trennung nicht mehr sehen konnten. Sie schloss sich für eine Zeit diesem Verein an. Sie hatte die Hoffnung, dort fachkundige Hilfe und Unterstützung zu finden. Mit der Zeit bemerkte sie jedoch eine gewisse Frauenfeindlichkeit, die ja einerseits zu verstehen war, nachdem es hier die Mütter waren, die den Vätern die Kinder vorenthielten.

Dieser Verein leistete wertvolle Aufklärungsarbeit und setzte sich dafür ein, dass die Entfremdung und Vorenthaltung der eigenen Kinder ein immer breiteres Interesse in der Öffentlichkeit fanden. Marlene merkte erst dadurch, welche Dimensionen sich hinter diesem Thema auftaten. Sie besuchte Vorträge von Fachleuten, die sich damit auseinandersetzten, sie las alles darüber, was sie in die Hände bekam.

Ein Vortrag, der Marlene in sehr guter Erinnerung blieb, war die Rede des **Familienrichters Jürgen Rudolph, Begründer der „Cochemer Praxis".**

Das „Cochemer Modell" ist eine Arbeitsweise, die im Amtsgericht Cochem 1992 von Herrn Rudolph initiiert wurde. Ziel dieses Modells war es, bei verheirateten oder unverheirateten Paaren mit Kindern eine Konflikteskalation im Zuge von familiengerichtlichen Verfahren um das Sorge- beziehungsweise Umgangsrecht zu verhindern.

Dieser überaus „menschliche" Richter setzte sich nicht nur für einen gerechten Umgang bei Trennung/Scheidung und „Eltern-Kind-Entfremdung" ein, er schien auch sehr gut zu verstehen, worum es hier wirklich ging. Sein menschliches und psychologisches Verständnis und seine Ausstrahlung waren eine völlig neue Erfahrung gegenüber dem, was Marlene bisher von Amtspersonen kennengelernt hatte.

Die Krux in ihrem Fall lag jedoch darin, dass ihr Sohn Simon schon zu lange unter dem Einfluss des Vaters und dessen Angehörigen stand. Trotz allem setzte sie weitere Hoffnung in die Aufklärung der Öffentlichkeit. Mit den Jahren gab es immer mehr Institutionen und Vereine, die dieses hochemotionale Thema vorantrieben.

Ich selbst durfte Herrn Rudolph persönlich kennenlernen. Unermüdlich leistet er in seiner Arbeit und in seinen Vorträgen Aufklärung zum Thema „Eltern-Kind-Entfremdung" sowie einem menschlicheren Familienrecht. (mehr dazu unter: www.beideeltern.de/rudolph.htm)

Marlene versuchte damals mit all ihrem Wissen, das sie darüber hatte, etwas zu bewirken. Sie schrieb Briefe an den Bürgermeister und an die Schule ihres Sohnes. Sie erklärte die Zusammenhänge und die Problematik. Ihre Bemühungen bewirkten jedoch überhaupt nichts und wurden nicht gehört.

Immer wieder stieß sie gegen Mauern und Unverständnis. Sie wusste stets, dass es nicht die Lösung sein kann, sich gegenseitig anzufeinden und die eigenen Kinder dafür zu benutzen, um dem anderen zu schaden.

Aufbruch zur Reise

Marlene begann, tiefer zu schürfen. Sie wollte wissen, was der eigentliche Motor ist, der alles immer wieder anfacht und am Laufen hält. Sie begann, Fragen zu stellen: Warum heiratet man und warum trennt man sich dann wieder? Warum halten manche Beziehungen ein Leben lang, andere wiederum nicht?

Ich habe einmal einen Satz gelesen, der mich nicht mehr losgelassen hat: *„Alle Probleme, die wir haben, sind ‚Beziehungsprobleme'."*
Wir sind täglich in Beziehung mit der Welt, mit Freunden, unseren Kindern, Nachbarn, Arbeitskollegen, Vorgesetzten und unseren Haustieren. Wir sind in Beziehung zur Natur und dem gesamten Kosmos. Und all dies steht in Beziehung zu uns. Wenn also alle Probleme Beziehungsprobleme sind, könnte man sich folgende Fragen stellen:

- Warum habe ich mir diesen Partner/diese Partnerin ausgesucht?
- Welche immer wiederkehrenden Muster, Gefühle und Emotionen waren in der Beziehung vorherrschend und haben mich immer wieder verzweifeln lassen und traurig gemacht?
- Mit welchen Erwartungen, Vorstellungen und Hoffnungen bin ich in diese Beziehung eingetreten?
- War ich mir überhaupt klar, bevor ich diese Beziehung eingegangen bin, wer ich bin und was ich wirklich will?
- Gab es in dieser Beziehung einen echten Austausch oder habe ich mich den Erwartungen des anderen angepasst?
- Hatte ich Angst, wenn ich wirklich zeige, wer ich bin und was ich möchte, dass ich abgelehnt oder bestraft werde?
- Warum habe ich Kinder? Wie stehe ich in Beziehung zu ihnen? Sind sie ein Zufallsprodukt oder war es ein Herzenswunsch? Was sehe ich in ihnen?

Vielleicht kennen Sie jemanden, der eine wunderbare und wahrhaftige Beziehung führt? Das ist wie ein Hauptgewinn, herzlichen Glückwunsch! Ich meine damit eine Beziehung, in der jeder profitiert (ich meine nicht materiell), in der jeder sein darf, wie er wirklich ist, ohne bewertet zu werden.

Wenn ich ernsthaft darüber nachdenke, dann kenne ich niemanden in meinem Bekanntenkreis, der eine echte, wahrhaftige und

einfühlsame Beziehung führt. Wir haben Beziehungen, um anerkannt zu sein, um mithalten zu können und dazuzugehören. Dann
sind Sie nämlich ein Gewinner und kein Verlierer – scheinbar.

Haben Sie gewusst, dass ca. 90 % der Menschen lieber eine
schlechte Beziehung haben als gar keine? Ich habe das irgendwo
aufgeschnappt. Ob es wirklich stimmt, kann ich nicht sagen, aber
ich könnte es mir durchaus vorstellen. Lieber eine Beziehung haben, egal wie es mir darin geht, aber:

➤ Ich bin nicht mehr einsam.
➤ Ich bin ein anerkanntes Mitglied der Gesellschaft.
➤ Ich bin materiell abgesichert (oder auch nicht).
➤ Ich habe Sex (auch wenn er nicht so toll ist, aber das ist ein
  anderes Thema).
➤ Ich gehöre dazu und kann mithalten.
➤ Ich kann Kinder und Familie haben.

Irgendwie erinnert mich das alles an den berühmten „Sparkassen-
Slogan" – „Mein Haus, mein Auto, mein Boot."

Ja gut, okay... Aber was genau ist es dann, was uns immer wieder
in Beziehungen und „Freundschaften" treibt, die uns eigentlich
nicht guttun und uns eher schaden als glücklich machen? Bezogen
auf Marlene kann ich sagen:
Es waren ihre übergestülpten Sichtweisen, ihre Überzeugungen,
ihre falschen Sehnsüchte, das, was man ihr eingepflanzt hat, wie
eine Frau zu sein hat. Da lief ein Programm in ihrem Inneren ab,
ähnlich einer alten Software, das eigentlich gar nicht ihres war. Sie
spulte dieses Programm täglich ab, ohne groß darüber nachzudenken, sie lief sozusagen auf „Autopilot".
Natürlich wäre es sehr bequem und einfach, die Schuld den anderen zu geben, der Gesellschaft, der Familie, der Schule, dem Job...
So einfach ist es aber leider nicht, das musste sie schmerzlich erfahren. Den Preis, den sie schließlich für ihre Unbewusstheit, ihre Be-

quemlichkeit und Autopilot bezahlen musste, war sehr hoch. Sie durfte erfahren, dass es wenig bis gar nichts brachte, anderen Vorwürfe zu machen, sei es gegenüber dem System, der Familie oder den an der Situation Beteiligten. Das war für sie zuerst einmal harter Tobak. Und es kostete sie einige Überwindung, ihr Gehirn von diesen „abgekauften Sachen" zu befreien.

Es gibt kein Happy End, wenn wir ständig im Außen nach Gründen für unser Leid suchen und dabei in unseren Emotionen gefangen bleiben. Es sind unsere tiefsitzenden Überzeugungen, unsere Glaubenssätze und Erfahrungen, die uns immer wieder in bestimmte Situationen hineinmanövrieren und uns Tag für Tag das Gleiche erleben lassen.

Letztendlich ist die wichtigste Beziehung die Beziehung zu uns selbst. Wenn Sie damit anfangen, eine gute Beziehung zu sich selbst aufzubauen und Sie Ihre innere Arbeit tun, wird sich im außen vieles verändern. Ihr Leben bekommt eine neue Dimension, ähnlich der „Erneuerung Ihres Gartens". Sie graben um, jäten hartnäckiges Unkraut, säen neue Samen aus, wässern gründlich und warten geduldig, bis die Zeit reif ist und Sie sich an der wundervollen Pracht mit ganzem Herzen erfreuen können.

Die Sache mit den Gefühlen und der Wahrnehmung
Jeder Mensch erlebt im Laufe seines Lebens Situationen, Ereignisse oder Krankheiten, die einen erst einmal aus der Bahn werfen können, je nachdem, welche Persönlichkeit wir sind und wie wir damit umgehen, oder wie wir es gelernt haben, damit umzugehen.

Ausnahmesituationen lösen eine ganze Palette von Gefühlen in uns aus, mit welchen wir uns identifizieren. Wir sind wütend, traurig, enttäuscht, verletzt, hoffnungslos... Die übliche Reaktion darauf ist, dass wir diese schnell wieder loswerden möchten. Also verdrängen wir sie bewusst und/oder wir reagieren oft unbewusst darauf, meist aus den erlernten Konzepten der Vergangenheit.

Gefühle und Emotionen sind menschliche Reaktionen, die zum Leben und zum Menschsein dazugehören, mehr nicht. Sie sind kein Fakt, keine Tatsache, es sei denn, Sie identifizieren sich damit. Wir erleben sie ganz individuell – je nach Situation oder Interpretation. Gefühle selbst gehören uns nicht. Es ist ein Unterschied, ob wir sagen: „Ich **bin** wütend." oder: „Ich **fühle** Wut." Probieren Sie es aus, Sie werden den feinen Unterschied bemerken. Der Unterschied besteht darin, ob wir uns damit identifizieren oder nur fühlen und dann wieder loslassen.

Wenn Sie Ihre Gefühle wahrnehmen, sie anerkennen, sie liebevoll ins Herz nehmen und dann loslassen, ist das eine feine Sache. Sie werden sich leichter fühlen und die Gefühle verschwinden. Oft merken wir auch, dass das, was wir fühlen, gar nicht zu uns gehört. Wir haben ein bestimmtes Gefühl oder eine Emotion von irgendwoher aufgeschnappt und zu unserem eigenen gemacht.

Schuld

Ich möchte in diesem Zusammenhang noch das Thema „Schuld" ansprechen, das natürlich bei einer Scheidung oder Trennung mehr oder weniger auftaucht. Wir fühlen uns insgeheim schuldig, wenn die Kinder Vorwürfe machen oder aggressiv werden. Wir fühlen uns schuldig, weil wir ihnen etwas Wesentliches genommen haben. Es gibt noch viele andere Gründe, die ein bewusstes oder unbewusstes Gefühl der Schuld in uns hinterlassen. Wir fühlen uns schlecht und versuchen deshalb, „besonders gut zu sein" und zu beweisen, dass wir gute Menschen sind, während wir uns eigentlich schuldig fühlen. Es ist ein sehr hartnäckiges Gefühl, dass uns daran hindert, dass wir im Leben weitergehen, es hält uns in einem Kreislauf der Selbstbestrafung.

Chuck Spezzano sagt: *„Schuldgefühle lassen keine Richtigstellung zu, da sie besagen, dass wir eher eine Strafe als eine Berichtigung verdient haben. Schuld ist eine Form des Selbstangriffs und gehört zu den extrem selbstzerstörerischen Konzepten, die dazu führen, dass wir uns vom Leben und aus Beziehungen zurückziehen. Durch diesen Rückzug können wir keinen Erfolg haben. Du bist aufgefordert hier einen Fehler zu berichtigen, anstatt im Kreislauf der Selbstbestrafung und Schuldgefühle haften zu bleiben. Solange du in diesem Kreislauf gefangen bist, kann das Problem niemals verstanden, geheilt und vergeben werden.'*

Selbstfürsorge

Sie werden sich (wieder) besser fühlen, wenn Sie gut auf sich und Ihren Körper achten. Das Schlimmste, was Sie tun können, ist, innerlich zu erstarren und in Ihren Emotionen und Gefühlen zu versinken. **Achtsamkeit ist hier das Zauberwort.** Achten Sie auf Ihren Körper, er ist der Übersetzer Ihrer Gefühle und Emotionen. Alles, was Sie verdrängen, verschwindet nicht einfach, es wird gespeichert. Ihr Körper vergisst nichts. Wenn Sie jetzt keine Zeit dafür haben, wird er sich später bei Ihnen melden. Er weiß, dass er sowieso das letzte Wort haben wird, wenn wir glauben, wir brauchen unsere Hausaufgaben nicht zu machen.

Sagen Sie Ja zu Ihren Gefühlen und hören Sie auf Ihren Körper. Tun Sie sich Gutes, so oft es geht, verwöhnen Sie sich. Nährende Beziehungen, Stille, gutes Essen, schöne Gespräche, Natur, eine erfüllende und kreative Arbeit... sind ein Akt der Selbstfürsorge und bringen Sie auf den Weg der Heilung.

Vergebung führt zur eigenen Herzenswürde zurück

Den Menschen zu vergeben, die uns Schlimmes angetan haben, ist ein Prozess. Das kann man nicht mit dem Kopf herbeiführen, so nach dem Motto „Ich vergebe jetzt" und dann ist alles gut. **Es ist**

ein Weg. Ein Weg der Heilung, des offenen Herzens, des Fühlens und der **Bereitschaft**, aus der Opferrolle auszusteigen.

Vergebung geschieht, ohne dass wir uns dazu zwingen oder anstrengen müssen. Sie fühlen es in Ihrem Herzen. Vergeben und Verzeihen zeugt von Würde und Reife. Es gleicht einem Akt der Selbstliebe und sprengt die Ketten des Hasses sowie der Opferhaltung. Wenn wir nicht mehr bewerten und verurteilen, sind wir frei.

Wenn man jemandem vergeben hat, ist man mit ihm fertig.

Sigmund Freud

Der Schmerz als Regulativ

Der Schmerz ist ein Korrektiv im Leben. Sie können ihn als **Kompass nutzen**, weil er den Weg zu Ihrer Heilung kennt. Er weiß, was Sie tun müssen, damit Ihr Leben wieder heil(er) und erfüllend(er) werden kann. Er führt sie hinaus aus Verdrängung, falschen Vorstellungen und Idealbildern.

Gehen Sie über Ihren Widerstand, Ihre Angst, Ihr Verdrängen und Ihre Projektionen hinaus und konfrontieren Sie sich mit Ihrer Wahrheit. Lösen Sie die Fesseln, die Sie jahre- oder jahrzehntelang gefangen hielten.

Es gibt nur einen Weg, den Weg nach vorne

Marlene hatte sich mutig ihren inneren „Ungeheuern" gestellt. Auf ihrem Weg nach vorne traf sie viele „alte Zeitgenossen": Angst, Widerstand, Bequemlichkeit und viele andere mehr, die lange mit ihr in einer Art Wohngemeinschaft lebten. Sie wollten ihr bequemes Zuhause nicht verlassen, schließlich nährten sie sich schon lange von ihrer Energie und Lebenskraft. Warum also sollten sie gehen? Nach und nach beförderte sie einen nach dem anderen konsequent nach draußen. Sie sprengte ihre Begrenzungen und ließ ihre veralteten Glaubenssätze los. Es war wie eine Neugeburt, ein Reset. Ihr Leben fühlte sich reicher und lebendiger an, ihr gestresster Körper erholte sich nach und nach und sie war sich selbst wieder viel näher. Sie konnte wieder echte Freude und Dankbarkeit empfinden.

Das alles konnte sie nur erreichen, weil sie den Mut hatte, sich aus der Komfortzone zu bewegen und weil sie bereit dazu war, ihren Schmerz zu heilen und sich selbst mehr zu lieben. Darin liegt noch ein bedeutender Schatz verborgen: Alles, was Marlene in sich selbst heilte, muss die nächste Generation nicht mehr mittragen. Das bedeutet, dass der Kreislauf der „generationsübergreifenden Konflikte/Traumata" unterbrochen wird.

Die Sehnsucht befreien

Hinter jedem Schmerz steckt eine Sehnsucht. Sie liegt darunter. Deshalb ist es so wichtig und wertvoll, den Schmerz in uns zu heilen, ihn ins Licht zu tragen und zu verwandeln. Sehnsucht ist die Kraft, die uns zu unserer Bestimmung führt und der Wegweiser in ein erfülltes Leben. Sie motiviert uns, ins Handeln und Umsetzen zu kommen und gibt uns Energie und Freude, das Unmögliche möglich zu machen. Sehnsucht ist die Kraft und die Stimme unseres Herzens. Sie trägt uns in Richtung Freude und Erfüllung dessen, wozu wir überhaupt hier auf diesem wunderschönen Planeten Erde sind.

Es ist für mich immer wieder schön, wenn ich mit meiner Arbeit dazu beitragen konnte, dass die Menschen diesen wesentlichen Teil, der so lange verschüttet war, wieder in sich entdecken.

Verantwortung übernehmen und in die Selbstermächtigung gehen

Schlussendlich läuft es darauf hinaus zu entdecken, wer wir in Wahrheit sind: schöpferische Wesen mit einem liebenden Herzen. Die Welt und **unsere Kinder** brauchen dieses liebende Herz jetzt und mehr denn je, es gibt kein Aufschieben mehr. Sie sind die nächste Generation und WIR sind die Gesellschaft. Wir haben eine

Verantwortung, fangen wir also bei uns selbst an und heilen das Verwundete und Verlassene in uns, damit wir unseren Kindern und Enkeln eine Welt hinterlassen, auf der es sich in Liebe, Respekt und Achtung vor einander leben lässt.

Die tiefgründigste Sache, die wir unseren Kindern bieten müssen,
ist unsere eigene Heilung

Anne Lamott

Noch ein paar abschließende Worte zu diesem Buch

Mein Bestreben war es, eine Geschichte zu erzählen, die aufrütteln und sensibilisieren soll, die wie eine leidenschaftliche Liebesromanze beginnt und später, nach der Trennung, ihr „hässliches Gesicht" zeigt. Es wird die Dynamik eines unheilvollen, schleichenden Prozesses einer „Eltern-Kind-Entfremdung" sowie die daraus folgende Hilflosigkeit und Ohnmacht der Betroffenen beschrieben. Zudem wird aufgezeigt, wieviel versteckter Schmerz im Menschen steckt und wie das „ungelöste Leid", das dann unbewusst auf den Partner projiziert wird, Trennung und Entfremdung den Weg bereiten können.

Die Stigmatisierung der entfremdeten Mutter, die in unserer Gesellschaft leider immer noch stattfindet, war mir ein ebenso wichtiges Anliegen. Sie basiert auf Unwissenheit und der Hochhaltung eines „Idealbildes der perfekten Mutterschaft", das durch veraltete Sichtweisen, Prägungen und Bewertungen zementiert ist.

Es lag mir am Herzen, allen betroffenen und interessierten Menschen einen möglichen Weg aus ihren (alten) schmerzvollen Gefühlen aufzuzeigen. Ich habe in meiner Arbeit durchaus positive Fälle erlebt, bei denen ein Kontakt zum Kind nach Jahren der Kontaktlosigkeit wieder möglich wurde. Dies war meines Erachtens der Lohn für die eigene innere Arbeit und die Mühen, die die

Menschen auf sich genommen haben, um sich aus ihren „Fallstricken" zu befreien. Es war der ungebrochene Wille, dass sie leben wollen und wieder ein sinnerfülltes und glückliches Leben führen können, indem sie ihren Schmerz verwandelten.

Gerade entfremdete Eltern haben einen langen Leidensprozess hinter sich. Viele ziehen sich resigniert zurück, nachdem sie ihre Kinder nach einem langen, aussichtslosen Kampf aufgeben und „lebendig begraben" mussten. Manche werden körperlich und seelisch krank, viele leiden an Ängsten, Einsamkeit und Depressionen, im schlimmsten Fall machen sie ihrem Leben ein Ende.
Mit meinem *„R.e.s.e.t-Life-Programm"* habe ich für Betroffene und meine Klienten einen sicheren Raum geschaffen, eine Möglichkeit, um den Weg zu körperlicher und seelischer *Selbsterneuerung* kraftvoll und mutig zu gehen und ihr Leben wieder auf eine neue Basis zu stellen.
(Mehr dazu auf meiner Webseite www.marionkrause.de).

Meine Liebe zu Büchern und zum Schreiben, schon von Kindheit an, hat es mir ermöglicht, dass Sie, liebe Leserin und lieber Leser, dieses Buch heute in Ihren Händen halten. Mein höchster Dank gilt den Menschen, die mich während des Schreibens unterstützt haben und durch die dieses Buch erst möglich wurde.

Ich danke hierfür von Herzen meiner Klientin „Marlene", die mich ermutigt und mir erlaubt hat, ihre Geschichte niederzuschreiben. Ebenso danke ich mit all meiner Liebe meinem Mann und Seelengefährten Wolfgang, der tapfer meinen Schreibprozess durchgehalten und mich stets bestärkt hat, wenn es mal stagnierte. Ebenso gilt mein Dank meinen Herzensfreundinnen Bea, Ulrike und Claudia, die mir mit ihren aufmunternden Worten zur Seite gestanden haben.

Ich danke meinen Eltern, Marianne und Norbert, die mich in dieses kunterbunte Leben hineinkatapultiert haben, für die Unterstützung und Begleitung, die ihnen möglich war. Sie haben mir viel Gutes mitgegeben, damit ich meinen Weg in diesem Leben finden und gehen kann.

Ein beherzter Dank gilt ebenso meinen Lehrern und Lehrerinnen, welchen ich auf meinem bisherigen Weg begegnet bin und die mir dabei geholfen haben, neue Perspektiven und Möglichkeiten für mein Leben zu entdecken und etwas Schönes daraus zu machen.

In Liebe
Marion Krause

Eltern-Kind-Entfremdung (= PAS: Parental Alienation Syndrom), ihre Auswirkungen und Hintergründe

Das Parental Alienation Syndrom wurde 1985 vom Kinderpsychiater *Richard Gardner* geprägt. PAS bedeutet auf Deutsch „*Eltern-Kind-Entfremdung-Syndrom*" beziehungsweise „*Eltern-Feindbild-Syndrom*", das durch Manipulation oder Programmierung eines Elternteils beim Kind erzeugt wird. Er fasste verschiedene Kriterien zusammen, die erfüllt sein müssen, um überhaupt von PAS zu sprechen. Jedes Jahr sind bis zu 50.000 Kinder davon betroffen.

Es kommt in vielen Fällen zu einer irrationalen Ablehnung des Kindes gegenüber dem einst geliebten Elternteil, welche das Kind meistens nicht einmal begründen kann. Als primäre Ursache für das Verhalten des Kindes wird die unangemessene Beeinflussung des betreuenden Elternteils angegeben. Das Kind gerät dadurch in einen Loyalitätskonflikt. Durch die noch nicht ausgebildete Identität des Kindes und die Unfähigkeit, emotionale Ambivalenz zuzulassen, wird ein Elternteil als „gut" und das andere Elternteil als „böse" angesehen. Durch die kindliche Angst und die Abhängigkeit vom betreuenden Elternteil kommt es zur Entstehung dieser Symptomatik.

Die Entfremdungsstrategie des betreuenden Elternteils kann sich in Umgangsboykott, Kontaktunterbrechung, realitätsverzerrender Negativdarstellung des anderen Elternteils und suggestiver Beeinflussung äußern.

PAS wird mittlerweile als Kindesmissbrauch bewertet und ist in Deutschland immer noch straffrei. Der *Interessenverband für Familienrecht und Unterhalt ISUV e.V.* bemängelt die Ignoranz und Gleichgültigkeit, mit der diese Form des Kindesmissbrauchs verdrängt wird: „*Schon seit Jahren weisen wir immer wieder beharrlich darauf hin, aber diesem schwerwiegenden Kindesmissbrauch wird keine Aufmerksamkeit geschenkt, weder in der Politik noch bei Gerichten, ganz im Gegenteil zu anderen Ländern. Dabei ist das Phänomen umfassend bekannt und erforscht."*

Quelle: https://www.isuv.de/informationen/stellungnahmen/stellung-nahmen-familienrecht/post/detail/News/eltern-kind-entfremdung-parental-alienation-syndrome-pas-ist-kindesmissbrauch-in-deutschland/

Zum Thema „Entfremdung" gibt es mittlerweile viele wissen-schaftliche Studien und Forschungen. Man spricht hier von einer meist „hochkonflikthaften Trennung" zwischen den Eltern. Die Scheidungsrate nahm seit 1998 beständig zu. Es gibt ca. 600.000 strittige Scheidungsangelegenheiten jedes Jahr.

Der Begriff PAS bezieht sich **nicht** auf Fälle,
- in denen die Ablehnung eines Elternteils durch ein Kind eine legitime Ursache wie Gewalt, Missbrauch oder Vernachlässigung hat.
- in denen das Kind nie eine Beziehung zum abgelehnten Elternteil hatte (zum Beispiel bei Trennung und Kontaktabbruch während der Schwangerschaft).
- in denen ein Elternteil nach der Trennung aus eigenem Antrieb den Kontakt zum Kind abbricht.
- in denen ein Elternteil zwar Umgangsbehinderung oder Boykott betreibt, das Kind aber dennoch weiterhin eine positive Bezie-hung zum anderen Elternteil wünscht und/oder aufrechterhält.

(Quelle: https://www.eltern-kind-entfremdung.de)

Was bedeutet eine hochkonflikthafte Trennung beziehungsweise Scheidung?

Hierbei geht es um Streitereien zwischen den Eltern über einen längeren Zeitraum, bei welchen es in den meisten Fällen um das Sorgerecht für das Kind geht. Es kommt zu ständigen Anfeindungen und Vorwürfen und die vom Gericht angeordneten Maßnahmen werden nicht eingehalten. Das Wohl des Kindes wird hierbei meistens nicht berücksichtigt und/oder sogar in den Konflikt mit eingebunden.

(Übersetzung eines Blog-Beitrages von Karen Woodall vom 04.11.2020, im Original veröffentlicht unter:
(https://karenwoodall.blog/2020/11/04/overcoming-the-high-conflict-myth-in-working-with-alienation-in-divorce-and-separation/, deutsche Übersetzung durch Markus Witt)

Die englische *Psychologin und Therapeutin Karen Woodall* beschäftigt sich seit vielen Jahren mit den Zusammenhängen rund um PAS. Sie erklärt und zeigt in mehreren Punkten auf, das durch das vorschnelle Label „Hochstrittigkeit" die eigentlich zugrundeliegenden Problematiken übersehen oder verstellt werden. Hier sollte das gesamte Spektrum der Dynamik zwischen Eltern, die sich trennen, betrachtet werden. Aus ihrer jahrelangen klinischen Erfahrung mit Familien kommt sie zu der Auffassung, dass die „konfliktreiche Sicht" in der Tat eine Projektion dessen ist, was der einflussreiche Elternteil von der Außenwelt sehen möchte. Es sind **dysfunktionale Verhaltensmuster** und kein hoher Konflikt, die das Kind und die Erziehungsfähigkeit des anderen Elternteils beeinflussen sowie die Reaktion dieses Elternteils auf die Ungerechtigkeit, Frustration und Angst, die das Leben in dieser Situation hervorruft.

Es geht auch um **Macht und Kontrolldynamiken**, welche bei der Entfremdung des Kindes eine wichtige Rolle spielen. Ein Elternteil hat mehr Kontrolle über das Kind als das andere. Um ein Kind von einem Elternteil zu entfremden, muss es sich erst von seinem eigenen Selbstgefühl entfremden (Ausrichtung und Ablehnung sind Projektionen auf die Eltern).

Ein weiterer sehr wichtiger und tiefgreifender Punkt sind **Transgenerationelle Traumata.** In vielen Familien mit Trennungs- und Entfremdungserfahrung gibt es **über Generationen hinweg einen ungelösten Trauma-Faden,** der von den Eltern an das Kind weitergegeben wird und die Bindungsbeziehung betrifft.

Quelle: https://hochstrittig.org/ueberwindung-des-hochstrittigkeit-mythos-bei-der-arbeit-mit-der-entfremdung-bei-trennung-und-scheidung/ (Artikel Karen Woodall)

Vergangenheit wirkt in die Gegenwart

Wir kommen nicht als unbeschriebene Blätter auf die Welt, darüber sind sich viele Weisheitslehren und Forschungen einig. Die Auswirkungen eines längst vergangenen Traumas haben oft immer noch Auswirkungen auf Körper und Seele der nachfolgenden Generationen. Man weiß mittlerweile, dass zum Beispiel die Kriegserfahrungen unserer Eltern und Großeltern bis in die zweite und dritte Generation hineinwirken können.

Die Kriegsenkel und -enkelinnen haben den Krieg zwar nicht miterlebt, weisen aber in ihrem Verhalten ähnliche und teilweise noch ausgeprägtere Muster auf wie ihre Großmütter und Großväter, die im Krieg waren. Betroffene leiden zum Beispiel an unterschiedlichen körperlichen, psychischen und materiellen Belastungen oder erleben immer wieder Gefühle von Schuld, Trauer und Depression. Es sind subtil wirksame Folgen des Krieges, der Flucht und Vertreibung. Anstatt diese Gefühle aufzuarbeiten, war es den Eltern damals nur möglich zu beschuldigen. Das führte dazu, dass sie weiterhin in der Opferhaltung gefangen blieben. Nicht-trauern-können war in der Nachkriegszeit ein großes Problem. Die Art und Weise, wie mit Verlusten umgegangen wurde, ist in Flüchtlingsfamilien oft weitergegeben worden. Heute sind die Verluste anderer Art, wie zum Beispiel Scheidung, Trennung oder der Verlust des Arbeitsplatzes. Dann ist der Chef, die Ehefrau, die sich getrennt hat, der/die Böse und so weiter. Wenn Menschen jedoch in dieser Haltung der Schuldzuweisung steckenbleiben, können Verluste nur sehr schwer verarbeitet werden und es kann keine Entwicklung und keinen wirklichen Neubeginn geben.

Quelle: „Die vergessene Generation" von Sabine Bode

Narzissmus

Narzissmus spielt oft eine Rolle beim Thema Entfremdung. Es ist sehr schwer, sich von narzisstischen Persönlichkeiten zu lösen, das bestätigen Menschen, die versteckte psychische Gewalt erlebt haben. Ein Narzisst will mit allen Mitteln die Macht und die Kontrolle behalten und eine Trennung bedeutet für ihn Verrat und Machtverlust. Es geht ihm darum, alle Mittel einzusetzen, um die eigenen Interessen durchzusetzen, leider zum Nachteil für die Kinder. Eine friedvolle und einvernehmliche Lösung zum Wohle der Kinder interessiert ihn nicht. Er/Sie versteht es wunderbar, andere zu täuschen und er/sie ist ein Meister/in der Tatsachenverdrehung.

Die Chamäleon-Strategie

Narzissten zählen zu den Meistern der Tarnung. In dem, was sie tun, sind sie nicht leicht zu erkennen. Es gibt keine blauen Flecke oder Knochenbrüche, es ist aber genauso schwerwiegend und erschütternd wie physische Gewalt. Sie tragen zwei Masken, eine für die Außenwelt (nett, freundlich, äußerst charmant) Und eine für zu Hause (kontrollierend, eifersüchtig, boshaft). Zu Hause fällt die Maske fällt oft erst dann, wenn der Partner oder die Partnerin sich voll und ganz auf sie eingelassen hat. Die Täter verhalten sich oft passiv-aggressiv. Das Umfeld beteuert oft, welches Glück der oder die Betroffene doch hat, mit diesem Menschen zusammen zu sein. Narzissten haben oft ein perfektes und glänzendes Image nach außen.

Weiterführende Informationen und Quellenangaben

https://hochstrittig.org
www.eltern-kind-entfremdung.de
www.karenwoodall.com
www.isuv.de

Für die Inhalte auf Webseiten anderer übernehmen wir keine Haftung, da wir uns diese nicht zu eigen machen, sondern lediglich auf deren Stand zum Zeitpunkt der Erstveröffentlichung verweisen.

Literatur- und Quellenverweise

Debbie Ford: *Spirituelle Trennung – auseinander gehen, weitergehen, innerlich wachsen.* Econ Ullstein List, München 2001

Debbie Ford: *Schattenarbeit – Wachstum durch Integration unserer dunklen Seele.* Goldmann, München 2011

Dorit Stövhase-Klaunig: *Die Kriegerin – Die Frau die mit dem Feuer tanzt.* Neue Erde, Saarbrücken 2017

Maria Sanchez: *Die revolutionäre Kraft des Fühlens.* Gräfe und Unzer, München 2019

Safi Nidiaye: *Gefühle sind zum Fühlen da – Das Handbuch vom positiven Umgang mit negativen Emotionen.* Integral Verlag, München 2017

Chuck Spezzano: *Why Shit happens – Warum guten Menschen schlimme Dinge zustoßen.* Via Nova, Petersberg 2019

Pete Walker: *Posttraumatische Belastungsstörung – Vom Überleben zu neuem Leben.* Narayana, Kandern 2019

Clarissa Pinkola Estés: *Die Wolfsfrau – Die Kraft der weiblichen Urinstinkte.* Heyne, München 1992

Sabine Bode: *Die vergessene Generation – Die Kriegskinder brechen ihr* Schweigen. Klett-Cotta, Stuttgart 2018

Kassandra Claudia Henao: *Mutterwunde.* Yogantra Verlag, Nieder-Seemen 2010

Gerhard Amendt: *Scheidungsväter – Wie Männer die Trennung von ihren Kindern erleben.* Campus Verlag 2006

Marion Krause, geboren in Regensburg (Bayern), ist Heilpraktikerin mit viel Herz und Lebenserfahrung. Seit mehr als zwanzig Jahren begleitet und unterstützt sie Menschen zu körperlicher und seelischer Gesundheit. Sie ist Fachkraft für hormonelle und emotionale Balance sowie Persönlichkeitsentwicklung.

Ihre leidenschaftliche Passion ist es unter anderem, Menschen dabei zu helfen, aus ihren blockierenden Lebensmustern und negativen Denkweisen auszusteigen und für sich eine neue Lebensperspektive zu finden.

Sie ist selbst Betroffene einer Eltern-Kind-Entfremdung (PAS). Dieser Schicksalsschlag veranlasste sie, sich über die Jahre hinweg intensiv mit dem Thema auseinanderzusetzen und nach den tieferen Ursachen zu forschen, die einer Eltern-Kind-Entfremdung den Weg bereiten.

In ihrer Praxis begleitet sie auch Betroffene von PAS, welche unter den körperlichen und seelischen Folgeerscheinungen leiden, die diese Situation oftmals mit sich bringt.

Mehr zu ihrer Arbeit unter www.marionkrause.de